AF357594

UNION INTERPARLEMENTAIRE

COMPTE RENDU

DE LA

XIXE CONFÉRENCE

TENUE A STOCKHOLM

DU

17 au 19 août 1921

GENÈVE
BUREAU INTERPARLEMENTAIRE
2, Chemin de la Tour de Champel

IMPRIMERIE DU « JOURNAL DE GENÈVE »
Rue Général-Dufour, 5-7.

PRÉFACE

En 1913, l'Union, réunie à La Haye, accepta l'invitation du Groupe suédois, de siéger l'année suivante à Stockholm. Fixée au mois d'août 1914, cette Conférence fut préparée avec le plus grand soin par le Groupe suédois. Les adhésions furent nombreuses et, quelques jours avant l'ouverture des débats, les délégués japonais arrivaient déjà à Stockholm.

De son côté, le Bureau avait fait des préparatifs très importants. Des « Documents préliminaires », en deux fascicules, avaient été publiés et déjà distribués en partie aux adhérents. Ils contenaient des rapports approfondis sur des questions telles que la juridiction permanente internationale et l'arbitrage obligatoire, les sanctions des violations du droit international de la guerre, les déclarations de neutralité permanente, les droits et devoirs des neutres, le régime des détroits et des canaux maritimes, la guerre des airs, les sanctions pénales à établir pour la propagation de fausses nouvelles pouvant compromettre la paix, les services de documentation législative, etc. Ces rapports avaient été préparés, soit par des commissions d'étude, soit par des membres individuellement.

La guerre vint brusquement empêcher la réunion. Le Groupe suédois tint cependant à publier un volume intéressant, en utilisant une partie des matériaux qui avaient été rassemblés.

Pendant toute la durée des hostilités, il ne pouvait être question de convoquer l'Union. Mais, dès que la lutte eut cessé, le Groupe suédois renouvela son invitation, donnant ainsi une nouvelle preuve de son dévouement à notre œuvre. Cette proposition fut acceptée avec reconnaissance par le Conseil, dans sa réunion d'octobre 1919. Toutefois, par suite des circonstances, la Conférence, tout d'abord prévue pour 1920, dut être renvoyée à l'année suivante par le Conseil, réuni à La Haye en 1920. Ce ne fut qu'en avril 1921, à Genève, que le Conseil convoqua définitivement la Conférence pour le 17 août de la même année et en fixa l'ordre du jour.

Malheureusement, l'Union s'était ressentie de sa longue période d'inactivité. Une seule commission, celle d'organisation, avait préparé un projet. Pour les autres questions, des rapporteurs furent désignés par le Conseil, au nom duquel le Comité exécutif fut autorisé à approuver les projets de résolutions. Ce dernier ne s'étant réuni qu'au mois de juin, le Bureau ne disposa que d'un laps de temps très court pour faire traduire et imprimer les projets et les rapports. Les documents qui furent distribués aux adhérents sont reproduits dans la première partie de ce volume.

A ce propos, il convient de faire les remarques suivantes :

a) *Revision des statuts.* — La veille de la Conférence, le Conseil, réuni à Stockholm, constata que la question principale, le système d'une délégation des groupes aux conférences, n'était guère mûr. Il proposa donc d'en ajourner la discussion. (Voir texte, p. 288).

b) En ce qui concerne deux questions, le Conseil, d'accord avec les rapporteurs, proposa de ne pas aborder le fond du sujet. Il s'agissait :

    1º du Problème économique et financier,
    2º des Procédés d'enquête et de conciliation.

c) Une résolution quelque peu modifiée ayant été présentée par les délégués américains à l'égard de la première question à l'ordre du jour, le Conseil la soumit à la Conférence dans une rédaction amendée.

Les autres projets de résolutions ont été soumis à la Conférence dans la forme approuvée par le Comité exécutif. On lira dans les pages qui suivent quel sort leur a été réservé.

L'organisation technique de la Conférence fut préparée avec beaucoup de minutie par le Groupe suédois. Deux services de compte rendu enregistrèrent les débats, l'un analytique, l'autre sténographique. Le premier fut imprimé au cours des séances et distribué aux participants, tandis que le second a servi à établir le présent volume. Les sténographies ont été soumises aux orateurs ; les textes anglais et allemands sont suivis de traductions en français. La rédaction définitive du compte rendu a été assurée par M. le Dr Boissier, secrétaire adjoint au Bureau.

Le Groupe suédois a aussi apporté le plus grand soin et la plus grande amabilité à la réception de ses hôtes, qui bénéficièrent de nombreuses facilités de voyage, entre autres le parcours gratuit sur les chemins de fer suédois. Sa Majesté le Roi voulut bien recevoir les congressistes au Palais royal, et le Ministre des Affaires étrangères et la comtesse Wrangel leur offrirent une soirée. La veille de la séance d'ouverture, le Groupe suédois organisa une réception en l'honneur de la Conférence, qui fut clôturée par un splendide banquet. A cette dernière occasion, des discours furent prononcés par M. le baron Adelswärd, Président de la Conférence, par Lord Weardale, Président du Conseil interparlementaire, par MM. Maggiorino Ferraris (Italie) et Andrew J. Montague (Etats-Unis d'Amérique). Le lendemain eut lieu une excursion au château de Gripsholm.

Les débats furent dirigés avec une haute compétence par M. le Baron Adelswärd. Quant à l'organisation, qui fut parfaite, elle fut assurée par un Comité d'organisation sous la présidence du Comte Lagerbjelke, et par le dévoué secrétaire permanent du Groupe suédois, M. P. G. Widegren.

Adhésions. — Par suite d'une décision prise par le Conseil dans sa réunion d'avril, la participation à la Conférence fut soumise à certaines limites. En effet, les Groupes furent admis à se faire représenter par leurs deux délégués au Conseil et, en outre, par un nombre de membres fixé d'après leur importance numérique. Ainsi fut établi non pas un « système de délégation » mais seulement un maximum de participation. Cette mesure se justifiait par la longueur du voyage, les difficultés et les frais entraînés pour les parlementaires de certains pays. Douze groupes furent représentés par 121 membres. Il est évident que si la participation avait été libre, elle aurait été bien plus nombreuse. D'autre part, plusieurs groupes furent empêchés au dernier moment (Espagne, Esthonie, Grèce, Hongrie, Royaume Serbe-Croate-Slovène).

La presse et l'opinion publique ont suivi les délibérations avec un intérêt soutenu. On reconnaît en général que la Conférence de Stockholm est d'un très bon augure pour l'avenir de l'Union interparlementaire.

Genève, le 1er Février 1922.

Le Secrétaire général,
Chr. L. LANGE

TABLE DES MATIÈRES

Ouverture, élection du président et des vice-présidents, lecture de télégrammes.

Rapport du Bureau interparlementaire sur l'activité du Conseil depuis la XVIIIe Conférence.

DOCUMENTS PRÉLIMINAIRES

A. — Circulaires.

B. —- Ordre du jour définitif et Projets de résolutions en français, anglais et allemand.

C. —- Rapports.

A

CIRCULAIRES

I

CONVOCATION DE LA CONFÉRENCE

Circulaire du Bureau, du 20 avril 1921.

Monsieur le Président et Cher Collègue,

Nous avons l'honneur de vous aviser que, conformément à la décision du Conseil interparlementaire, la XIXᵉ Conférence de notre Union aura lieu à Stockholm, du mercredi 17 au vendredi 19 août.

Vous savez que nos collègues suédois avaient déjà invité la Conférence à siéger à Stockholm, en août 1914. La Suède pouvait alors fêter le centenaire d'une paix ininterrompue avec toutes les nations du monde ; c'était en même temps le XXVᵉ anniversaire de l'existence de l'Union interparlementaire. L'explosion de la guerre mondiale a empêché alors la réunion.

Le Groupe suédois a tenu à renouveler son invitation au moment actuel, où l'Union reprendra sa pleine activité, et nous osons espérer que nos groupes s'empresseront de suivre son invitation. Le Parlement et le Gouvernement suédois ont montré leur intérêt à l'œuvre interparlementaire en votant une allocation importante pour la réception de la Conférence.

Ordre du Jour de la Conférence :

1º Election du Président et constitution du Bureau de la Conférence ;
2º Rapport du Bureau interparlementaire sur l'activité du Conseil depuis la XVIIIᵉ Conférence. (Art. 12 du Règlement du Conseil).
3º L'Union interparlementaire et la Société des Nations.
4º L'Union interparlementaire et le Bureau international du Travail.
5º Revision des Statuts. — Système d'une délégation des groupes aux Conférences interparlementaires.
   Rapport de la Commission d'organisation.
6º Réduction des armements.
7º Le problème économique et financier international et la Société des Nations.

8º Organisation des procédés d'enquête et de conciliation devant la Société des Nations.

9º Communication des noms des délégués des groupes au Conseil interparlementaire pour l'exercice depuis la XIXᵉ jusqu'à la XXᵉ Conférence.

D'après l'art. 12 des Statuts de l'Union, les deux délégués au Conseil sont désignés par leur Groupe, au moins un mois avant l'ouverture de la Conférence. Ces désignations sont communiquées au Bureau interparlementaire, et par celui-ci à la Conférence.

10º Election de trois membres du Comité exécutif en remplacement de MM. le Baron de PLENER (Autriche), démissionnaire (sortant à la XIXᵉ Conférence), TYDEMAN (Pays-Bas), décédé (sortant à la XXᵉ Conférence), et EICKHOFF (Allemagne), démissionnaire (sortant à la XXIᵉ Conférence).

Le Comité exécutif se compose actuellement de Lord WEARDALE (Empire britannique), Président (en sa qualité de Président du Conseil), MM. HOUZEAU de LEHAIE (Belgique), sortant à la XXIIᵉ Conférence, le Baron ADELSWÆRD (Suède), van KOL (Pays-Bas), et SCHERRER-FÜLLEMANN (Suisse), Les trois derniers ont été désignés provisoirement par le Conseil, en attendant les élections définitives de la prochaine Conférence.

Le Conseil, à sa dernière séance, le 12 avril 1921, a également dû accepter, à titre provisoire, la démission de M. HOUZEAU DE LEHAIE, comme membre du Comité exécutif, tout en exprimant l'espoir de voir M. HOUZEAU revenir prochainement sur sa décision. Il a prié le premier délégué au Conseil du Groupe italien, M. SCHANZER, sénateur, ancien ministre du Trésor, de remplacer M. HOUZEAU, en attendant la décision définitive de la Conférence de Stockholm.

11º Fixation du lieu de réunion de la XXᵉ Conférence.

Les rapporteurs pour les différentes questions figurant à l'ordre du jour ont été provisoirement désignés par le Conseil. Leurs noms vous seront communiqués ultérieurement, dès leur acceptation. Ils seront priés de communiquer un sommaire de leur rapport au Bureau, et le Comité exécutif se réunira pendant le mois de juin pour arrêter, d'accord avec les rapporteurs, les textes des résolutions à soumettre à la Conférence. Ces textes, ainsi que les sommaires des rapports, seront imprimés et distribués en temps utile avant la Conférence, à tous les adhérents inscrits pour celle-ci.

Parmi les objets inscrits à l'ordre du jour, figure, sous le N° 5 :

Revision des Statuts. — Système d'une délégation des groupes aux Conférences interparlementaires.

Les documents de la Commission d'organisation, qui déposera son rapport à Stockholm, viennent d'être publiés en brochure, et un certain nombre d'exemplaires ont été expédiés à votre Groupe.

A ce sujet, nous nous permettons de vous rappeler l'Art. 18 des Statuts, ainsi conçu :

> « Les propositions de modifications aux Statuts doivent être formulées par écrit et envoyées au Bureau interparlementaire au moins trois mois avant la réunion de la Conférence. Le Bureau les communique d'urgence aux groupes nationaux. Il leur communique aussi les propositions éventuelles d'amendement, au moins un mois avant la réunion de la Conférence. »

Pour le cas où votre Groupe ou un de ses membres aurait l'intention de proposer, soit un amendement au projet de la Commission d'organisation, soit, le cas échéant, des modifications à d'autres articles des Statuts, il serait désirable que le Bureau en fût saisi avant la réunion du Comité au mois de juin. Ainsi ces propositions éventuelles pourraient être imprimées et distribuées avec les sommaires des rapports et les projets de résolutions.

PARTICIPATION A LA CONFÉRENCE

Déjà à sa séance d'octobre 1919, le Conseil a décidé en principe que la prochaine Conférence, en raison des conditions actuelles, devait être composée d'un nombre limité de représentants des groupes. A sa dernière séance, le Conseil a voté, à ce sujet, la résolution suivante :

« Les groupes sont admis à se faire représenter à la Conférence de Stockholm par leurs deux délégués au Conseil et, en outre, par un nombre de membres fixé d'après les règles suivantes :

Un nombre d'adhérents jusqu'à 50   donne droit à 5 représentants
  »   » de 51-60 » » 6 »
  »   » » 61-70 » » 7 »

et ainsi de suite jusqu'au nombre de 100, qui donne droit à 10 représentants, à côté des deux délégués au Conseil. Pour chaque vingtaine de membres, ou fraction de vingtaine, au-dessus de 100, un Groupe aura droit à un représentant additionnel, donc :

> pour 101-120 membres, 11 représentants
> »   121-140   »   12   »
> »   201-220   »   16   »
> »   301-320   »   21   »

et ainsi de suite, toujours à côté des deux délégués au Conseil. »

Un tableau de répartition sera publié dans le prochain numéro du « Bulletin interparlementaire ».

Le Conseil, à sa dernière séance, a en outre exprimé l'avis qu'à la prochaine Conférence les membres de famille des adhérents ne devraient pas expressément être invités. Vous recevrez directement du Groupe interparlementaire suédois, une lettre d'invitation qui vous donnera tous les renseignements désirables au sujet du séjour à Stockholm.

Vous faciliterez considérablement la tâche d'organisation, en envoyant aussi vite que possible la liste des membres de votre Groupe qui prendront part à la Conférence, d'une part au *Secrétariat du Groupe interparlementaire suédois, Riksdagen, Stockholm, St.*, d'autre part au *Bureau interparlementaire, 14, rue de l'Ecole de Médecine, Genève*. La liste doit être imprimée ou écrite à la machine. Vous voudrez bien indiquer, en envoyant cette liste, si vous désirez qu'un envoi global soit fait des documents destinés aux membres de la Conférence, au Secrétariat de votre Groupe, ou s'il faut les adresser à chaque adhérent à la Conférence individuellement. Dans ce dernier cas, l'adresse nécessaire doit être donnée pour chacun des adhérents.

Le délai d'inscription est fixé au 1er *juillet prochain*.

Par suite des expériences des Conférences précédentes, nous vous prions de ne faire inscrire comme adhérents à la Conférence que ceux qui ont l'intention ferme de s'y rendre. Vous êtes également invité à prier ceux de vos collègues qui seraient empêchés de donner suite à leur intention de venir à la Conférence, d'en aviser le Secrétariat du Groupe suédois et le Bureau interparlementaire, dès que l'empêchement se présenterait, et au moins quinze jours avant la date prévue pour la Conférence. De la sorte, une besogne considérable sera évitée à nos collègues suédois, et l'on fera aussi l'économie de frais inutiles.

Nous pourrons vous fournir, sur votre demande, le nombre d'exemplaires de la présente circulaire que vous désireriez pour les membres de votre Groupe, et nous vous prions de nous dire si le nombre qui vous est expédié dès à présent vous suffira, ou si vous désirez quelques exemplaires supplémentaires.

Dans l'espoir que votre Groupe sera représenté en bon nombre à la XIXᵉ Conférence, nous vous prions d'agréer, Monsieur le Président et cher Collègue, l'assurance de notre haute considération et de nos sentiments dévoués.

Le Secrétaire général,   *Le Président,*

Chr. L. LANGE.   WEARDALE.

II

Circulaire n° 1 du Groupe suédois, du 24 Mai 1921.

A MESSIEURS LES PRÉSIDENTS
DES GROUPES INTERPARLEMENTAIRES.

MONSIEUR LE PRÉSIDENT ET CHER COLLÈGUE,

Le Groupe suédois de l'Union interparlementaire a l'honneur d'inviter votre Groupe à se faire représenter par des délégués, au nombre fixé d'après les règles indiquées par le Conseil en date du 12 avril dernier, à la XIXᵉ Conférence qui se tiendra dans le Palais de la Diète (Riksdagshuset) à Stockholm les 17, 18 et 19 août prochain. Le Bureau interparlementaire vous fera connaître le nombre exact des délégués de votre Groupe.

En ce qui concerne l'ordre du jour de la Conférence, nous nous permettons de vous renvoyer à la circulaire y relative qui vous a été adressée par le Bureau interparlementaire, le 20 avril dernier.

Le mardi 16 août, au soir, le Groupe suédois organisera une réception en l'honneur de ses hôtes.

Suivant un arrangement spécial, le principal hôtel de notre ville, le Grand Hôtel recevra, à des prix réduits, tous les membres de la Conférence. Les demandes de chambres devront être adressées *directement au Grand Hôtel, Stockholm, Suède*, avant le 1ᵉʳ août prochain, si possible, pour permettre de satisfaire aux désirs spéciaux de chacun des participants, avec lesquels le Grand Hôtel s'entendra directement pour les prix.

Des renseignements concernant les avantages consentis par les chemins de fer de l'Etat suédois, un indicateur des routes les plus importantes pour l'entrée et les voyages en Suède, ainsi qu'un plan de Stockholm seront envoyés prochainement au secrétaire de votre Groupe. En outre, tous renseignements utiles concernant les voyages à destination de la Suède et dans le pays, peuvent être obtenus gratuitement sur demande, adressée directement soit au *Kungl. Automobilkluben*, Turistavdelningen, Nybrogatan 3, Stockholm (adresse télégraphique : Autoclub), soit à la *Svenska Turistföreningen*, Norrlandsgatan 16, Stockholm.

Nous vous prions de vouloir bien nous envoyer votre réponse à l'adresse : *Interparlament, Riksdagshuset, Stockholm, St., Suède, le plus tôt possible et au plus tard le 30 juin prochain*, et de nous faire parvenir, en même temps, la liste des membres de votre Groupe qui participeront à la Conférence. Cette liste, écrite à la machine ou imprimée, devra contenir les noms et prénoms, les titres et l'adresse des participants et être accompagnée, si possible, d'une photographie de chaque délégué avec une courte notice biographique — ceci pour le comité de la presse.

Il conviendra de se procurer des passeports à temps et de les faire viser pour le voyage en Suède en indiquant que le porteur a l'intention d'assister à la Conférence.

En même temps que nous vous remettons cette circulaire, nous en envoyons un certain nombre d'exemplaires au secrétaire de votre Groupe, en le priant de vouloir bien se charger de leur distribution.

Au cas où votre Groupe n'aurait pas de secrétaire, la tâche du Comité de réception serait facilitée si un de vos membres était désigné pour se charger de toute la correspondance avec le Comité relativement à la Conférence.

Veuillez agréer, Monsieur le Président et cher Collègue, l'expression de nos sentiments les plus distingués.

Au nom du Groupe suédois :

Le Secrétaire,
P. WIDEGREN.

Le Président,
THEODOR ADELSWÆRD.

III

Circulaire n° 1 *b* du Groupe suédois, du 16 Juin 1921.

A Messieurs les Présidents
  des Groupes Interparlementaires.

Monsieur le Président et cher Collègue,

Nous référant à notre circulaire du 24 mai dernier, nous avons l'honneur de vous informer que le Gouvernement vient d'autoriser l'émission de billets gratuits de première classe avec wagons-lits en faveur des délégués. Ces billets seront valables pour le voyage sur les chemins de fer de l'Etat suédois, d'une station-frontière quelconque à Stockholm et retour à une station-frontière, et la durée de leur validité sera d'un mois à partir du jour de l'arrivée à la station-frontière suédoise. Les délégués sont priés de vouloir bien nous indiquer au plus tôt la station-frontière et le jour de l'entrée en Suède, et nous ferons remettre ensuite les billets aux groupes respectifs. Dans les cas où, faute de temps, on se verrait dans l'impossibilité de faire parvenir aux délégués leurs billets, ceux-ci leur seront délivrés à la station-frontière suédoise *indiquée par eux d'avance*, contre présentation des passeports.

Au nom du Groupe suédois :

Le Secrétaire,
P. Widegren.

Le Président,
Theodor Adelswærd.

IV

Circulaire n° 2 du Groupe suédois, du 18 Juillet 1921.

A tous les Membres de la Conférence,

Cher Collègue,

En vous remerciant cordialement de votre aimable réponse à l'invitation du Groupe suédois du 24 mai dernier, j'ai l'honneur de vous communiquer les renseignements suivants :

SÉANCES. La séance d'ouverture de la Conférence aura lieu le mercredi 17 août prochain à 10 heures du matin, dans la salle plénière de la Première Chambre, au Palais du Riksdag, à Stockholm. Les délibérations y continueront ledit jour à 2 heures 30 de l'après-midi, ainsi que les jeudi 18 et vendredi 19 août, à 10 h. du matin et à 2 h. 30 de l'après-midi respectivement.

Des projets de résolutions, de même que le rapport du Bureau de l'Union interparlementaire concernant l'activité du Conseil depuis 1913, seront remis prochainement à tous les adhérents.

Un *compte rendu analytique* des délibérations, rédigé indépendamment du service sténographique, sera imprimé et distribué. Afin d'en faciliter la rédaction, les orateurs voudront bien, immédiatement après leur discours, en déposer un court résumé en français au bureau du Secrétariat.

SECRÉTARIAT. Le bureau du Secrétariat sera installé dans le Palais du Riksdag, à proximité du grand escalier, devant l'entrée de la salle plénière de la Première Chambre. Il commencera à fonctionner dès le samedi 13 août, à 11 heures du matin, et restera ouvert le dimanche 14 août, de 10 à 11 h. du matin et de 1 à 3 h. de l'après-midi, le lundi 15, ainsi que les autres jours de la semaine de 9 h. du matin à 9 h. du soir.

Les membres de la Conférence sont priés de retirer personnellement au Bureau, contre signature, une enveloppe à leur nom contenant insigne, imprimés, programme définitif, invitations, etc. Cette enveloppe renfermera également une invitation pour la réception du mardi 16 août, veille de l'ouverture de la Conférence. La carte d'invitation sera exigée à l'entrée.

La Municipalité de Stockholm fera éditer une brochure commémorative, rédigée en français, dont chaque membre de la Conférence recevra un exemplaire.

Le Bureau fournit aux intéressés des cartes d'entrée pour les tribunes de la salle plénière de la Première Chambre.

PASSEPORTS ET VISAS. Nous croyons devoir attirer l'attention des membres de la Conférence sur la nécessité de s'occuper à temps de l'obtention de leurs passeports, ainsi que des visas à y apposer, pour tous les pays qu'ils ont à traverser. Les membres qui passeront par *l'Allemagne* feront bien de signaler aux autorités compétentes allemandes qu'ils se rendent à la Conférence interparlementaire, attendu que cela leur vaudra une réduction sensible du droit de visa. En cas de présentation simultanée de plusieurs passeports, en vue de

l'obtention d'un visa collectif, il sera accordé une réduction supplémentaire des droits à acquitter.

Billets gratuits sur les chemins de fer de l'Etat suédois.
Comme nous l'avons déjà fait savoir dans notre circulaire N° 1 *b*
du 16 juin dernier, le Gouvernement a accordé aux membres de la
Conférence le parcours gratuit en première classe (avec comparti-
ment-couchette) d'une station-frontière quelconque des chemins
de fer de l'Etat suédois à Stockholm et retour à une station-frontière,
la durée de validité de ces billets étant d'un mois à partir du jour de
l'arrivée à la station-frontière suédoise. Les adhérents sont priés de
nous indiquer au plus tôt la station-frontière et le jour de l'entrée
en Suède, si cela n'a pas déjà été fait, après quoi nous leur ferons remettre leur billet.

Les billets gratuits ne seront pas valables pour le trajet Trälleborg-
Sassnitz (Sassnitz-Trälleborg), attendu que cette route est exploitée
conjointement par les chemins de fer des Etats suédois et allemand.

Dans le cas prévu où le billet ne parviendra pas à temps, chaque
membre pourra recevoir son billet (et, s'il y a lieu, le billet de wagon-
lit) contre présentation de son passeport à la station-frontière suédoise indiquée par lui au Bureau de la Conférence.

Les billets gratuits sont personnels et ne devront, dans aucun cas,
être cédés à des tiers. Dans le cas où un délégué, après avoir annoncé
qu'il a l'intention d'assister à la Conférence, serait empêché de venir,
les billets gratuits reçus devront être immédiatement retournés au
Bureau de la Conférence (adresse : *Interparlament, Riksdagshuset,
Stockholm St.*), qui procurera aussitôt un nouveau billet au suppléant
éventuel du délégué en question.

Pour recevoir un billet de retour, il faut en faire la demande, en temps
utile, au Bureau de la Conférence, à moins que ce billet n'ait été retenu
en même temps que le billet pour le voyage à Stockholm.

Wagons-Lits. La gratuité du parcours ne conférant aucun droit
de priorité à des places de wagon-lit, celles-ci, par conséquent, quoique
mises gratuitement à la disposition des membres de la Conférence,
*devront être, comme d'habitude, retenues à l'avance et en temps utile,
à la gare intéressée*, le nombre des places étant limité. Cette commande
sera faite par les soins du Bureau de la Conférence, si vous en exprimez
le désir, dès que le nom de la station-frontière et le jour du départ
de celle-ci pour Stockholm auront été indiqués. Si un membre n'a pas
fixé la date pour recevoir une place de wagon-lit, on lui réservera
d'office une place pour la nuit qui suivra le jour de l'entrée en Suède

Si vous le préférez — et même dans le cas où vous n'auriez pas reçu votre billet par notre entremise — vous pourriez vous-même retenir votre place de wagon-lit à l'un des Bureaux de voyage suivants :

Excursions en Suède, 5, Avenue de l'Opéra, *Paris* ;
Thomas Cook & Son, Ludgate Circus, *London E. C. 4.* ;
Sovplats-centralen, Hovedbanegaard, *Köbenhavn* ;
Reisekontoret, Oestbanestationen, *Krisliania* :
Schwedisches Reisebureau, Unter den Linden 22-23, *Berlin*.

En retenant votre billet de wagon-lit vous aurez à en payer le prix. Quand vous présenterez au Bureau de la Conférence le récépissé du paiement (il en faut demander un au Bureau de voyage), on vous restituera une somme de 30 couronnes suédoises, montant correspondant à la part revenant aux Chemins de fer de l'Etat suédois pour une place de wagon-lit en première.

Pour éviter qu'une place ne soit retenue deux fois, nous vous prions de bien vouloir aviser le Bureau de la Conférence pour le cas où vous retiendriez vous-même votre couchette dans une des agences susmentionnées.

Si vous vous voyez dans l'impossibilité absolue de venir le jour déjà annoncé, vous êtes prié de vouloir bien en avertir télégraphiquement la station-frontière (ou le Bureau de voyage), ainsi que le Bureau de la Conférence.

Etiquettes pour les Bagages. Les adhérents recevront des étiquettes numérotées, à coller sur les bagages pour faciliter les formalités à la douane et pour permettre l'identification des bagages en cours de route.

Logement. Nous prenons la liberté de répéter le conseil donné aux participants dans notre circulaire précédente N° 1 (24 mai dernier), et par lequel nous les invitions à faire retenir leurs chambres le plus tôt possible pour le séjour à Stockholm. Chacune des délégations est priée de se mettre en communication directe avec le Grand Hôtel, Stockholm, Suède. Cet hôtel recevra, dans des conditions avantageuses, tous les membres de la Conférence, pourvu que leur demande ait été reçue, au plus tard, dans les premiers jours du mois d'août.

Liste des Membres. En même temps que nous vous remettons cette circulaire, nous envoyons un certain nombre d'exemplaires de la liste des membres à MM. les Présidents et Secrétaires de groupes. MM. les Secrétaires sont priés de bien vouloir nous en retourner un exemplaire où seront consignées les adresses et qualités (et désignations de parti) des adhérents de chaque Groupe, et accompagné d'une photographie de chaque délégué avec une courte notice biographique, cela pour les membres qui n'ont pas encore remis lesdits renseignements.

LES VOYAGES A DESTINATION ET A L'INTÉRIEUR DE LA SUÈDE. Tous renseignements concernant les voyages à destination et à l'intérieur de la Suède peuvent être obtenus gratuitement sur demande adressée directement soit au *Kungl. Automobilklubben*, Turistavdelningen, Nybrogatan 3, Stockholm (adresse télégraphique : Autoclub), soit à la *Svenska Turistföreningen*, Norrlandsgatan 15, Stockholm, Suède.

Veuillez agréer, Cher Collègue, l'expression de nos sentiments les plus distingués,

Au nom du Groupe suédois :

Le Secrétaire,   *Le Président,*
P. WIDEGREN.   THEODOR ADELSWÆRD.

B

ORDRE DU JOUR

DÉFINITIF

ET

PROJETS DE RÉSOLUTIONS

EN

FRANÇAIS, ANGLAIS ET ALLEMAND

TEXTES FRANÇAIS

ORDRE DU JOUR DÉFINITIF

1º Election du Président et constitution du Bureau de la Conférence.

2º Rapport du Bureau interparlementaire sur l'activité du Conseil depuis la XVIIIᵉ Conférence. (Art. 12 du Règlement du Conseil).

3º L'Union interparlementaire et la Société des Nations.
Rapporteur : Right Hon. Lord WEARDALE (Grande-Bretagne), Président du Conseil interparlementaire.

4º L'Union interparlementaire et le Bureau International du Travail.
Rapporteur : M. JUSTIN GODART (France), Député, ancien Sous-secrétaire d'Etat.

5º Revision des Statuts. — Système d'une délégation des groupes aux Conférences interparlementaires.
Rapporteur : M. HENRI LA FONTAINE, Sénateur de Belgique, au nom de la Commission d'organisation.

6º Réduction des armements.
Rapporteur : M. HJALMAR BRANTING, ancien Président du Conseil (Suède).

7º Le problème économique et financier international et la Société des Nations.
Rapporteur : M. TREUB, ancien Ministre des Finances, Pays-Bas.

8ᵃ Organisation des procédés d'enquête et de conciliation devant la Société des Nations.
Rapporteur : M. le Professeur W. SCHÜCKING (Allemagne).

8ᵇ Passeports.
Rapporteur : Right Hon. THOMAS LOUGH (Grande-Bretagne).

9º Communication des noms des délégués des groupes au Conseil interparlementaire pour l'exercice depuis la XIXᵉ jusqu'à la XXᵉ Conférence.
D'après l'art. 12 des Statuts de l'Union, les deux délégués au Conseil sont désignés par leur Groupe, au moins un mois avant l'ouverture de la Conférence. Ces désignations sont communiquées au Bureau interparlementaire, et par celui-ci à la Conférence.

10° Election de trois membres du Comité exécutif en remplacement
de MM. le Baron de PLENER (Autriche), démissionnaire (sortant
à la XIXe Conférence), TYDEMAN (Pays-Bas), décédé (sortant
à la XXe Conférence), et EICKHOFF (Allemagne), démissionnaire
(sortant à la XXIe Conférence).

Le Comité exécutif se compose actuellement de Lord WEARDALE
(Empire britannique), Président (en sa qualité de Président du
Conseil), MM. HOUZEAU de LEHAIE (Belgique), sortant à la
XXIIe Conférence, le Baron ADELSWÆRD (Suède), van KOL
(Pays-Bas), et SCHERRER-FÜLLEMANN (Suisse), Les trois
derniers ont été désignés provisoirement par le Conseil, en atten-
dant les élections définitives de la prochaine Conférence.

Le Conseil, à sa dernière séance, le 12 avril 1921, a également dû
accepter, à titre provisoire, la démission de M. HOUZEAU de
LEHAIE, comme membre du Comité exécutif, tout en exprimant
l'espoir de voir M. HOUZEAU revenir prochainement sur sa
décision. Il a prié le premier délégué au Conseil du Groupe italien, M. SCHANZER, sénateur, ancien ministre du Trésor, de remplacer M. HOUZEAU, en attendant la décision définitive de la
Conférence de Stockholm.

11° Fixation du lieu de réunion de la XXe Conférence.

Projets de résolutions dans la rédaction approuvée par le Conseil interparlementaire

Ordre du jour no 3.

L'Union interparlementaire et la Société des Nations.

Rapport du Right Hon. Lord WEARDALE, Président du Conseil interparlementaire, Président du Groupe britannique.

PROJET DE RÉSOLUTION

I.

La dix-neuvième Conférence interparlementaire accueille, de ses vœux les plus cordiaux, la création de la Société des Nations, qu'elle est en droit de considérer comme un résultat important des efforts déployés assidûment par l'Union pendant une longue suite d'années, en vue d'organiser le monde pour le maintien de la paix.

Sans vouloir se prononcer en détail sur les différentes dispositions du Pacte, non plus que sur l'organisation et les travaux de la Société, la Conférence tient à déclarer qu'il est, à son avis, nécessaire et urgent que la Société revête, aussi rapidement que possible, ce caractère universel et compréhensif sans lequel elle ne sera pas en mesure de s'acquitter de la mission élevée qui lui est confiée.

II.

La Conférence estime que l'Union interparlementaire ne peut, en ce moment, s'adonner à une tâche plus utile et plus pratique que celle d'appuyer l'effort général de la Société des Nations dans le domaine de la coopération internationale, ainsi que ses efforts pour le maintien de la paix et pour la réduction radicale des armements.

Elle approuve la démarche du Conseil interparlementaire qui a adressé un appel aux groupes, le 12 avril 1921, dans l'ordre d'idées ci-dessus visé, et elle charge le Bureau interparlementaire d'attirer l'attention des groupes sur les mesures utiles qu'ils pourraient provoquer de la part de leurs parlements et de leurs gouvernements, afin de seconder l'activité de la Société et d'obtenir l'exécution de ses résolutions et de ses vœux dans les domaines indiqués plus haut.

Ordre du jour n° 4.

L'Union interparlementaire et l'organisation internationale du travail.

Rapporteur : M. Justin Godart (France), Député, ancien Sous-Secrétaire d'Etat.

PROJET DE RÉSOLUTION

La XIXe Conférence interparlementaire salue avec satisfaction la création de la Conférence et du Bureau international du Travail, appelés à rendre les plus grands services à l'amélioration du sort des masses laborieuses de tous les pays, et, en contribuant au progrès de la paix sociale, à assurer la paix dans le monde.

Elle exprime sa conviction profonde de l'intérêt qu'aura l'Union à coopérer à cette œuvre de pacification, et promet son appui et celui de ses groupes pour obtenir dans les divers parlements affiliés à l'Union, la ratification des conventions et des recommandations élaborées par la Conférence internationale du Travail, et pour seconder en général l'œuvre du Bureau international du Travail.

Elle engage chacun de ses groupes nationaux à instituer un *Comité du Travail*, qui sera chargé de diriger les travaux du Groupe dans ce sens, et qui veillera à l'exécution de l'engagement pris par l'Union, conformément au paragraphe précédent de la présente résolution.

Ordre du jour n° 5.

Revision des Statuts. — Système d'une délégation des Groupes aux Conférences interparlementaires.

Rapporteur : M. Henri La Fontaine, Sénateur de Belgique, au nom de la Commission d'organisation.

TEXTE ACTUEL DES STATUTS

DE

L'UNION INTERPARLEMENTAIRE

(Revision de 1912)

I. Son but. — Sa constitution

Article premier

L'Union interparlementaire a pour but de réunir, dans une action commune, les membres de tous les parlements constitués en groupes

Ordre du jour no 5.

Revision des Statuts. — Système d'une délégation des Groupes aux Conférences interparlementaires.

Rapporteur ; M. Henri La Fontaine, Sénateur de Belgique, au nom de la Commission d'organisation.

PROJET DE REVISION DES STATUTS

DE

L'UNION INTERPARLEMENTAIRE

(Revision de   )

I. Son but. — Sa constitution.

Article premier

L'Union interparlementaire a pour but de réunir, dans une action commune, les membres de tous les parlements constitués en groupes nationaux, à l'effet de faire reconnaître dans leurs états respectifs, soit par la voie de la législation, soit au moyen de traités internationaux, le principe de la solution des différends entre les nations par la voie de l'arbitrage et autres voies amiables ou judiciaires. Elle a aussi pour but d'étudier d'autres questions de droit international, et, en général, les problèmes relatifs au développement des relations pacifiques entre les peuples.

Art. 2.

Jusqu'à décision ultérieure, le siège de l'Union interparlementaire est à Bruxelles.

Art. 3.

L'Union interparlementaire se compose de groupes nationaux.

Ont droit se s'affilier à l'Union les groupes parlementaires des pays qui n'ont pas de représentants dans une autre Parlement.

Dans chaque Parlement il ne peut être formé qu'un seul Groupe national. Il nomme un Bureau chargé de diriger ses opérations et de correspondre avec le Bureau interparlementaire (IV), et arrête son règlement d'organisation et d'administration. Il remet au Bureau interparlementaire, avant la fin du mois de mars, un compte-rendu de ses actes et une liste de ses membres.

Art. 4.

Sont admis à faire partie d'un Groupe national :

a) Les membres du Parlement du pays et les membres des Diètes particulières des états appartenant à une Fédération et possédant le droit de représentation diplomatique ;

b) Les anciens membres du Conseil interparlementaire ;

c) Les anciens membres du Parlement qui, ayant rendu des services marquants, sont admis à ce titre par le Conseil sur la proposition de leur Groupe.

Art. 5.

L'Union interparlementaire attend de ses membres qu'ils pourvoient, autant que faire se peut, à ce que l'objet des décisions prises dans les Conférences interparlementaires (II) soit porté devant leurs parlements. Elle les invite à concourir de tout leur pouvoir au maintien de la paix entre les nations.

nationaux, à l'effet de faire coopérer leurs états respectifs à l'affermissement et au développement démocratique de la Société des Nations.
Elle a aussi pour but d'étudier tous les problèmes d'ordre international
susceptibles de recevoir une solution par voie parlementaire et de contribuer ainsi au développement des relations pacifiques entre les peuples.

ART. 2.

Le siège de l'Union interparlementaire est à... [1]

ART. 4,

Sont admis à faire partie d'un Groupe national :
a) Les membres du Parlement national du pays ;
b) Les anciens membres du Parlement, étant ou ayant été membres
   du Conseil interparlementaire, ou qui, ayant rendu d'autres
   services marquants à l'Union, sont admis à ce titre par le Conseil, sur la proposition de leur Groupe, comme membres honoraires de celui-ci.

ART. 5.

Un Groupe national a le devoir de saisir, autant que possible, son
Parlement, par l'intermédiaire de son Bureau ou de l'un de ses membres
individuels, des décisions des Conférences (II), comportant une action
nationale.

L'Union interparlementaire attend de ses membres qu'ils pour-

---

[1] Conformément à l'autorisation du Conseil, le Comité exécutif a décidé le transfert du siège du Bureau interparlementaire à Genève, siège de
la Société des Nations.

II. Conférences interparlementaires

ART. 6.

L'Union interparlementaire se réunit en Conférence tous les ans, sauf décision contraire, et désigne le siège de sa réunion.

Dans le cas où le Groupe du pays désigné pour être le siège de la Conférence viendrait à décliner ce choix, le Conseil interparlementaire prendrait les mesures nécessaires.

ART. 7.

Les convocations sont ordonnées par le Conseil interparlementaire.

ART. 8.

La Conférence est ouverte par le président du Conseil, ou, en cas d'absence, par un président provisoire, que désigne à cet effet le Groupe interparlementaire du pays où se réunit la Conférence.

Celle-ci nomme le président définitif, les vice-présidents et scrutateurs.

ART. 9.

La discussion porte sur les objets mis à l'ordre du jour par le Conseil interparlementaire.

Toutes autres motions et propositions ne sont discutées que si la Conférence les prend en considération et en autorise la discussion par un vote à la majorité des deux tiers des voix, après avoir entendu l'avis du Conseil interparlementaire et les explications sommaires des auteurs.

voient, autant que faire se peut, à ce que l'activité de l'Union soit connue dans les différents pays en vue de lui assurer le plus large appui possible. Elle les invite à concourir de tout leur pouvoir au maintien de la paix entre les nations.

II. Conférences et Congrès interparlementaires

Art. 6.

L'Union interparlementaire se réunit en Conférence tous les ans, sauf décision contraire.

Le Conseil interparlementaire (III) ordonne les convocations et désigne le siège de la réunion.

Art. 7.

La Conférence est composée des membres du Conseil, désignés par les groupes (Art. 12) et en outre d'un nombre d'autres délégués de ceux-ci, fixé d'après les règles suivantes :

a) Les groupes désignent un délégué par deux millions ou fraction de deux millions d'habitants de leur pays, jusqu'à 30 millions ; et un délégué par dix millions ou par fraction de dix millions d'habitants au-dessus de 30 millions ;

La population des colonies est assimilée à celle de la métropole lorsque les colonies sont représentées au Parlement de la métropole.

b) Les groupes des pays possédant un commerce extérieur d'une valeur de plus de 100 francs or par tête d'habitant désignent en outre des délégués supplémentaires d'après l'échelle suivante :

de 100 à 300 francs or par tête 1 délégué
de 300 à 600 » » » 2 »
de 600 à 1000 » » » 3 »
au-dessus de 1000 » » » 4 »

c) Enfin le nombre de délégués d'un Groupe est augmenté ou diminué d'après le nombre des membres de la Chambre populaire inscrits au Groupe au commencement de l'année, conformément à l'échelle suivante :

Plus de 80% donne droit à 2 délégués supplémentaires ;
Entre 60% et 80% donne droit à 1 délégué supplémentaire ;
Entre 40 et 20% cause une diminution d'un du nombre de délégués, et moins de 20% une diminution de deux.

Art. 10.

Les votes ont lieu à mains levées. Le Groupe national du pays où la Conférence se réunit ne peut disposer d'un nombre de voix supérieur à celui du Groupe qui en a le plus.

Au cas prévu, le Groupe national désignera les membres qui auront le droit de voter.

Pour les élections, le vote a lieu au scrutin secret, si vingt membres au moins le demandent.

Art. 11.

Le procès-verbal de la Conférence est déposé aux archives du Bureau interparlementaire, avec toutes les pièces distribuées.

Le Conseil, en convoquant la Conférence, communique en même temps à chaque Groupe le nombre de délégués auquel il aura droit.

Les groupes désignent leurs délégués par élection proportionnelle. Ils ne peuvent désigner plus d'un cinquième de leurs délégués parmi les anciens parlementaires appartenant au Groupe.

Art. 10.

Chaque délégué émet une voix aux votes, qui ont lieu publiquement par appel nominal et sont consignés au procès-verbal. Un membre empêché peut autoriser un membre présent à exprimer son vote. L'autorisation aura lieu par écrit et sera annexée au procès-verbal. Toutefois, aucun membre ne peut exprimer plus de cinq voix.

Pour les élections le vote a lieu au scrutin secret, si vingt membres au moins le demandent.

Art. 10 *bis*

Le Conseil interparlementaire peut convoquer des Congrès interparlementaires auxquels ont droit de participer tous les membres des groupes nationaux. Aux congrès les votes ont lieu par mains levées.

Art. 11.

Les procès-verbaux des Conférences ou des Congrès sont déposés aux archives du Bureau interparlementaire, avec toutes les pièces distribuées.

(Il n'y a pas eu de propositions de modification pour les articles 12 à 18).

AMENDEMENT A L'ART. 7, A ET C, DU PROJET DE REVISION

proposé par le Groupe suédois

Le principe de l'égalité de droit et de l'égalité d'influence pour les différents états ou nations, indépendamment de leur importance, dans la discussion et le règlement des questions internationales, vient d'être reconnu et appliqué au sein de la Société des Nations. Le Groupe suédois estime toutefois que ce principe ne doit pas être appliqué sans autre forme, au moins pour le moment, aux conférences de l'Union interparlementaire. Le Groupe ne soulève pas d'objection de principe contre le projet de dispositions statutaires sur le droit de délégation des groupes aux conférences de l'Union. Il approuve le projet en ce qui concerne les quatre bases différentes, d'après lesquelles, conformément à l'Art. 7, devrait être déterminé à l'avenir le nombre des délégués.

Le Groupe suédois constate néanmoins que l'influence de deux de ces facteurs n'a pas été réglée d'une manière absolument équitable. Il s'agit, d'une part, de l'influence qu'est appelé à exercer le nombre d'habitants des divers états, et, d'autre part, de la proportion du nombre de membres du Groupe à désigner par rapport au nombre de membres de la Chambre populaire de tel ou tel Etat intéressé.

Le Groupe est d'avis qu'il y a lieu de réduire quelque peu l'influence du nombre d'habitants, afin que l'écart du principe de l'égalité juridique des états, dans les rapports internationaux, ne soit pas trop marqué. D'autre part, il paraît équitable que l'autre facteur, savoir le nombre de membres de tel Groupe, par rapport au nombre de membres de la Chambre populaire du même pays, exerce une influence plus considérable, puisque ce facteur exprime l'intérêt existant au sein de cette Chambre pour l'Union et pour la coopération internationale.

Le Groupe suédois se permet de soumettre l'amendement suivant à l'Art. 7, *a* et *c*, du projet de revision des Statuts :

ART. 7 *a*. — Les Groupes désignent des délégués sur la base du nombre d'habitants de leur pays d'après l'échelle suivante :

Les groupes d'états de moins d'un million d'habitants...1 délégué.

»	»	»	»	~ 1 à 3 millions d'habitants.....2 délégués.
»	»	»	»	3 » 6 » » ....3 »
»	»	»	»	6 » 10 » » ....4 »
»	»	»	»	10 » 15 » » ....5 »
»	»	»	»	15 » 21 » » ....6 »
»	»	»	»	21 » 28 » » ....7 »
»	»	»	»	28 » 36 » » ....8 »
»	»	»	»	36 » 45 » » ....9 »
»	»	»	»	45 » 55 » » ...10 »
»	»	»	»	55 « 65 » » ...11 »

et, au-dessus de ce chiffre, 1 délégué de plus pour chaque dizaine de millions d'habitants.

b). — — — — — — — —

c) Enfin le nombre de délégués des divers groupes sera augmenté d'après l'échelle ci-après. Si le groupe compte au moins 50% des membres de la Chambre populaire, il aura droit à 1 délégué de plus ; s'il en compte au moins 75%, » » » » 2 délégués » » et s'il en » » » 90%, » » » » 3 » » »

Ordre du jour no 6.

Réduction des Armements.

Rapporteur : Monsieur Branting (Suède), ancien Président
du Conseil des Ministres

PROJET DE RÉSOLUTION

I.

La XIXe Conférence interparlementaire, ayant pris connaissance
des résolutions et du vœu votés par la Ire Assemblée de la Société des
Nations relativement au problème des armements, en prend acte avec
satisfaction, en tant que ces résolutions, et notamment le vœu, représentent une mise en œuvre pratique des efforts visant une réduction
des armements.

La Conférence constate d'autre part, que les résultats obtenus ne
peuvent être regardés que comme un minimum et comme une première étape des travaux de la Société dans cet ordre d'idées, et exprime l'espoir que la 2e Assemblée, prévue pour le mois de septembre
prochain, poussera plus loin dans la voie ainsi ouverte, et qu'elle
veillera à ce que toutes les résolutions de la 1re Assemblée aient été
exécutées dans leur lettre et dans leur esprit.

Elle constate avec satisfaction que la situation internationale sera
cette année-ci d'autant plus favorable pour semblable effort, que le
désarmement de l'Allemagne, d'après les déclarations des hommes
d'Etat alliés, progresse rapidement, que la Russie commence à rentrer
dans la vie économique mondiale, et que de fortes réductions ont été
opérées dans les armements de plusieurs pays, notamment dans ceux
de Belgique, de France, de Grande-Bretagne et d'Italie.

II.

Elle appelle notamment l'attention de l'Assemblée sur l'urgence
qu'il y a à organiser l'échange de renseignements relatifs aux armements,
expressément prévu par le Pacte, échange qui assurerait la publicité
de ces renseignements, et par conséquent le contrôle de l'opinion
publique sur l'action des états dans ce domaine, qui a une importance
primordiale pour les relations internationales et pour le maintien de
la Paix.

Elle exprime ses regrets sincères qu'apparemment si peu d'états aient encore répondu favorablement au vœu de l'Assemblée quant à une limitation des budgets militaires, navals et aériens. Elle espère que la 2me Assemblée saura insister plus énergiquement, et cette fois à l'unanimité, sur cette trève limitée, afin d'enrayer les velléités d'une nouvelle surenchère des armements qui pourraient se dessiner, avant que soit élaboré le plan général d'une réduction des armements.

III.

En attendant que la Société des Nations devienne assez forte pour assumer le rôle de l'instance finale quant à la décision de l'échelle des armements des divers états, la Conférence recommande comme mesures transitoires :

a) Institution d'une instance de contrôle et de vérification à l'égard des renseignements fournis à la Société quant aux armements, au sens de l'amendement français à l'Art. 8 du Pacte, déposé à la Conférence de la Paix de Paris ;

b) Délégation au Conseil de la Société, du droit exclusif de statuer sur l'existence d'une « situation exceptionnelle », pouvant légitimer une dérogation à l'engagement d'un Etat de ne pas dépasser le chiffre global de ses dépenses militaires, navales et aériennes, conformément au vœu de la 1re Assemblée.

IV.

La Conférence salue avec une profonde satisfaction les efforts poursuivis par des hommes politiques américains, en vue d'ouvrir une discussion entre les grandes puissances navales sur la possibilité de réduire leurs marines de guerre, et exprime l'espoir de voir aboutir rapidement ces efforts.

V.

La Conférence, enfin, souligne énergiquement le vœu exprimé par la Conférence financière de Bruxelles en 1920, ainsi conçu :

« Que le Conseil de la Société des Nations confère au plus tôt avec les différents gouvernements intéressés en vue d'obtenir leur agrément à une réduction générale de la charge écrasante que les armements, dans leur état actuel, font peser sur les populations appauvries du monde, engloutissant leurs ressources et compromettant leur restauration, après les ravages de la guerre ; »

et engage tous ses groupes à s'adresser, avant la réunion de la
2ᵐᵉ Assemblée, à leur Gouvernement pour insister sur ce vœu et pour
appuyer les vues exprimées plus haut. Elle les invite à exercer une
vigilance constante afin d'obtenir que leur Etat s'y conforme.

VI.

Elle charge le Bureau interparlementaire de transmettre les résolutions qui précèdent, à la Société des Nations, avec prière qu'elles
soient communiquées à l'Assemblée, ainsi qu'à tous les gouvernements
qui y seront représentés.

Ordre du jour no 7.

Le problème économique et financier international et la Société des Nations.

Rapporteur : M. le Dʳ M. W. F. Treub, ancien Ministre des Finances.
(Pays-Bas).

PROJET DE RÉSOLUTION

I. — Pour que l'Europe puisse se relever de l'état d'épuisement
économique auquel elle a été réduite par la guerre, il est de première
importance que dans chaque pays la production soit stimulée autant
que possible.

II. — Pour que ce but puisse être atteint le plus tôt possible, il
est d'urgence que les industries des différents pays soient libérées
des entraves causées par l'ingérence officielle dans la fixation des prix
des produits, ainsi que par des mesures de distribution officielle et
d'autres réglementations du même genre.

III. — Tant pour les pays à monnaie dépréciée que pour ceux à
change élevé, il est d'importance vitale que leur exportation soit
activée autant que possible.

IV. — Eu égard à cette nécessité économique générale, une politique des gouvernements, tendant à restreindre les importations
dans leur pays respectif, afin d'arriver à un solde actif plus grand de
leur bilan international, retarderait sérieusement le procès de relèvement économique de l'Europe et, par cela, de leur propre pays.

V. — Puisque les pays à change élevé ne pourront améliorer leur
situation économique, sinon par l'augmentation de leur exportation
jusqu'au niveau normal, ils ont autant d'intérêt à la renaissance économique des pays à bas change, que ces pays eux-mêmes.

VI. — La situation économique est à tel point précaire et grosse de dangers graves pour l'avenir prochain dans tous les pays de l'Europe, sans exception, qu'on ne pourra espérer en sortir sans débâcle, sinon par une coopération intense, inspirée par une bienveillance réciproque, de toutes les nations. Il faut par conséquent qu'on entre hardiment dans la voie de la liberté du commerce international, et qu'on suive, sans plus tarder, la politique de la Porte Ouverte.

VII. — Il incombe aux parlements de tous les pays et notamment à ceux des pays à argent fortement déprécié d'user de toute leur influence pour que le projet de crédit international, adopté par la Conférence Financière Internationale de Bruxelles, soit mis en exécution le plus tôt possible. Toutefois, les questions de crédit commercial doivent être résolues en premier lieu par les commerçants eux-mêmes et par leurs organisations, par l'intermédiaire des banques privées et des relations mondiales de celles-ci.

VIII. — L'organisation du crédit international ne doit pas seulement viser à ce que les crédits accordés obtiennent les garanties nécessaires, mais aussi à ce qu'ils ne soient accordés qu'en vue des affaires de première nécessité pour la vie économique du débiteur. Il paraît donc indispensable qu'à côté de cette organisation il se trouve une institution de contrôle à l'égard des affaires pour lesquelles il est fait appel à son concours. Cette institution sera la mieux placée pour s'occuper en même temps du problème de la répartition internationale des matières premières, tant qu'il sera nécessaire d'y pourvoir. Toutefois, son activité à cet effet devra se borner au plus strict nécessaire, et elle devra être supprimée dès que la situation économique mondiale sera suffisamment rétablie pour pouvoir se passer de cette ingérence. Des organisations officielles ou semi-officielles chargées d'une distribution internationale de marchandises, de quelque genre que ce soit, sont forcément si défectueuses, et elles se heurtent à tant de difficultés dans l'exécution de leur tâche, qu'on ne peut considérer leur création que comme un pis-aller, d'une utilité fort restreinte. Elles risquent de devenir des obstacles sérieux au développement économique, du jour où les conditions mondiales n'exigent plus expressément leur immixtion.

IX. — Il est de première nécessité que les changes se stabilisent pour que le commerce international puisse reprendre son essor et se développer puissamment. Semblable stabilisation ne s'effectuera pas tant que l'inflation monétaire continue, notamment dans les pays à argent fortement déprécié ; mais il n'est, ni nécessaire, ni désirable

de viser à une déflation systématique. Une déflation qui ne s'effectue-
rait pas d'une façon à la fois très lente et très prudente mettrait l'Europe devant de nouveaux problèmes non moins difficiles que celui de
l'inflation..

X. — Le commerce international continuera à être entravé, et les
pays exportateurs à change élevé auront à soutenir une concurrence
très inégale, tant que le cours des changes des pays à argent fortement déprécié ne correspondra pas au « purchasing power » de leur
monnaie à l'intérieur du pays.

XI. — Les problèmes dont il s'agit dans l'ordre d'idées ci-dessus
sont si vastes et en même temps si complexes que l'Union interparlementaire ne peut se prononcer à leur sujet tant qu'ils n'auront pas
fait l'objet d'études approfondies au sein de commissions d'études
spéciales. Les commissions d'études économiques, instituées par
l'Union, pourraient se mettre en rapport avec la Commission Econo-
mique et Financière de la Société des Nations, afin de contribuer aux
travaux de celle-ci, et d'éviter, autant que possible, des solutions ou
suggestions contradictoires.

Des études systématiques et approfondies des questions économiques mondiales du temps présent, au sein de Commissions *ad hoc*,
instituées par l'Union interparlementaire, pourront en même temps
contribuer à stimuler l'intérêt des parlements aux travaux économiques
de la Société des Nations et à en faire mieux ressortir l'importance pour
la conquête d'une paix véritable et durable.

Ordre du jour no 8'*a*.

Organisation des procédés d'enquête et de conciliation
devant la Société des Nations.

Rapporteur : M. le professeur Schücking, Président du Groupe
allemand.

PROJET DE RÉSOLUTION

1. L'Union interparlementaire accueille avec une joie pleine de gratitude le fait que le Pacte de la Société des Nations a consacré le principe de l'enquête et de la médiation obligatoires pour tous les conflits
qui ne sont pas soumis à la juridiction arbitrale.

2. L'Union interparlementaire se permet cependant de considérer
l'évocation de conflits de cette nature devant le Conseil, en tant qu'il
est une autorité politique, comme une solution du problème qui n'est

pas satisfaisante. Elle estime que l'évolution doit se faire dans un sens conforme à l'histoire de l'arbitrage, et que la médiation elle-même doit passer des autorités politiques aux juridictions techniques. Une juridiction technique de ce genre ne peut être constituée que par un collège indépendant.

3. La Société des Nations est donc appelée à adjoindre une autorité technique de ce genre à la Cour permanente de Justice internationale, dans le cadre de son organisation.

4. A cette fin, il est désirable d'instituer un *Conseil central de médiation*, parmi les membres duquel les parties intéressées choisiront, pour chaque cas particulier, la Commission de médiation.

5. Les membres du Conseil central de médiation seront désignés au nombre de 15, et de 10 remplaçants, par le Conseil et l'Assemblée de la Société des Nations, sur une liste, pour l'établissement de laquelle chaque Etat de la Société des Nations aura le droit de proposer deux candidats.

6. Une Commission, composée de sept membres, sera choisie parmi les membres de ce Conseil central de médiation et chargée de l'enquête et de la médiation dans chaque cas de conflit ; chacune des parties désignera trois des membres de cette Commission, au nombre desquels ne pourra se trouver qu'un ressortissant, au plus, des états intéressés.

Si l'une des parties ne possède pas de ressortissants parmi les membres du Conseil central de médiation, elle a le droit de nommer un autre ressortissant à la Commission. Dans ce choix, elle doit s'en tenir, de préférence, aux candidats qu'elle a présentés pour la constitution du Conseil central de médiation. Au cas où les membres de la Commission, nommés par les intéressés, ne pourraient tomber d'accord sur l'élection d'un Président, ce Président devra être désigné par le Conseil de la Société des Nations.

7. Le droit qu'a le Conseil de la Société, aux termes de l'article du Pacte, de prendre des mesures destinées à maintenir efficacement la paix entre les peuples, reste entier ; cependant, le Conseil de la Société doit s'abstenir de toute intervention matérielle dans la question litigieuse, et doit, en cas de nécessité, remettre le soin de cette intervention au Conseil de médiation.

8. Au cas où la Commission du Conseil de médiation prend une décision par un vote unanime, ce vote a la valeur d'un jugement arbitral, comme il est prévu à l'article 13, paragraphe 4, du Pacte de la Société.

Si le vote n'a pas été unanime, chacune des parties intéressées a le droit de recourir en seconde instance, à une juridiction d'appel, dont le jugement, dans tous les cas, aura force de jugement arbitral (Cp. nº 8, paragraphe 1). Il est souhaitable en principe que cette juridiction de seconde instance soit constituée par un collège de membres impartiaux.

L'Union interparlementaire saluerait comme un progrès déjà considérable, par comparaison avec les règles appliquées actuellement par la Société des Nations, de s'en tenir, provisoirement, au Conseil de la Société comme juridiction de seconde instance, par application, autrement, des principes énoncés ci-dessus.

Exposé des motifs de la résolution.

Dans la rédaction de la Résolution, j'ai cru bon d'éviter tout détail pouvant amener de la confusion, et de me restreindre à quelques idées directrices seulement, étant donné d'ailleurs qu'il est toujours possible, si l'on tombe d'accord sur les idées directrices, d'examiner les questions de détail dans une Commission.

Ces idées directrices doivent, à mon avis, se développer dans deux directions : d'une part, on doit s'efforcer de réaliser, dans la procédure, l'élimination de la politique, de telle façon que le Conseil de la Société des Nations soit remplacé comme juridiction compétente, par une autorité technique impartiale. La solution de ce problème est fort délicate, car l'on est obligé de partir, aujourd'hui, de la constitution existante de la Société des Nations. Il paraît donc très douteux que la Société des Nations, et les états qui y jouissent d'une position privilégiée, soient disposés à renoncer, en principe, à la compétence du Conseil en ces matières.

Afin de faciliter un accord unanime, j'ai, pour cette raison, abordé la question de la position du Conseil avec le plus de ménagement possible.

La deuxième idée directrice de ma résolution a été de renforcer, comparativement aux règles existantes du Pacte, les effets juridiques de la médiation, exercée au nom de la Société des Nations.

(s.) Walter SCHÜCKING.

Passeports.

Rapporteur : Right Hon. THOMAS LOUGH (Grande-Bretagne).

PROJET DE RÉSOLUTION

La XIX⁰ Conférence interparlementaire exprime l'avis que l'obligation de faire viser les passeports devrait immédiatement être restreinte à ce qui serait nécessité par les mesures d'ordre policier international, et que toutes les dépenses ou restrictions relativement à l'acquisition ou à la présentation des passeports par les voyageurs devraient être réduites au strict minimum.

TEXTES ANGLAIS

FINAL AGENDA PAPER OF THE CONFERENCE

1º Election of the President and constitution of the Bureau of the Conference.

2º Report of the Inter-Parliamentary Bureau on the activity of the Council since the XVIIIth Conference (Art. 12 of the Regulations of the Council).

3º The Inter-Parliamentary Union and the League of Nations.
Report by the Right Hon. Lord WEARDALE (Great Britain), President of the Inter-Parliamentary Council.

4º The Inter-Parliamentary Union and the International Labour Office.

Report by M. JUSTIN GODART, French Deputy, formerly Under-Secretary of State.

5º Revision of the Statutes of the Union. — Rules for the election of Delegates of the Groups to the Inter-Parliamentary Conferences.
Report by Senator H. LA FONTAINE (Belgium), on behalf of the Organization Commission.

6º Reduction of Armaments.
Report by Mr. HJALMAR BRANTING, formerly Prime Minister of Sweden.

7º The International Economical and Financial Problem and the League of Nations.
Report by Mr. TREUB, formerly Finance Minister of the Netherlands.

8*a* Organization of the procedures of Enquiry and Conciliation within the League of Nations.
Report by Professor Dr. W. SCHÜCKING (Germany).

8*b* Passports.
Report by the Right Hon. THOMAS LOUGH (Great Britain).

9º Communication of the names of the delegates of the Groups to the Inter-Parliamentary Council for the period between the XIXth and the XXth Conference.

According to Art. 12 of the Statutes of the Union, the two delegates to the Council are designated by their Group at least one month before the opening of the Conference. These designations are communicated to the Inter-Parliamentary Bureau, which transmits them to the Conference.

10º Election of three members of the Executive Committee to take the places of : Baron de PLENER (Austria), resigned, (until the XIXth Conference) ; Mr TYDEMAN (Netherlands), deceased, (until the XXth Conference) ; and Mr EICKHOFF (Germany), resigned, (until the XXIst Conference).

The Executive Committee is actually composed of Lord WEARDALE (Great Britain), CHAIRMAN, and at the same time President of the Council ; Mr HOUZEAU de LEHAIE (Belgium), until the XXIInd Conference, Baron ADELSWÆRD (Sweden), Mr van KOL (Netherlands), and Mr. SCHERRER-FÜLLEMANN (Switzerland). The three last named have been provisionally elected by the Council, pending the final elections by the next Conference.

At its last sitting, on April 12, 1921, the Council, to its regret, had to accept the resignation of Mr HOUZEAU de LEHAIE as Member of the Executive Committee. The Council, however, only accepted Mr Houzeau's resignation provisionally, and expressed the hope that Mr Houzeau might shortly reconsider his decision. It asked the first Delegate to the Council from the Italian Group, the former Minister of the Treasury, Senator SCHANZER, to replace Mr Houzeau, pending the final decision of the Stockholm Conference.

11º Place of Meeting of the XXth Conference.

Drafts of resolutions
as approved by the Interparliamentary Council

Agenda Paper no 3.

The Inter-Parliamentary Union and The League of Nations.

Report by the Right Hon. Lord WEARDALE, President of the Inter-Parliamentary Council, Chairman of the British Group.

DRAFT RESOLUTION

I.

The XIXth Inter-Parliamentary Conference cordially welcomes the institution of the League of Nations, which it is entitled to consider as an important result of the work zealously pursued by the Union for a long series of years, with the aim of organizing the world for the maintenance of peace.

Without desiring to make any detailed pronouncement as to the different stipulations of the Covenant, nor as to the organization and the activity of the League, the Conference registers as its opinion that it is urgent and necessary that the League attains, as quickly as possible, that universal, all-embracing character, without which it will be unable to exercise the high mission with which it is entrusted.

II.

The Conference is of opinion that the Inter-Parliamentary Union cannot, at the present time, devote itself to a more useful and practical work than the support of the general action of the League of Nations, in the field of international cooperation and in its efforts for the maintenance of peace and for a drastic reduction of armaments.

It approves the action of the Inter-Parliamentary Council as expressed in the appeal to the Groups, of April 12, 1921, and instructs the Inter-Parliamentary Bureau to call the attention of the Groups to all useful measures they may be able to take in their Parliaments and with their Governments, in order to support the activity of the League, and to obtain the execution of its resolutions and recommendations in the above directions.

The Inter-Parliamentary Union and the International Labour organization.

Report by M. JUSTIN GODART (France), Deputy and formerly Under-Secretary of State.

DRAFT RESOLUTION

The XIXth Inter-Parliamentary Conference welcomes with profound satisfaction the formation of the International Labour Conference and Office, which are calculated to render very valuable service in improving the lot of the labouring classes in all countries and, by thus contributing to the advancement of social harmony, to ensure peace throughout the world.

The Conference is profoundly convinced of the utility of co-operation on the part of the Union in these efforts in the cause of peace, and pledges the support of the Union and of its various groups, with a view to procuring the ratification of conventions and recommendations, which are drawn up by the International Labour Conference, in the various parliaments affiliated to the Union, and, in general, to assist the International Labour Office in its work.

It calls upon its various National Groups to form a *Labour Committee*, for the purpose of directing the work of the Group in this sphere, and to ensure that the undertaking given by the Union in the preceding paragraph of this Resolution, is duly observed.

Revision of the Statutes of the Union. — Rules for the election of Delegates of the Groups to the Inter-Parliamentary Conferences.

Report by Senator LA FONTAINE (Belgium), on behalf of the Organization Commission

PRESENT CONSTITUTION OF THE INTER-PARLIAMENTARY UNION

(*Revision of* 1912)

I. ITS PURPOSE — ITS CONSTITUTION.

ARTICLE 1. — The Inter-Parliamentary Union has for its object united action on the part of Members of all Parliaments, consti-

Revision of the Statutes of the Union
Rules for the election of Delegates of the Groups to the Inter-Parliamentary Conferences.

Report by Senator La Fontaine (Belgium), on behalf
on the Organization Commission.

DRAFT SCHEME FOR THE REVISION OF THE STATUTES OF THE INTER-PARLIAMENTARY UNION

(As revised 19...)

I. *Its Purpose and Constitution.*

ARTICLE 1. — The aim of the Inter-Parliamentary Union is to
unite in common action the Members of all Parliaments, constituted

tuted in National Groups with a view to obtaining recognition in their respective countries, either by way of legislation or by means of international treaties, of the principle that disputes between nations should be settled by arbitration or in other ways either amicable or judicial. It has also for its object the study of other questions of International Law, and, in general, of all problems pertaining to the development of peaceful relations between nations.

ART. 2. — Until further decision the headquarters of the Inter-parliamentary Union shall be at Brussels.

ART. 3. — The Inter-Parliamentary Union is composed of National Groups.

Only Parliamentary Groups of countries which are not represented in another parliament are admitted into the Union.

No parliament may have more than one National Group. Each Group shall elect a bureau with power to direct its operations and to correspond with the Interparliamentary Bureau (IV) ; and it shall draw up its own rules of organization and administration. It has to send to the Inter-Parliamentary Bureau before the end of March of each year a report upon its proceedings and a list of its members.

ART. 4. — The following are entitled to become members of a National Group :

a) Members of the National Parliament and members of the particular diets of states belonging to a federation and having the right of diplomatic representation ;

b) Ex-members of the Inter-Parliamentary Council ;

c) Ex-members of Parliament who, having rendered distinguished services, are admitted by the Council on the recommendation of their Group.

ART. 5. — The Inter-Parliamentary Union expects of its members that they, as far as possible, see that the resolutions passed at the Inter-Parliamentary Conferences be brought to the attention of their respective parliaments. It invites them to assist to their utmost in maintaining peace amongst the nations.

in national groups, in order to secure the co-operation of their respective States in the firm establishment and democratic development
of the League of Nations. Its object is also to study all questions
of an international character suitable for settlement by parliamentary
action, and thus to contribute towards the development of peaceful
relations between nations.

ART. 2. — The Headquarters of the Inter-Parliamentary Union
shall be at... [1].

ART. 4. — The following are entitled to become members of a
National Group :
  a) Members of the national Parliament of the country.
  b) Ex-members of Parliament, who are or have been Members of
     the Interparliamentary Council, or who have rendered distingui-
     shed services to the Union and are admitted on this ground by
     the Council, on the recommendation of their group, as honorary
     members of the latter.

ART. 5. — The duty of a national group is to keep its parliament
informed, as far as possible, through its Committee or through one of its
members, of resolutions, adopted at the Conferences (II), which call
for national action.
  The Inter-Parliamentary Union expects its members to do their
utmost to see that the work of the Union is made known throughout

---

[1] According to the authorization of the Council, the Executive Committee has ordered the transfer of the seat of the Inter-Parliamentary
Bureau to Geneva, seat of the League of Nations.

II. Interparliamentary Conferences.

Art. 6. — The Inter-Parliamentary Union will meet in a Conference annually, subject to a contrary decision, and will decide on the place of its meeting.

In the event of a Group whose country has been chosen as the place of meeting for the Conference wishing to decline the selection, the Inter-Parliamentary Council is empowered to take the necessary steps.

Art. 7. — Conferences are called by the Inter-Parliamentary Council.

Art. 8. — Conferences are opened by the president of the Council, or, in case of his absence, by a provisional president chosen for that purpose by the Inter-Parliamentary Group of the country in which the Conference is held. The latter chooses its own president, its vice-presidents and its tellers.

Art. 9. — Discussions are confined to the subjects placed on the agenda by the Inter-Parliamentary Council.

their respective countries, in order to obtain as large a measure of support as possible. It also invites them to assist to the best of their ability in the maintenance of peace amongst the nations.

II. *Inter-Parliamentary Conferences and Congresses.*

ART. 6. — The Inter-Parliamentary Union shall meet in Conference once a year, unless otherwise decided.

The Inter-Parliamentary Council (III), shall summon the Conference, and shall select the place where the meeting is to be held.

ART. 7. — The Conference shall be composed of Members of the Council, nominated by the groups (Art. 12), and also of a number of other delegates from each group, to be fixed in accordance with the following rules :

a) The Groups shall nominate one delegate for every two millions, or fraction of two million, inhabitants of their country, up to a total of 30 millions ; and one delegate for every ten millions, or fraction of ten millions, over 30 millions.

The population of colonies is included in that of the mother-country, if they are represented in the parliament of the mother-country.

b) Groups of countries which possess a foreign trade valued at more than 100 gold francs per head of population, shall, in addition, nominate additional delegates according to the following scale :

from   100 to   300 gold francs per head 1 delegate
»   300 »   600   »   »   »   »   2 delegates
»   600 »   1000   »   »   »   »   3   »
over 1000 »   »   »   »   »   4   »

c) Finally, the number of delegates of each group shall be increased or diminished according to the number of members of the lower house of parliament included on the roll of the group at the beginning of the year, in accordance with the following scale :

More than 80 % ..... entitles a group to 2 additional delegates
Between 60% & 80%   »   »   »   » 1   »   »
Between 40% & 20% the number of delegates is reduced by 1. and under 20% the reduction is 2.

The Council, when convening the Conference, shall, at the same

All other motions and propositions are discussed only if the Conference, after consideration, authorizes the discussion by a two-thirds majority, after having heard the opinion of the Council and a summarized explanation of the originators of the motion.

ART. 10. — Voting is by a show of hands. The national Group of the country, in which the Conference meets, shall not have votes to exceed in number the number of that one of the Groups which has the most members present.

In any such case, the national Group shall designate the members who shall have the right to vote.

In the election of officers the vote shall be by secret ballot, if not less than twenty members so demand.

ART. 11. — The full report of the Conference must be deposited in the archives of the Inter-Parliamentary Bureau, together with all documents circulated.

time, notify each group of the number of delegates to which it is entitled.

The groups shall select their delegates according to the system of proportional election. No group may select more than one fifth of its delegates from amongst ex-members of parliament belonging to it.

ART. 10. — Each delegate shall have one vote ; voting shall take place publicly and shall be by roll call (*appel nominal*). Each vote taken shall be recorded in the minutes. Any member who is unable to attend may authorise another member to record his vote. Such authority shall be in writing and shall be attached to the minutes. No delegate, however, may record more than five votes.

In the case of elections, voting shall be by secret ballot, if not less than twenty members make a request to that effect.

ART. 10*bis*. — The Inter-Parliamentary Council may convene Inter-Parliamentary Congresses in which all Members of national groups are entitled to take part. Voting at Congresses shall be by a show of hands.

ART. 11. — The Minutes of Conferences or Congresses shall be deposited in the archives of the Inter-Parliamentary Bureau, together with all documents which have been circulated.

[No modifications of the articles 12 to 18 were proposed].

For the amendment to the Art. 7 A and C of the revision proposal submitted by the Swedish Group, see French text, pp. 29-30.

Agenda Paper no 6.

The Reduction of Armaments

Report by M. BRANTING (Sweden), Former Prime Minister.

DRAFT RESOLUTION

I

The XIXth Inter-Parliamentary Conference, after due consideration of the resolutions and the recommendation adopted by the first Assembly of the League of Nations, with regard to the armaments question, records its satisfaction that these resolutions and, more especially, the recommendation constitute a practical application of the efforts made towards a reduction of armaments.

The Conference, however, is of opinion that the results attained should only be regarded as a minimum and as the first step made by the League in this direction ; it also expresses a hope that the second Assembly, which is due to meet in September next, will make further progress along theses lines and that it will do its utmost to ensure that all the resolutions of the first Assembly have been complied with in the letter and in the spirit.

The Conference expresses its gratification that the international situation in the present year will be more favourable to efforts of this kind, because the disarmament of Germany, according to statements made by Allied statesmen, is proceeding rapidly, and because Russia is once more beginning to take part in the economic life of the world ; moreover, important reductions have been effected in the armaments of several countries, in particular, those of Belgium, France, Great Britain and Italy.

II

It directs the particular attention of the Assembly to the urgent necessity for the organisation of a system of exchange of information with regard to armaments, as explicitly provided in the Covenant ; an exchange of this kind will assure the publicity of the information and, as a result, public opinion will exert its influence upon the policy followed by States in regard to this question, which is of supreme importance in international relations and for the preservation of peace.

It records its sincere regret that apparently so few States have, up to the present time, given a favourable answer to the Assembly's recommendation with reference to the limitation of military, naval and air budgets. It hopes that the second Assembly will be in a position to urge with greater insistance, and, on this occasion, by an unanimous vote, the conclusion of this partial truce, in order to counteract any tendency to a recurrence of the competition in armaments, before a general plan for the reduction of armaments has been prepared.

III

Until such time as the League of Nations becomes sufficiently strong to assume its position as the supreme authority for the decision of questions relating to the scale of armaments to be maintained by the various Powers, the Conference recommends the following provisional measures :

(a) The establishment of an office for the supervision and verification of the information furnished to the League, with regard to armaments, on the lines of the French amendment to Article 8 of the Covenant, which was submitted during the Peace Conference at Paris.

(*b*) That exclusive right be delegated to the Council of the League to determine whether an exceptional situation exist of such a na- ture as to justify a State in disregarding the undertaking given by it not to exceed its total military, naval and air expenditure, in conformity with the recommendation of the first Assembly.

IV

The Conference greets with profound satisfaction the efforts made by American statesmen in order to promote a discussion betwen the great naval powers, with reference to the possibility of effecting reduc- tions in their naval forces, and sincerely trusts that these efforts will meet success in the near future.

V

Finally, the Conference lays special stress on the following Recommendation, adopted by the Financial Conference of Brussels in 1920 :

« That the Council of the League of Nations should as soon as possible « confer with the various governments concerned, with a view to « obtaining their consent to a general reduction in the crushing bur- « den which is imposed on the impoverished peoples of the world, — « swallowing up their resources and hindering their recovery from the « effects of the war, — by the present scale of armaments. »

Further, the Conference calls upon its Groups to approach their Governments, before the Meeting of the second Assembly, and draw their urgent attention to this recommendation, and also to advocate the views expressed above. It exhorts them to make every effort to bring about the acceptance of these views by their country.

VI

It instructs the Inter-Parliamentary Bureau to transmit the foregoing resolutions to the League of Nations, accompanied by a request to the effect that they may be communicated to the Assembly and to all Governments represented at it.

Agenda Paper no 7.

The International Economical and Financial Problem and the League of Nations.

Report by Dr M. W. F. Treub, former Minister of Finance
of the Netherlands.

DRAFT RESOLUTION

I. — In order to enable Europe to recover from the state of economic exhaustion to which it has been reduced in consequence of the war, it is essential that production should be stimulated to the greatest possible extent in every country.

II. — For the attainment of this object at the earliest possible moment, it is of the utmost importance that the industries of the various countries should be freed forthwith from the restrictions imposed upon them by state control in regard to the fixing of prices and distribution of goods, and by other regulations of the same kind.

III. — It is of vital importance, both to countries where the currency is depreciated, and to those whose exchange is at a premium, that their export trade should receive the greatest possible amount of encouragement.

IV. — Having regard to this general economic necessity, the adoption by the various Governments of a policy intended to produce a larger credit balance in their international trading accounts, by means of the imposition of restrictions upon importation into their respective countries, would seriously delay the process of European economic revival and also therefore that of their respective countries.

V. — Since countries with a high rate of exchange can only improve their economic condition by increasing their export trade to its normal level, they have just as much to gain by the economic recovery of countries with a low rate of exchange as the latter themselves.

VI. — The economic situation is so precarious and so pregnant with serious dangers for the immediate future in all European countries without exception, that the only hope of emerging from the present position lies in a system of close cooperation between all nations, animated by mutual regard for each others interests. We must therefore boldly take free international trade as our objective, and adopt, without further delay, the policy of the Open Door.

VII. — It is the duty of the parliaments of all countries, and more especially of those of countries where the currency is seriously depreciated, to exert all their influence to bring about the speedy application of the scheme of international credit adopted by the International Financial Conference of Brussels. Questions of commercial credit should, however, in the first instance be settled by traders themselves or by trade organisations through private banks and their international connections.

VIII. — The scope of the international credit organization should not be confined solely to the provision of adequate guarantees for the credits granted ; steps should also be taken to ensure that such credits are only granted to a state in connection with its essential economic requirements. It therefore appears indispensable that this organization should be supplemented by the creation of a body for the investigation of the grounds upon which applications submitted to the organization are based. This body would at the same time be in the best position to deal with the question of international distribution of raw materials, while the necessity for such distribution continues to exist. Its activities in this connection must however be strictly limited to actual requirements and must cease directly the international economic situation is sufficiently reestablished to render such control unnecessary. Official or semi-official organizations, which are entrusted with any form of international distribution of goods, are bound to be defective, and encounter so many difficulties in the performance of their task that their formation can only be regarded as an expedient of strictly limited utility. There is a danger of their becoming a serious hindrance to economic development, directly the international situation has ceased to require any action on their part.

IX. — Before international trade can resume its normal course and develop to any great extent, it is absolutely essential that the exchanges should recover their stability. This cannot take place while the present monetary inflation continues, especially in countries with a greatly depreciated currency. Systematic deflation, however, is neither necessary nor desirable. Any other than a very gradual and very prudent system of deflation would bring Europe face to face with fresh problems, which would be at least as difficult to deal with as that of inflation.

X. — The present obstruction in international trade will continue and exporting countries with a high rate of exchange will have to engage in competition upon very unequal terms, until the exchange rates of countries with a very depreciated currency have been brought into relation with the domestic purchasing power of their money.

XI. — The problems arising out of the situation referred to are so vast and, at the same time, so complex that the Inter-Parliamentary Union cannot pronounce a definite opinion until these problems have been subjected to careful and exhaustive study by special committees. It is suggested that the committees for the study of economic questions, which may be formed by the Union, should get into touch with the Economic and Financial Commission of the League of Nations, in order to assist the latter body in its work and to avoid, as far as possible, contradictory solutions or suggestions.

Systematic and exhaustive study of present international economic problems on the part of Committees *ad hoc*, formed by the Inter-Parliamentary Union, would be calculated to stimulate the interest taken by Parliaments in the economic work of the League of Nations, and also to demonstrate more clearly the important part played by this work in the attainment of a real and enduring peace.

Agenda Paper nᵒ 8 a.

Organization of the Procedures of Enquiry and Conciliation within the League of Nations.

Report by Professor Schücking, Chairman of the German Group.

DRAFT RESOLUTION

1. The Inter-Parliamentary Union welcomes with a sense of profound satisfaction the fact that the Covenant of the League of Nations has recognized the principle of compulsory investigation and mediation in all disputes which are not submitted to arbitration.

2. The Inter-Parliamentary Union ventures, however, to suggest that the submission of such disputes to the Council of the League, which is a political body, is not a satisfactory solution of the problem ; it considers that, following the example set by the history of arbitration, the object to be attained by this development is to transfer the function of mediation from a political, to a technical tribunal. A technical tribunal of this kind can only be formed from the members of an independent body.

3. The League of Nations is therefore invited to establish a technical service of this kind side by side with the International Court of Justice.

4. With this object in view, a Central Council of Mediation should be created, and the parties to each dispute should select the Commission of Mediation from amongst the Members of this Council.

5. The Central Council of Mediation should consist of 15 members and 10 deputy members. These should be elected by the Council and Assembly of the League from a list composed of not more than two candidates nominated by each State Member of the League.

6. A Commission, composed of seven members, should be chosen from amongst the members of the Central Council of Mediation, for the purpose of enquiry and mediation in each dispute ; each party should choose three members of this Commission, of whom not more than one may be a national of either of the States concerned. Should one of the parties have no national among the members of the Central Council of Mediation, it should be entitled to appoint another of its nationals, as a member of the Commission. For this purpose, it should, preferably, select one of the candidates nominated by it for the Central Council of Mediation. If the Members of the Commission chosen by the parties cannot agree with regard to the election of a President, the latter should be appointed by the Council of the League of Nations.

7. The right which the Council of the League possesses, by virtue of Article 11 of the Covenant, namely, to take any action that may be deemed wise and effectual to safeguard the peace of nations, remains unimpaired : the Council should, however, refrain from any form of intervention in the dispute and should, if necessary, delegate the power to intervene to the Council of Mediation.

8. Should the Commission of the Council of Mediation come to an unanimous decision, this decision should have the force of a decision by arbitration, as provided in Article 13, paragraph 4, of the Covenant of the League.

If the decision is not unanimous, each party concerned should be entitled to have recourse to a tribunal of appeal, the decision of which should, in all circumstances, have the force of an arbitral decision. (Compare N° 8, paragraph 1). It is most desirable that this tribunal of appeal should also be composed of members drawn from an impartial body.

In comparison with the principles at present applied by the League, the Inter-Parliamentary Union would welcome the temporary retention of the Council, in the capacity of tribunal of appeal, as a considerable step forward : the principles set forth above being, in this event, applied in a somewhat modified form.

Explanatory Statement.

In drawing up this resolution, I felt that it was better to avoid entering into detail, which might lead to confusion, and to confine myself to essential points ; moreover, if agreement is reached regarding the essential points, it is always possible to consider details in committee.

In my opinion, the governing principles should be two in number. In the first place, politics must be eliminated from the procedure ; that is to say, the Council of the League must be replaced by an impartial technical body as the competent tribunal. The solution of this problem is made extremely difficult owing to the fact that, to-day, we are faced by the necessity of taking as our point of departure the existing constitution of the League of Nations, and it appears very doubtful whether the League and, in particular, the States which have a privileged position therein, will be prepared to renounce the principle that the Council is the competent authority for this class of disputes.

In order to facilitate an unanimous agreement, I have, therefore, touched upon the question of the Council's position with the utmost circumspection.

In the second place, my Resolution is intended to increase the degree of legal authority attaching to the function of mediation exercised on behalf of the League of Nations, as compared with the existing provisions of the Covenant.

(s.) Walther SCHÜCKING.

Agenda Paper no 8b.

Passports.

Report by the Right Hon. THOMAS LOUGH (Great Britain)

DRAFT RESOLUTION

That in the opinion of this Conference all requirements to visa passports should be immediately limited to the requirements of the International Police, and all expenses and restrictions with regard to procuring or exhibiting passports by travellers should be reduced to the minimum.

TEXTES ALLEMANDS

ENDGUELTIGE TAGESORDNUNG DER KONFERENZ

1º Wahl des Präsidenten und des Büros der Konferenz.

2º Bericht des interparlamentarischen Büros über die Tätigkeit des Rates seit der XVIIIten Konferenz. (Art. 12 der Geschäftsordnung des Rates).

3º Die interparlamentarische Union und der Völkerbund.
Berichterstatter : Right Hon. Lord WEARDALE (Gross-Britannien), Vorsitzender des Interparlamentarischen Rates.

4º Die interparlamentarische Union und das internationale Arbeits-Amt.
Berichterstatter : Herr JUSTIN GODART, Französischer Abgeordneter.

5º Aenderung der Satzungen. — System einer Abordnung der Gruppen zu den interparlamentarischen Konferenzen.
Berichterstatter : Herr HENRI LA FONTAINE, belgischer Senator, im Namen der Organisations-Kommission.

6º Verminderung der Rüstungen.
Berichterstatter : Herr HJALMAR BRANTING, ehemaliger Minister Präsident (Schweden).

7º Das wirtschaftliche und finanzielle internationale Problem und der Völkerbund.
Berichterstatter: Herr Treub, früherer Finanzminister (Holland).

8ª Ordnung des Untersuchungs- und Vermittlungs- Verfahrens im Völkerbunde.
Berichterstatter: Herr Professor Dr. W. SCHÜCKING (Deutschland).

8ᵇ Pässe.
Berichterstatter: Right Hon. THOMAS LOUGH (Gross Britanien).

9º Mitteilung der Namen der Abgeordneten der Gruppen im interparlamentarischen Rate, für die Zeit von der XIXten zur XXten Konferenz.

Laut Art. 12 der Satzungen der Union werden die zwei Abgeordneten im Rate mindestens ein Monat vor Eröffnung der Konferenz von ihrer Gruppe ernannt. Diese Ernennungen werden dem interparlamentarischen Büro mitgeteilt und durch dieses der Konferenz übermittelt.

10° Wahl der drei Mitglieder des Exekutiv-Ausschusses in Ersetzung von den Herren, Baron PLENER (Oesterreich) zurückgetreten, (austretender an der XIXten Konferenz), TYDEMAN (Niederlande), verschieden (austretender an der XXten Konferenz) und EICKHOFF (Deutschland), zurückgetreten (austretender an der XXIten Konferenz).

Der Exekutiv-Ausschuss besteht zur Zeit aus Lord WEARDALE (Gross-Britanien), Präsident (kraft seiner Eigenschaft von Präsident des Rates), den Herren HOUZEAU DE LEHAIE (Belgien), austretender an der XXIIten Konferenz, VAN KOL (Niederlande), SCHERRER-FÜLLEMANN (Schweiz), und Baron ADELSWÄRD (Schweden). Die drei letzten sind provisorisch vom Rate ernannt worden, in Erwartung der endgültigen Wahlen der nächsten Konferenz.

Der Rat hat gleichfalls, während seiner letzten Sitzung, am 12ten April 1921, einstweilen die Abdankung von Herrn Houzeau de Lehaie als Mitglied des Exekutiv-Auschusses mit Bedauern angenommen, indem er zwar die Hoffnung aussprach, Herr Houzeau würde dieselbe noch rückgängig machen. Er bat den ersten Abgeordneten der italienischen Gruppe im Rate, Herrn Senator SCHANZER, früherer Finanzminister, Herrn Houzeau bis zur endgültigen Entscheidung durch die Stockholmer Konferenz zu vertreten.

11° Festsetzung des Versammlungortes der XXsten Konferenz.

Vorschläge in der vom Interparlamentarischen Rate genehmigten Fassung

Tagesordnung no 3.

Die Interparlamentarische Union und der Völkerbund.

Bericht vom Right Hon. Lord WEARDALE, Präsident des Inter-Parlamentarischen Rates, Vorsitzender der Britischen Gruppe.

RESOLUTIONS-ENTWURF

I

Die XIXte Inter-Parlamentarische Konferenz begrüsst herzlichst die Gründung des Völkerbundes, die es berechtigt ist, als ein wichtiges Ergebniss ihrer seit Jahren so eifrig betriebenen Arbeiten zur Sicherung des Friedens anzusehen.

Obgleich sie nicht die Absicht hat sich über die verschiedenen vertragsmässigen Bestimmungen des Paktes, noch über die Zusammensetzung und Tätigkeit des Bundes auszusprechen, stellt die Konferenz fest, dass ihrer Meinung nach es dringend und notwendig für den Völkerbund ist, einen allgemeinen, allumfassenden Charakter so rasch als möglich zu bekommen, ohne den es ihm unmöglich sein wird, die ihm übertragene hohe Mission auszuführen.

II.

Die Konferenz ist der Meinung, dass die Inter-Parlamentarische Union sich gegenwärtig keiner nützlicheren und praktischeren Arbeit widmen kann als der Unterstützung des allgemeinen Wirkens des Bundes auf dem Gebiete der internationalen Cooperation, und auf dem der Bemühungen für die Erhaltung des Friedens und für eine durchgreifende Beschränkung der Rüstungen.

Sie billigt die Tätigkeit des Inter-Parlamentarischen Rates, ausgedrückt durch die Aufforderung vom 12ten April 1921 an die nationalen Gruppen, und beauftragt das Inter-Parlamentarische Bureau, die Aufmerksamkeit der Gruppen auf alle nützlichen Massnahmen zu lenken, welche sie in ihren Parlamenten und bei ihren Regierungen unternehmen können zwecks Unterstützung des Wirkens des Bundes, und um die Ausführungen der Resolutionen und Wünsche desselben in den oben angeführten Richtungen zu erlangen.

Die Inter-Parlamentarische Union und die Internationale Arbeits-Organisation

Berichterstatter : Herr JUSTIN GODART (Frankreich), Abgeordneter, früherer Unterstaatssekretär.

RESOLUTIONS-ENTWURF

Die XIXte Inter-Parlamentarische Konferenz begrüsst mit Befriedigung die Gründung der internationalen Konferenz und des Internationalen Bureaus der Arbeit, welche berufen sind, der Aufbesserung des Loses der arbeitenden Massen aller Länder die grössten Dienste zu leisten, und indem sie den Fortschritt des sozialen Friedens fördern, den Weltfrieden zu sichern.

Sie ist überzeugt, dass es auch im Interesse der Union ist, an dieser Friedensarbeit mitzuwirken, und verspricht ihre Hilfe und die ihrer Gruppen, um von den ihr angegliederten Parlamenten die Anerkennung der Verträge und Empfehlungen, welche die Internationale Arbeitskonferenz vorgeschlagen hat, zu erlangen, und um das Werk des Internationalen Arbeitsbureaus im allgemeinen zu fördern.

Sie empfiehlt jeder ihrer Gruppen einen *Ausschuss für Arbeitsreform* zu gründen, deren Pflicht es sein wird, die Wirksamkeit der Gruppe in diesem Sinne zu leiten, und darauf zu wachen, dass die, laut dem vorgehenden Absatze, von der Union übernommene Verpflichtung durchgeführt wird.

Aenderung der Satzungen der Union. — Vertretung der Gruppen in den interparlamentarischen Konferenzen

Berichterstatter : Herr LA FONTAINE, Belgischer Senator, im Namen der Organisations-Kommission.

SATZUNGEN DER INTERPARLAMENTARISCHEN UNION

(Revidierte Fassung von 1912).

I. ZIELE UND ORGANISATION DER UNION.

ART. I. — Die Interparlamentarische Union hat es sich zur Aufgabe gestellt, die in nationalen Gruppen zuzammengefassten Mitglieder

Aenderung der Satzungen der Union. — Vertretung der Gruppen in den interparlamentarische Konferenzen

Berichterstatter : Herr LA FONTAINE, Belgischer Senator,
im Namen der Organisations-Kommission.

ENTWURF ZUR AENDERUNG DER SATZUNGEN DER INTERPARLAMENTARISCHEN UNION

(Fassung von 19...)

I. *Ziele und Organisation der Union.*

ART 1. — Die Interparlamentarische Union hat zur Aufgabe die in nationalen Gruppen zusammengefassten Mitglieder aller Parla-

aller Parlamente zu einem gemeinsamen Vorgehen zu vereinigen, um in ihren Staaten, entweder auf dem Wege der Gesetzgebung oder vermittelst internationaler Verträge, den Grundsatz zur Anerkennung zu bringen, dass die Streitigkeiten zwischen den Nationen auf dem Wege des Schiedsgerichts oder auf anderen friedlichen oder gerichtlichen Wegen ihre Lösung finden. Sie verfolgt ferner das Ziel, auch andere Fragen des internationalen Rechts und im allgemeinen die Probleme zu erörtern, die für die Entwicklung der friedlichen Beziehungen unter den Völkern von Bedeutung sind.

ART. 2. — Bis zur endgültigen Entscheidung ist der Sitz der Interparlamentarischen Union in Brüssel.

ART. 3. — Die Interparlamentarische Union setzt sich aus nationalen Gruppen zusammen. Das Recht, sich an die Union anzuschliessen, besitzen die parlamentarischen Gruppen der Länder, die keine Vertretung in einem anderen Parlament haben.

In jedem Parlamente kann nur eine nationale Gruppe gebildet werden. Sie ernennt einen Vorstand, der die Leitung der Geschäfte übernimmt und mit dem Interparlamentarischen Bureau (IV) in Verkehr bleibt, und setzt ihre Satzungen fest. Sie übermittelt dem Interparlamentarischen Bureau vor dem Ende des Monats März einen Bericht über ihre Tätigkeit und ein Verzeichnis ihrer Mitglieder.

ART. 4. — Mitglieder einer nationalen Gruppe können werden :

a) Die Mitglieder der Volksvertretung des Landes und die Mitglieder der Einzellandtage der Staaten, die einem Bundesstaate angehören und das Recht auf diplomatische Vertretung besitzen ;

b) die ehemaligen Mitglieder des Interparlamentarischen Rates (III);

c) die ehemaligen Mitglieder der Volksvertretung, die besondere Dienste geleistet haben und aus diesem Grunde auf den Vorschlag ihrer Gruppe durch den Rat zugelassen werden.

ART. 5. — Die Interparlamentarische Union erwartet, dass ihre Mitglieder, soweit dies irgend möglich ist, dafür Sorge tragen, dass die in den Interparlamentarischen Konferenzen (II) gefassten Beschlüsse zur Kenntnis ihrer Parlamente gebracht werden. Sie fordert sie auf, mit aller Kraft an der Erhaltung des Friedens zwischen den verschiedenen Nationen mitzuarbeiten.

mente zu einem gemeinsamen Vorgehen zu vereinigen um die Mitwirkung ihrer Staaten zu einer Stärkung und demokratischen Entwickelung des Völkerbundes zu erlangen. Sie verfolgt ferner das Ziel
alle Fragen des internationalen Rechts zu erörtern, die ihre Klärung
auf parlamentarischem Wege finden können, um somit zur Entwickelung friedlicher Beziehungen zwischen den Völkern beizutragen.

ART. 2. — Der Sitz der Interparlamentarischen Union ist in......[1]

ART. 4. — Mitglieder einer nationalen Gruppe können werden :

a) Die Mitglieder der Volksvertretung des Landes.

b) Die ehemaligen Mitglieder des Parlamentes, die Mitglieder
des Interparlamentarischen Rates sind oder waren, oder
die besondere Dienste der Union geleistet haben, und aus
diesem Grunde auf den Vorschlag ihrer Gruppe durch den
Rat als Ehrenmitglieder der Gruppe zugelassen werden.

ART. 5. — Eine nationale Gruppe hat zur Aufgabe durch Vermittlung eines ihrer Mitglieder oder durch ihr Bureau, die gefassten
Beschlüsse der Konferenzen, die eine nationale Handlung erheischen,
zur Kenntniss ihres Parlamentes zu bringen, so weit dies nur irgend
möglich ist.

Die Interparlamentarische Union erwartet, dass ihre Mitglieder
alles dran setzen, um die Tätigkeit der Union überall bekannt zu machen,

---

[1] Gemäss der Ermächtigung des Rates hat der Ausführende Ausschuss
die Uebertragung des Sitzes des Interparlamentarischen Bureaus nach
Genf, Sitz des Völkerbundes, beschlossen.

II. Die Interparlamentarischen Konferenzen.

Art. 6. — Vorbehaltlich entgegengesetzter Bestimmungen tritt die Interparlamentarische Union jährlich zu einer Konferenz zusammen, deren Sitz sie vorher bestimmt.

In dem Falle, dass die Gruppe des Landes, in dem die Konferenz tagen soll, diese Wahl ablehnt, trifft der Interparlamentarische Rat die nötigen Entschlüsse.

Art. 7. — Die Einberufungen geschehen durch den Interparlamentarischen Rat.

auf dass sie stets die grösste Unterstützung findet. Sie fordert dieselben auf mit aller Kraft an die Erhaltung des Friedens zwischen den verschiedenen Völkern mitzuarbeiten.

II. *Interparlamentarische Konferenzen und Kongresse.*

ART. 6. — Vorbehaltlich entgegengesetzter Bestimmungen tritt die Interparlamentarische Union jährlich zu einer Konferenz zusammen.

Die Einberufungen geschehen durch den Interparlamentarischen Rat. Er bestimmt den Sitz der Konferenz.

ART. 7. — Die Konferenz setzt sich aus den von ihren Gruppen erwählten Mitgliedern des Rates zusammen, ferner aus einer Anzahl anderer Mitglieder der Gruppen, die nach folgenden Regeln gewählt werden :

a) Die Gruppen ernennen einen Abgeordneten für je zwei Millionen oder Bruchteil zweier Millionen, Einwohner ihres Landes, bis einer Gesamtzahl von 30 Millionen, und weiter einen Abgeordneten für je zehn Millionen oder Bruchteil von zehn Millionen über 30 Millionen ihrer Einwohner.

Die Bevölkerung der Kolonien ist der Bevölkerung des Mutterstaates, eingerechnet, falls die Kolonien im Parlamente ihres Mutterlandes vertreten sind.

b) Die Gruppen der Länder, die eine Ausfuhr von mehr als 100 Francs Goldwährung per Kopf haben, ernennen noch ergänzende Abgeordnete nach folgender Skala :

von 100 bis 300 Francs Goldwährung per Kopf 1 Ageordneten
» 300 » 600 » » » » 2 »
» 600 » 1000 » » » » 3 »
über 1000 » » » » 4 »

c) Endlich wird die Anzahl der Abgeordneten einer Gruppe vergrössert oder vermindert je nach der Anzahl Mitglieder der Volkskammer, die bei der Gruppe am Anfang des Jahres eingetragen sind, und zwar gemäss folgender Skala :
Mehr wie 80% berechtigt zu 2 ergänzende Abgeordnete.
Zwischen 60% und 80% berechtigt zu 1 ergänzenden Abgeordneten.
Zwischen 40% und 20% bedingt eine Verringerung um ein Mitglied der Abgeordneten, und weniger als 20% eine Verringerung um zwei Mitglieder der Abgeordneten.

Art. 8. — Die Konferenz wird von dem Präsidenten des Rates eröffnet oder im Falle seiner Abwesenheit von einem provisorischen Präsidenten, der zu diesem Zwecke von der parlamentarischen Gruppe des Landes, in dem die Konferenz tagt, erwählt wird.

Diese ernennt den endgültigen Präsidenten, die Vize-Präsidenten und Skrutatoren.

Art. 9. — Die Diskussion erstreckt sich auf die von dem Interparlamentarischen Rat auf die Tagesordnung gesetzten Gegenstände.

Alle anderen Anträge und Vorschläge werden nur dann diskutiert, wenn die Konferenz sie zur Kenntnis nimmt und eine Diskussion darüber mit zweidrittel Mehrheit beschliesst, nachdem sie die Meinung des Interparlamentarischen Rates und eine kurze Begründung der Antragsteller gehört hat.

Art. 10. — Die Abstimmungen erfolgen vermittelst Erhebens der Hände. Die nationale Gruppe des Landes, in dem die Konferenz tagt, kann nicht mehr Stimmen beanspruchen als diejenige Gruppe, die die meisten besitzt.

In diesem Falle wird die nationale Gruppe die Mitglieder bestimmen, die Stimmrecht haben.

Art. 11. — Das Protokoll der Konferenz wird im Archiv des Interparlamentarischen Bureaus, zusammen mit allen verteilten Drucksachen, aufbewahrt.

Der Rat teilt bei Einberufung der Konferenz gleichzeitig jeder Gruppe mit, zu wie viel Abgeordnete sie berechtigt ist.

Die Gruppen ernennen ihre Abgeordnete mittels Verhältnisswahl. Sie dürfen nicht mehr als ein fünftel ihrer Abgeordneten aus den früheren Parlamentariern ihrer Gruppen wählen.

ART. 10. — Jeder Abgeordnete hat eine Stimme bei den Wahlen, welche öffentlich durch Namensaufruf geschehen und im Protokoll eingetragen werden. Ein abwesendes Mitglied har das Recht seine Stimme einem Anwesenden zu übertragen. Die Bevollmächtigung muss schriftlich sein und wird dem Protokoll einverleibt. Jedoch darf kein Mitglied mehr wie fünf Stimmen vertreten.

Bei Wahlen ist die Abstimmung geheim, falls mindestens zwanzig Mitglieder es verlangen.

ART. 10*bis*. — Der Interparlamentarische Rat kann interparlamentarische Kongresse einberufen, zu denen alle Mitglieder der nationalen Gruppen berechtigt sind, teilzunehmen. Bei Kongressen erfolgt die Abstimmung mittels Erhebens der Hände.

ART. 11. — Die Protokolle der Konferenzen oder Kongresse werden im Archiv des Interparlamentarischen Bureaus, zusammen mit allen verteilten Drucksachen, aufbewahrt.

[*Für die Art. 12 bis 18 wurden keine Abänderungen vorgeschlagen*].

Für die Abänderungsvorschläge zum Art. 7 A und C, die von der Schwedischen Gruppe vorgeschlagen wurden, siehe den französichen Text, S. 29-30.

Einschränkung der Rüstungen.

Berichterstatter : Herr BRANTING (Schweden), früherer Minister-präsident.

RESOLUTIONS-ENTWURF

I.

Die XIXte Inter-Parlamentarische Konferenz hat von den Resolutionen und dem Wunsche der ersten Versammlung des Völkerbundes betreffend die Frage der Entwaffnung mit Befriedigung Kenntniss genommen, insofern als diese Resolutionen, und namentlich der Wunsch, eine praktische Inangriffnahme der Bemühungen für die Verminderung der Rüstungen darstellen.

Anderseits stellt die Konferenz fest, dass die erlangten Ergebnisse nur als ein Minimum und eine erste Etappe der Arbeiten des Völkerbundes in dieser Richtung betrachtet werden können. Sie spricht die Hoffnung aus, dass die für nächsten September einberufene Versammlung auf diesem Wege weiter schreiten wird, und gleichzeitig darauf achten wird, dass die Resolutionen der ersten Versammlung in ihrem ganzen Wortlaut und Geist durchgeführt worden sind.

Mit Befriedigung nimmt sie wahr, dass die internationale Lage dieses Jahr diesen Bemühungen um so günstiger sein wird, als die Entwaffnung Deutschlands, den Erklärungen der verbündeten Staatsmänner zu Folge, rasch fortschreitet, dass Russland beginnt in das ökonomische Weltleben einzutreten, und dass starke Verminderungen in den Rüstungen verschiedener Länder, namentlich in Belgien, Frankreich, Gross-Britannien und Italien, stattgefunden haben.

II.

Insbesondere weist sie auf die Dringlichkeit der Organisierung der Auswechslung von Auskünfte über Rüstungen, welche der Pakt ausdrücklich vorsieht. Dieser Austausch würde die Veröffentlichung solcher Auskünfte sichern, und dadurch die Kontrolle der öffentlichen Meinung über die Handlungen der Staaten auf diesem Gebiet zur Folge haben — eine Kontrolle die von einschneidender Bedeutung für die internationalen Verhältnisse und für die Erhaltung des Friedens wäre.

Sie spricht ihr Bedauern darüber aus, dass augenscheinlich so wenig Staaten bis jetzt den Wunsch der Versammlung betreffs Beschränkung der Land-, Wasser- und Luftwehr-Budgets günstig beantwortet haben. Sie hofft dass die zweite Versammlung energischer, und dies Mal einstimmig, auf diese beschränkte Waffenruhe bestehen wird, um Anwandlungen eines neuen Uberbietens der Rüstungen Halt zu gebieten, bis der allgemeine Plan der Entwaffnung ausgearbeitet ist.

III.

Bis der Völkerbund stark genug ist, um die Rolle einer obersten Instanz in Bezug auf den Rüstungsmasstab der verschiedenen Staaten überzunehmen, empfiehlt die Konferenz als vorübergehende Massregeln :

a) Errichtung einer Instanz zur Kontrolle und Prüfung der dem Völkerbunde unterbreiteten Auskünfte über Rüstungen, und zwar im Sinne des während der Pariser Friedenskonferenz vorgeschlagenen französischen Amendements zu Artikel 8 des Völkerbunds-Statuts.

b) Ubertragung an den Völkerbund des ausschliesslichen Rechtes zu bestimmen was « eine Ausnahme-Stellung » ist, die einen Staat zur Abweichung seiner, dem Wunsche der ersten Versammlung gemäss, übernommenen Verpflichtung, nicht seine gesammelten Ausgaben für Armee-, See- und Luftkräfte zu erhöhen, berechtigen würde.

IV.

Die Konferenz begrüsst mit besonderer Genugtuung die Bemühungen der Politiker Amerikas, um eine Besprechung der grossen Seemächte über die Möglichkeit einer Verminderung ihrer See-Streitkräfte in die Wege zu leiten. Sie spricht die Hoffnung aus, dass diese Anstrengungen rasch zum Ziele führen werden.

V.

Endlich weist die Konferenz eindringlichst auf den Wunsch der Finanzkonferenz von Brüssel des Jahres 1920 hin, welcher also lautet :

«Dass der Völkerbundsrat unverzüglich mit den verschiedenen beteiligten Regierungen verhandeln möchte, um ihre Einwilligung zu einer allgemeinen Einschränkung der drückenden Lasten zu erlangen, welche die Rüstungen in ihrer jetzigen Gestalt auf die verarmten Völker der Welt legen, indem sie deren Hilfsquellen versiegen lassen und ihre Wiederherstellung nach den Verwüstungen des Krieges gefährden. »

Sie ladet alle ihre Gruppen ein, sich vor der Versammlung jede an ihre Regierung zu wenden, damit dieselbe auf diesen Wunsch bestehen, und die oben angeführten Anschauungen vertreten möchte, und fordert sie auf, wachsam zu sein, damit ihre Staaten sich auch diesem Wunsche fügen.

VI.

Sie beauftragt das Inter-Parlamentarische Bureau die eben angeführten Resolutionen dem Völkerbunde zu übermitteln, mit der Bitte sie der Versammlung, und allen bei derselben vertretenen Regierungen zur Kenntniss zu bringen.

Tagesordnung no 7.

Das internationale wirtschaftliche und finanzielle Problem und der Völkerbund.

Berichterstatter : Herr Dr M. W. F. Treub, früherer Finanzminister (Holland).

Resolutions-Entwurf.

I. — Um Europa aus dem Zustand der Erschöpfung, welcher eine Folge des Krieges ist, möglichst rasch herauszureissen, ist es von grösster Wichtigkeit, dass die Produktion in jedem Lande so viel als möglich gefördert wird.

II. — Um diesen Zweck so schnell als möglich zu erreichen, ist es dringend notwendig dass die Gewerbe der verschiedenen Länder von den Fesseln befreit werden, welche die amtliche Feststellung der Produktpreise, die Massregeln der amtlichen Verteilung und andere ähnliche Vorschriften auf dieselben gelegt haben.

III. — Für Länder deren Geld entwertet ist, wie für solche mit hohem Kurse, ist es eine Lebensnotwendigkeit, dass die Ausfuhr so viel als möglich angeregt wird.

IV. — Angesichts dieser allgemeinen wirtschaftlichen Notwendigkeit ist die Politik der Regierungen, die darauf gerichtet ist, die Einfuhr ihrer Länder einzuschränken um ein höheres Aktivum ihrer internationalen Bilanz zu erreichen, von grösstem Schaden für die wirtschaftliche Wiederherstellung Europas, und somit ihres eigenen Landes.

V. — Da die Länder mit hoher Valuta ihre wirtschaftliche Lage nur durch eine Verstärkung ihrer Ausfuhr bis auf normalen Stand verbessern können, haben sie ein ebenso grosses Interesse an die wirtschaftliche Wiedergeburt der Länder mit niedriger Valuta als diese selbst.

VI. — Die wirtschaftliche Lage ist so unsicher und gefahrdrohend für die nächste Zukunft, dass nur die angespannteste Mitwirkung aller Völker, gestützt auf gegenseitiges Wohlwollen, eine Hoffnung gibt ihrer Herr zu werden. Deshalb muss man kühn den Weg des freien internationalen Handels einschlagen, und ohne Zögern sich die Politik der offenen Thür zu eigen machen.

VII. — Den Parlamenten aller Länder, besonders aber denen wo das Geld entwertet ist, liegt es ob, ihren ganzen Einfluss aufzubieten, damit der Plan der internationalen Kredite, den die internationale finanzielle Konferenz von Brüssel angenommen hat, möglichst rasch zur Anwendung kommt. Freilich müssen die Fragen des kaufmännischen Kredites von den Geschäftsmännern selbst und ihren Vereinen durch Vermittlung der Banken und deren Weltbeziehungen, in erster Hand gelöst werden.

VIII. — Die Organisation der internationalen Kredite muss sich nicht nur zum Ziel setzen, den gegebenen Vorschüssen die notwendige Gewährleistung zu sichern, sondern auch darauf achten, dass dieselben nur dann angewendet werden, wenn das Geschäft eine dringende Notwendigkeit für das wirtschaftliche Leben des Gläubigers ist. Es scheint deshalb unentbehrlich, dass neben dieser Organisation eine Kontroll-Instanz besteht, die zu bestimmen hat, in welchen Fällen man sich der Kredite bedienen darf. Dieser Instanz wird es auch am leichtesten sein, gleichzeitig mit dem Problem der Verteilung der Rohstoffe zu befassen, so lange es notwendig erscheint dafür zu sorgen. Ihre Tätigkeit in dieser Richtung muss jedoch auf ein Minimum beschränkt werden, und aufhören, so bald die wirtschaftliche Weltlage es erlaubt. Alle amtlichen oder halbamtlichen Einrichtungen, welcher Art sie auch seien, die mit der internationalen Verteilung von Waren betraut werden, sind so mangelhaft, und stossen auf so viele Schwierigkeiten in der Ausführung ihrer Aufgabe, dass sie nur als ein äusserstes Notmittel von geringem Nutzen betrachtet werden können. Sie laufen Gefahr, am Tage wo die Weltlage ihrer nicht mehr bedarf, ein ernstes Hinderniss für die wirtschaftliche Entwickelung zu werden.

IX. — Dringend notwendig ist es, das der Devisenkurs sich festigt, wenn der internationale Handel sich wieder entfalten und mächtig entwickeln soll. Diese Festigkeit kann nicht eintreten, so lange die Geld-Inflation weiter besteht, besonders nicht in Ländern mit stark entwertetem Gelde. Es ist jedoch weder notwendig noch wünschenswert an eine systematische Deflation zu denken. Sollte dieselbe nicht langsam und vorsichtig genug durchgeführt werden, könnte Europa in neue, nicht mindere, Schwierigkeiten gestürzt werden.

X. — Der internationale Handel wird weiter gehemmt werden, und die Länder mit hoher Valuta eine höchst ungleiche Konkurrenz mit Ländern niedriger Valuta zu bestehen haben, so lange der Devisenkurs letzterer der Kaufkraft ihres Geldes im Innern des Landes nicht entspricht.

XI. — Die eben angeführten Probleme sind so unermesslich und so verwickelt, dass die Interparlamentarische Union sich nicht darüber äussern kann, ehe sie dieselben einer eingehenden Erörterung durch besondere Kommissionen unterzogen hat. Die von der Interparlamentarischen Union einzusetzenden Kommissionen für wirtschaftliche Studien könnten sich mit der wirtschaftlichen und finanziellen Kommission des Völkerbundes in Verbindung setzen, um an deren Arbeiten Teil zu nehmen, und um so viel als tunlich eine entgegensetzte Lösung der Probleme zu vermeiden.

Das systematische und gründliche Studium wirtschaftlicher Weltfragen der Gegenwart durch die von der Interparlamentarischen Union gegründeten Kommissionen *ad hoc* werden gleichzeitig das Interesse der Parlamente für die wirtschaftlichen Arbeiten des Völkerbundes wecken, und ihre Wichtigkeit für die Erringung eines wirklichen und dauerhaften Friedens klar vor Augen treten lassen.

Tagesordnung no 8 a.

Organisation des Untersuchungs- und Vermittelungs-Verfahrens im Völkerbunde

Berichterstatter : Herr Professor, Dr W. SCHÜCKING, Vorsitzender der deutschen Gruppe

VORSCHLAG

1. Die Interparlamentarische Union begrüsst mit dankbarer Freude die Tatsache, dass das Statut des Völkerbundes das Prinzip der obligatorischen Untersuchung und Vermittelung aller, nicht der Schiedsgerichtsbarkeit unterworfenen Streitigkeiten zur Anerkennung gebracht hat.

2. Die Interparlamentarische Union vermag indessen die Zuweisung solcher Konflikte an den Conseil als an eine politische Behörde nicht für eine befriedigende Lösung des Problems zu erachten. Sie

erblickt das Ziel der Entwickelung vielmehr darin, dass entsprechend der Geschichte der Schiedsgerichtsbarkeit auch die Vermittelung von den politischen Instanzen überführt wird, auf eine technische Behörde. Eine solche technische Behörde kann nur durch ein unabhängiges Kollegium gebildet werden.

3. Der Völkerbund ist deshalb berufen, im Rahmen seiner Organisation dem Weltgerichtshof eine solche technische Behörde zur Seite zu stellen.

4. Zu diesem Ende empfiehlt sich die Einsetzung eines zentralen Vermittelungsamtes, aus dessen Mitglieder die Parteien im Einzelfall die Vermittelungskommission wählen.

5. Die Mitglieder des zentralen Vermittelungsrates werden in der Zahl von 15 und 10 Ersatzmitglieder durch Bundesrat und Bundesversammlung gewählt auf Grund einer Liste, für die alle Staaten des Völkerbundes je zwei Personen vorschlagen dürfen.

6. Aus den Mitgliedern dieses Zentral-Vermittelungsamtes wird für die Untersuchung und Vermittelung jedes aufgetauchten Konfliktes eine siebengliederige Kommission bestellt, und zwar wählt jede Partei drei Mitglieder dieser Kommission, unter denen höchstens ein Angehöriger des betreffenden Staates sein darf. Findet eine Partei keine Staatsangehörigen unter den Mitgliedern des Zentralen-Vermittelungsamtes, so hat sie das Recht, einen anderen Staatsangehörigen für die Kommission zu bestellen, wobei sie sich vorzugsweise an die Persönlichkeiten halten soll, die von ihr für das zentrale Vermittelungsamt in Vorschlag gebracht waren.

Können sich die von den Parteien ernannten 6 Mitglieder der Kommission über den Vorsitzenden nicht einigen, so wird dieser durch den Conseil des Völkerbundes bestellt.

7. Das Recht des Conseil aus Artikel 11 des Völkerbund-Statuts die zur wirksamen Erhaltung des Völkerfriedens geeigneten Massnahmen zu ergreifen, bleibt unberührt, jedoch hat der Rat sich jeder materiellen Behandlung der Konfliktsfrage selbst zu enthalten und diese erforderlichenfalls von sich aus dem Vermittelungsamt zu überweisen.

8. Falls die Kommission des Vermittelungsamtes zu einem einstimmigen Votum gelangt, hat dieses die im Artikel 13, Abs. 4, des Völkerbund-Statuts für einen Schiedspruch vorgesehene Wirkung.

Ist das Votum nicht einstimmig gefasst, so hat jede der beteiligten Parteien das Recht eine zweite Instanz anzugehen, deren Spruch in allen Fällen gleich dem Schiedspruch wirkt (vgl. Ziffer 8 Abs. 1).

Auch für diese zweite Instanz wäre grundsätzlich ein Kollegium von unparteiischen Persönlichkeiten zu fordern. Gegenüber den heutigen Normen des Völkerbundes würde die Interparlamentarische Union es aber auch schon als einen wesentlichen Fortschritt begrüssen, wenn unter sonstiger Verwirklichung der obigen Leitsätze einstweilen an den Conseil als zweiter Instanz festhalten würde.

Begründung zur Resolution.

Bei der Aufstellung der Resolution hat der Unterzeichnete geglaubt, alles verwirrende Detail fortlassen und sich nur auf ein paar Leitgedanken beschränken zu sollen, zumal ja immer noch die Möglichkeit gegeben ist, wenn man sich nur über die Leitgedanken einig ist, die Einzelheiten in einer Kommission klären zu lassen.

Diese Leitgedanken mussten sich meines Erachtens in zwei Richtungen bewegen. Einmal musste die Entpolitisierung des Verfahrens in dem Sinne angestrebt werden, dass der Rat durch eine technische unparteiische Behörde als zuständige Instanz zu ersetzen ist. Die Lösung dieser Problems ist dadurch ausserordentlich erschwert, dass heute von der einmal bestehenden Verfassung des Völkerbundes ausgegangen werden muss, und es sehr fraglich erscheint, ob der Völkerbund und die in ihm priviligierten Staaten geneigt sein würden, auf die Zuständigkeit des Conseil in dieser Materie grundsätzlich zu verzichten. Um eine allseitige Zustimmung zu erleichtern, habe ich deshalb die Position des Conseil möglichst schonend behandelt.

Der zweite Leitgedanke meiner Resolution war der, die rechtliche Wirkung der im Namen des Völkerbundes geübten Vermittelung gegenüber den bestehenden Normen des Statuts zu verstärken.

(s.) Walther SCHÜCKING.

Tagesordnung no 8 b.

Pässe.

Berichterstatter : Right Hon. THOMAS LOUGH (Gross-Britanien)

RESOLUTIONS-ENTWURF

Die XIXte interparlamentarische Konferenz spricht die Meinung aus, dass die Verpflichtung, die Pässe nur insoweit visieren zu lassen, als es die internationalen polizeilichen Massnahmen erfordern, und dass alle Ausgaben und Beschränkungen, welche sich auf das Ausstellen und das Vorweisen der Pässe durch die Reisenden beziehen, auf das geringste Mass reduziert werden sollte.

C

RAPPORTS

RAPPORT DU BUREAU

sur l'activité du Conseil interparlementaire depuis la XVIIIme Conférence

Le règlement du Conseil interparlementaire avait été revisé en 1914. Il prescrit, dans son article 12, au Bureau interparlementaire de rendre compte à la Conférence « des actes et décisions du Conseil, ainsi que des suites qu'ont reçues les décisions de la Conférence précédente ».

Avant 1914 le rapport fut déposé au nom du Conseil lui-même. La nouvelle rédaction tient tout simplement compte d'une situation de fait : le rapport fut réellement l'œuvre du Bureau, c'est-à-dire du Comité exécutif, et le Conseil, en revisant son règlement, avait voulu le rendre conforme à la réalité. Il y avait un second avantage : il fut dès lors possible de communiquer le rapport aux adhérents à la Conférence avant la réunion de celle-ci. Ils purent ainsi l'étudier à tête reposée, alors que par le passé il ne pouvait être distribué qu'après son adoption par le Conseil et au milieu des travaux très absorbants de la Conférence.

LE RAPPORT POUR STOCKHOLM, 1914.

La nouvelle règle s'est appliquée pour la première fois à la Conférence convoquée pour le 19 août 1914 à Stockholm. Un rapport de 23 pages avait été imprimé et était en voie de distribution au moment même où éclata la guerre. Il donnait, conformément à la disposition du règlement citée plus haut, des détails sur les décisions prises par le Conseil depuis la Conférence de la Haye en 1913, et sur l'exécution des résolutions de celle-ci, notamment un relevé des démarches prises par les groupes par rapport aux questions suivantes :

a) Emprunts de guerre ;

b) Unification du port des lettres international ;

c) Préparation de la IIIe Conférence de la Paix.

d) Ratification de la Déclaration navale de Londres de 1909, et l'entrée en fonctions de la Cour internationale des Prises.

Des extraits importants de ce Rapport qui, par suite de l'ajournement inévitable de notre Conférence, n'a jamais été discuté, ont été insérés dans le Rapport du Secrétaire général au Conseil interparlementaire pour 1914 (pp. 6-18). Ce rapport a été imprimé en français, anglais et allemand et distribué à nos groupes. Quelques exemplaires, tant du Rapport primitif que du Rapport pour 1914 dans les trois langues, sont déposés sur le bureau de la présente Conférence, et sont à la disposition des membres. Nous ne reviendrons donc pas davantage aux renseignements contenus dans ces deux documents ; nous nous contentons d'un simple renvoi.

Port de Lettres international.

Sur un seul point toutefois il y a lieu de donner un renseignement complémentaire. Un des vœux de notre Conférence de la Haye visait l'unification du port des lettres international, et chargeait le Bureau de transmettre ce vœu au Congrès postal universel prévu pour 1915. Par suite de la guerre, ce Congrès n'a pu se réunir qu'en 1920 ; il a siégé à Madrid. Le Comité exécutif a chargé le Bureau de transmettre alors le vœu au Bureau international de l'Union postale pour soumission au Congrès postal. Dans la lettre de transmission il a été dit qu'on se rendait compte des difficultés qui s'opposeraient à une *réduction* du port, mais qu'on insistait toujours sur l'utilité d'une *unification*. Le Bureau de l'Union postale a avisé le Secrétariat général que le vœu avait été déposé sur le bureau du Congrès postal à Madrid. On sait que, loin d'être réduit, le port a été dédoublé à cause de la dépréciation de l'argent. L'instabilité des changes a également empêché la fixation d'un taux uniforme.

Réunions du Comité exécutif et du Conseil en 1914.

Nous mentionnons pour mémoire seulement, en renvoyant aux documents cités plus haut, que le Comité exécutif s'est réuni à la Haye, en avril 1914 ; qu'il a fait une démarche auprès de S. E. le Jonkheer Loudon, Ministre des Affaires étrangères des Pays-Bas, en sa qualité de Président du Conseil administratif de la Cour d'arbitrage, en vue de la convocation et de la préparation de la IIIe Conférence de la Paix. On sait que l'Union s'est tout particulièrement intéressée à cette question, sur l'état de laquelle les deux rapports donnent des renseignements détaillés.

Puis le Conseil s'est réuni à Bruxelles en avril 1914, surtout pour préparer la Conférence devant se réunir à Stockholm. Il a en outre discuté les mesures de nature à faire rentrer dans le sein de l'Union le Groupe italien qui avait déclaré son abstention provisoire des travaux interparlementaires. Au cours de l'été un accord a été établi de part

et d'autre, sur la base de la déclaration suivante, unanimement approuvée par les membres du Conseil :

« Le Conseil interparlementaire, considérant les déclarations faites
au cours de la dernière Conférence au sujet de la sécession du Groupe
d'Italie, se rallie aux vœux unanimement exprimés de voir le Groupe
rentrer au sein de l'Union.

« Le Conseil, afin d'éviter tout malentendu à ce sujet, s'empresse
de se déclarer convaincu que l'Union restera rigoureusement fidèle
à la règle qu'elle s'est justement et toujours imposée, de s'abstenir
de tout jugement sur les conflits entre les gouvernements. »

Explosion de la Guerre.

Tous les préparatifs pour notre Conférence de Stockholm avaient
justement été mis au point, lorsque la subite explosion de la guerre
mondiale a interrompu notre œuvre. Tous les rapports avaient été
imprimés et en grande partie distribués ; le comité d'organisation de
Stockholm avait mis un soin et un dévouement dignes de tous les éloges à préparer la réception des parlementaires et à leur assurer les meil-
leures conditions de travail. D'autre part, les Gouvernements s'empres-
sèrent de suivre nos indications ; beaucoup d'entre eux avaient institué des Commissions spéciales en vue de la 3e Conférence de la Paix,
et le Gouvernement des Pays-Bas avait obtenu un accord sur l'organisation de la Commission internationale de préparation pour cette conférence.

Les déceptions furent cruelles. Et elles ne pouvaient encore être com-
parées de loin à l'impression tragique provoquée par le cataclysme
mondial lui-même. Devant cette situation se posa tout de suite un problème, et il se pose encore : L'Union interparlementaire aurait-elle
pu faire quelque chose devant la crise de fin-juillet 1914 ? Et une autre
question s'y rattache : Aurait-elle dû faire quelque chose pour marquer
une attitude vis-à-vis du déclanchement de la guerre ?

Ces questions ont été posées dans le Rapport du Secrétaire général
pour 1914. Nous croyons bon de rappeler brièvement les renseignements
et considérations qui y ont été émis, en les complétant sous certains
rapports.

Rappelons tout d'abord que le Conseil venait de voter, par correspondance, aux mois de juin et juillet, la déclaration s'adressant
au Groupe d'Italie, disant que l'Union resterait « rigoureusement
fidèle » à la règle de « s'abstenir de tout jugement sur les conflits entre
les gouvernements ». Il appartenait évidemment au Conseil seul de

faire une dérogation à ce principe, solennellement proclamé par lui quelques semaines plus tôt.

Or il était manifestement impossible de réunir le Conseil dans les circonstances d'alors. Personne n'a pu y penser. Une tentative a été faite de réunir le Comité exécutif ; même cela s'est révélé comme étant absolument impossible.

Néanmoins quelque chose a été fait, et nous citons ici les mots mêmes du rapport pour 1914 : « Il est vrai qu'il était bien tard (la démarche a été retardée par les tentatives faites en vue de réunir le Conseil), et ceux qui ont pris l'initiative de la démarche ne se sont pas fait d'illusions quant à l'efficacité de la démarche. Le 1er août le télégramme suivant, signé par le Président du Conseil interparlementaire et par le Secrétaire général, fut adressé à tous les groupes de l'Union :

« En raison situation internationale exceptionnellement grave nous
« vous prions réunir d'urgence votre Groupe ou au moins son bureau
« en vue décisions immédiates, notamment faire démarches énergiques
« et publiques auprès votre Gouvernement afin qu'il intervienne con-
« formément devoir résultant Convention de la Haye, ou appuie, le
« cas échéant avec d'autres Etats, tout effort contre la guerre et con-
« tre son extension, éventualité menaçant civilisation européenne
« cataclysme épouvantable.

(s) Weardale, Lange. »

C'était le jour même de la déclaration de guerre de l'Allemagne à la Russie. Il était manifestement trop tard. Le même jour le Secrétaire général, agissant personnellement, a adressé un télégramme à certains ministres des affaires étrangères des petits états d'Europe, avec lesquels il avait des relations, préconisant une démarche collective de leur part dans le même sens.

Il est douteux que la plupart de ces télégrammes soient parvenus à leurs destinataires avant plusieurs jours. Ainsi le Groupe suisse ne l'a reçu que le 16 août. Le bureau du Groupe belge s'est réuni le 3 août, et a adressé un télégramme aux autres groupes, demandant une intervention auprès de leur gouvernement pour provoquer une protestation contre la violation de la neutralité de la Belgique. Ce télégramme a eu le même sort : il n'est arrivé que très tard.

Reste encore la question de savoir si l'une ou l'autre personnalité aurait dû se prononcer au nom de l'Union pour protester contre le déchaînement de la guerre, et notamment contre la violation d'un principe élémentaire du droit international, la sainteté des engagements, commise par l'agression allemande contre la Belgique. Ici encore il faut rappeler la déclaration du Conseil vis-à-vis du Groupe d'Italie. Aucune personnalité individuelle n'avait le droit de parler *au nom de l'Union*. Elle aurait pu parler en son nom personnel, et il semble que sa démission aurait été une condition préalable à toute démarche publique. Or, une démission aurait privé la démarche de toute signification ; elle aurait même provoqué l'impression qu'une divergence de vue sur le fond de la question existait entre l'Union comme telle et la personne qui formulerait la protestation, soit le Président du Conseil, soit quelque membre du Comité exécutif, soit le Secrétaire général.

C'est ainsi qu'a été envisagé ce cas de conscience au début de la guerre au sein du Comité exécutif lui-même. Et personne n'en a fait, à l'époque même, un grief aux personnes responsables. Ce n'est que plus tard, et en partie longtemps après, que des blâmes ont été formulés à ce sujet.

TRANSFERT DU BUREAU EN NORVÈGE
ACTIVITÉ ADMINISTRATIVE.

Le Comité exécutif a immédiatement pris les mesures nécessaires pour obtenir ce qu'était le besoin le plus urgent : le maintien des cadres de l'Union pendant la guerre, afin que les travaux de celle-ci pussent être repris dès le rétablissement de la paix. Il aurait évidemment été impossible de suffire à cette tâche si le Bureau était resté en Belgique, pays envahi et occupé par les armées allemandes. Il fallait prévoir que toutes les relations du Bureau avec les groupes seraient alors coupées. Le Comité a donc autorisé le transfert du Bureau à Kristiania, où il est resté pendant toute la durée de la guerre et même pour deux années après la fin de celle-ci. De là des relations ont pu être entretenues avec tous les groupes nationaux de l'Union à deux exceptions près : les groupes de Bulgarie et de Serbie. Il convient d'ajouter au sujet de ces deux exceptions que depuis les guerres balkaniques de 1912-13, ces groupes n'avaient guère entretenu des relations régulières avec l'Union. Des lettres et circulaires leur ont été adressées pendant les premières années de la guerre ; mais elles sont demeurées sans réponses.

Les questions d'ordre administratif et financier ont été réglées par correspondance. Les membres du Comité exécutif ont été consultés sur toutes les questions exigeant une décision de la part du Comité. En outre quelques voyages du Secrétaire général, entrepris en 1915 et en 1917, ont permis des consultations avec les membres du Comité. Le Conseil a régulièrement été consulté sur les questions qui étaient de son ressort. Nous renvoyons pour les détails aux rapports successifs du Secrétaire général, dont des exemplaires sont déposés sur le bureau de la Conférence. Les circulaires dont il s'agit et les votes émis y sont relatés.

Il s'agit des questions suivantes : approbation des rapports annuels ; fixation du programme du Bureau pour chaque année ; vote des budgets annuels ; vérification des comptes ; admission de quelques anciens parlementaires comme membres de leur Groupe respectif (Amérique, Norvège, Suède). Le mandat du Secrétaire général a été renouvelé en 1917 pour une nouvelle période de quatre ans (1er juillet 1917-30 juin 1921).

ACTIVITÉ DES GROUPES ET DU BUREAU
EN VUE D'UNE PAIX DURABLE.

A la première séance du Conseil après la guerre, en octobre 1919 à Genève, le Secrétaire général a lu un rapport « sur la gestion du Bureau interparlementaire pendant la guerre », qui s'occupe spécialement de cet objet. Le rapport, qui est inséré *in extenso* dans le procès-verbal de la séance (pp. 9-12), a été unanimement approuvé par le Conseil. Des exemplaires du procès-verbal sont déposés sur le bureau. Nous nous bornons à en faire un extrait sommaire.

Le rapport constate d'abord que deux arguments puissants pouvaient être cités en faveur de semblable activité : D'une part elle servirait à resserrer les liens entre les groupes de l'Union pendant une période difficile ; elle prouverait que même pendant la guerre l'Union continuait son œuvre pacifique et constructive. D'autre part il était permis d'espérer que par ces efforts pour jeter les bases d'une paix durable et organisée, il serait possible de trouver un terrain d'entente entre les deux camps opposés.

Les efforts ont été poursuivis, d'une part, au sein même de l'Union par une coopération étroite entre les groupes et le Bureau, d'autre part par le concours accordé à quelques œuvres internationales.

Il convient d'abord de citer les deux publications parues pendant la guerre, à côté des rapports annuels. En 1916, le Bureau publia, dans les trois langues mondiales, une brochure sur les *Traités de paix américains*, textes complets avec une introduction et un commentaire.

L'autre publication poursuivait un but immédiat et pratique. Dès le commencement de la guerre, l'idée avait été émise par le Groupe suisse de provoquer une coopération organisée entre les groupes des pays neutres en faveur des principes d'une paix durable sur les bases toujours préconisées par l'Union : solidarité internationale, règlement pacifique des conflits, limitation des armements. Afin d'éviter tout malentendu, les groupes des pays belligérants, de part et d'autre, étaient tenus au courant de ce qui se passait dans cet ordre d'idées, par l'intermédiaire du Bureau. Plus longtemps durait la guerre, et plus se faisait sentir le besoin d'un travail énergique sur ce terrain. Afin de lui donner une base documentaire, le Secrétariat a été autorisé par le Comité exécutif à publier en 1917 une brochure « Les conditions d'une paix durable. Exposé des travaux de l'Union ». La brochure parut en quatre éditions différentes, en français, anglais, allemand et norvégien. Elle fut largement distribuée, à titre gratuit, à nos groupes. La suggestion y fut faite d'organiser, entre les groupes de chacune des trois sections que la guerre avait créées au sein de l'Union, une discussion sur ces problèmes. Ainsi les groupes appuieraient efficacement les efforts déjà considérables d'autres organisations, et pour lesquels des hommes d'Etat dirigeants des deux côtés, ainsi que des représentants des pays neutres s'étaient prononcés. L'introduction de la brochure donna un exposé des programmes de ces organisations et des déclarations les plus importantes des hommes d'Etat.

Une correspondance volumineuse s'est engagée avec nos groupes au sujet de la suggestion émise. La proposition a été reçue avec faveur par plusieurs d'entre eux ; mais les conditions de la guerre n'ont pas permis une réalisation complète du projet. Au sein des Assemblées des délégués des trois groupes scandinaves, cependant, une discussion intéressante a été entamée, qui a exercé une influence décisive sur l'attitude des gouvernements des trois pays.

En second lieu le Secrétaire général a prêté son concours à certaines œuvres pacifiques pendant la guerre. Il a d'abord tâché de se documenter aussi largement que possible sur leur activité, afin de pouvoir en rendre compte au Conseil dans ses rapports annuels. Cela n'impliquait en rien un concours actif. Semblable concours devait être subordonné à deux conditions : l'œuvre devait être d'ordre international, composée de représentants des deux groupes de belligérants, ainsi que de ressortissants neutres ; et elle devait se borner exclusivement à l'étude de problèmes généraux, sans tâcher d'organiser une médiation dans le conflit. Ces deux conditions furent remplies par « l'Organisation centrale pour une paix durable », fondée à la Haye en avril 1915. Le Secrétaire général a pris part à la réunion constitutive avec l'autorisation du Comité exécutif. Le programme qui y fut adopté, s'inspira des principes mêmes de l'Union interparlementaire.

Dans les rapports successifs, des renseignements ont été donnés sur l'activité de l'Organisation centrale, et il a été exposé comment les idées qu'elle préconisait sont devenues des *buts de guerre*, en premier lieu buts de la politique américaine. Elles ont trouvé leur consécration, au moins pour ce qui concerne l'organisation juridique et les sanctions, dans le Pacte de Paris.

Le Secrétaire général a élaboré pour l'Organisation centrale trois travaux : commentaire du programme, ouvrage paru en 1915 ; rapport sur le développement des Conférences de la Haye au nom d'une commission d'étude, présidée par le Secrétaire général (paru en mars 1917), et un exposé historique des travaux de l'Organisation, paru en septembre 1917. Aucune réunion ultérieure n'a eu lieu au sein de l'Organisation ; il n'a pas été possible d'obtenir la présence de représentants des deux groupes des belligérants.

Il convient peut-être d'ajouter qu'au moment où éclata la guerre, plusieurs travaux préparés par le Bureau interparlementaire sortaient de presse :

1º « L'arbitrage obligatoire en 1913 » ; analyse de toutes les stipulations d'arbitrage en vigueur, volume de 352 pages, rédigé par le Secrétaire général.

2º « Limitation des armements, exposé des projets », élaboré par le Dr Hans Wehberg.

3º-4º « Documents préliminaires de la Conférence de Stockholm » : deux brochures, contenant les projets de résolutions et les rapports préparés pour la Conférence prévue pour le 19 août 1914.

Fin de la Guerre.

La fin de la guerre n'a malheureusement pas permis à l'Union de reprendre immédiatement son activité plénière. Les antagonismes de la guerre, trop naturels, hélas ! ont survécu à la paix, et une scission profonde s'est révélée, qui a empêché jusqu'au moment actuel la réunion d'une Conférence.

Le Groupe belge, dans une réunion tenue au mois de février 1919, a voté deux résolutions. L'une s'adressa aux groupes des pays alliés et associés pendant la guerre. Elle proposa une réorganisation complète de l'Union, en réalité la création d'une nouvelle Union interparlementaire, à laquelle ne seraient admis que les groupes des pays alliés, alors que les groupes des pays restés neutres dans la guerre ne seraient admis qu'à des conditions à formuler ultérieurement ; les Groupes des Etats centraux seraient définitivement exclus. L'autre résolution exprima un blâme à l'adresse du Secrétaire général.

L'initiative belge ne trouva d'appui nulle part. Le Groupe britannique opposa à la première résolution une fin de non recevoir, toute décision sur les questions soulevées étant confiée par les Statuts exclusivement au Conseil de l'Union, sous la réserve de la ratification d'une Conférence. Il invita par conséquent le Groupe belge à prendre sa décision en nouvelle considération. Quant à la seconde résolution, le Groupe britannique dit que l'activité du Secrétaire général serait évidemment examinée par le Conseil. Il fit remarquer en même temps que les rapports incriminés avaient été approuvés, conformément aux règles établies, par le Comité exécutif, et qu'aucune observation n'avait été faite à leur sujet par un membre quelconque du Conseil, auquel ils avaient tous été soumis.

Le Groupe américain se rallia, le 25 juin 1919, à l'attitude du Groupe britannique. Aucun autre Groupe des pays alliés ne fit de réponse à la proposition du Groupe belge. Les groupes de Suisse et des Pays-Bas, et le Conseil commun des trois groupes scandinaves se prononcèrent en faveur d'une continuation des travaux de l'Union sur une base intégralement internationale.

Tous les documents se rapportant à cet incident ont été imprimés en annexe aux procès-verbaux du Conseil, séance de Genève, les 7-8 octobre 1919.

Le point de vue de l'Union, tel qu'il s'est exprimé dans les résolutions du Conseil que nous allons reproduire plus bas, peut être résumé comme suit : Il faut distinguer entre l'aspect juridique et l'aspect politique de la question. Au point de vue juridique il n'existe d'après la constitution de l'Union, telle qu'elle est formulée dans les Statuts, aucune base pour l'exclusion d'un Groupe. Tout Groupe régulièrement constitué au sein d'un parlement national a le droit de s'affilier à l'Union ; les statuts ne connaissent aucun droit de *velo* à cet égard. Au point de vue politique, ou si l'on veut, pour ce qui concerne le fond de la question, il faut avant tout insister sur le fait que la base de l'Union est intégralement internationale, sans aucune limitation. L'Union ne se compose pas d'*états* ; elle se compose de groupes librement constitués au sein des parlements, et animés d'un esprit internationaliste. Il est même dans l'intérêt de l'œuvre interparlementaire que le caractère *national* d'un Groupe ne soit pas trop fortement accentué, comme il est dans l'intérêt de la paix, but suprême de l'Union, que les *intérêts communs* de l'humanité soient reconnus et sauvegardés. A travers les frontières les hommes de bonne volonté doivent se tendre les mains au service des idées et des intérêts qui les unissent : ouvriers et agriculteurs, patrons et commerçants, socialistes et conservateurs, intellectuels et moralistes. C'est justement cette internationalisation des idées et des intérêts qui est le but élevé de l'œuvre interparlementaire.

Il faut, au demeurant, faire remarquer que le point de vue exprimé dans la résolution du Groupe belge, et dans les ordres du jour atténués, votés plus tard par les Groupes belges et français, n'est pas partagé par tous les adhérents à ces Groupes.

Réunion du Conseil, Genève, octobre 1919.

Le Conseil interparlementaire s'est réuni pour la première fois après la guerre, à Genève, les 7 et 8 octobre 1919. Dix groupes furent représentés (Allemagne, Amérique, Belgique, Canada, Danemark, Grande-Bretagne, Norvège, Pays-Bas, Suède et Suisse). Se sont excusés des représentants de France, de Portugal et de Turquie. M. Houzeau (Belgique), étant seul pour représenter le Groupe belge à cause de la maladie de son collègue, M. de Sadeleer, a déclaré vouloir s'abstenir de prendre part aux débats.

Le Conseil a entendu deux rapports du Secrétaire général, l'un sur la situation actuelle de l'Union, l'autre sur la gestion du Bureau. Il a voté à ce sujet à l'unanimité la résolution suivante :

« Le Conseil interparlementaire, ayant pris connaissance du rap-
« port de M. Lange, Secrétaire général, sur la gestion du Bureau de
« l'Union depuis là déclaration de guerre en 1914, approuve, après
« mûr examen, ce rapport à l'unanimité, et exprime à M. Lange sa
« reconnaissance de l'habileté et du tact remarquables, inspirés par un
« haut sentiment des obligations de son devoir international, avec
« lesquels il a administré les affaires du Bureau pendant une période
« si difficile. »

Il a été décidé de maintenir provisoirement le siège du Bureau interparlementaire à Kristiania.

Par rapport à la Société des Nations, le Conseil a voté la motion suivante :

« Le Conseil interparlementaire, réuni pour la première fois après
« la guerre mondiale, salue avec la plus profonde satisfaction l'avène-
« ment de la *Société des Nations*, fondée par le Pacte de Paris du
« 28 avril 1919.

« Expression de l'idée élevée d'une coopération de tous les peuples
« au service du travail pacifique et productif, la Société des Nations
« est appelée à garantir le monde contre le retour d'une guerre comme

« celle qui vient de dévaster l'Europe, et à assurer aux populations
« le bienfait d'un désarmement progressif.

« Le Conseil qui voit avec le Président Wilson dans la nouvelle
« organisation « le seul espoir de l'humanité », exprime la ferme con-
« fiance que l'Union interparlementaire vouera désormais tous ses
« efforts à l'affermissement et à l'évolution démocratique de la So-
« ciété des Nations. »

Ensuite, le Conseil a procédé à un renouvellement du Comité exécutif. L'un des membres, M. Tydeman, était mort en 1916, et sa place
avait été prise par son collègue au Conseil, M. van der Does de Wille-
bois, conformément aux statuts. Avant la séance du Conseil, M. van
der Does avait exprimé le désir de se retirer ; il en fut de même de
M. Eickhoff (Allemagne). M. le baron de Plener avait donné sa démission par suite de la dissolution du Groupe d'Autriche. Les deux autres
membres du Comité étaient Lord Weardale (Grande-Bretagne), *président*, et M. Houzeau de Lehaie (Belgique). Le dernier a également
voulu mettre son siège au Comité à la disposition du Conseil, en raison de l'attitude de son Groupe envers l'Union. Il s'est rendu, toutefois, aux instances de ses collègues, et il a consenti à conserver ses
doubles fonctions de membre du Comité et de trésorier de l'Union.

Le Conseil a désigné comme membres du Comité MM. le baron Adelswärd (Suède), le Jonkheer van Doorn (Pays-Bas) et Scherrer-Füllemann (Suisse).

Il a été décidé, sur l'invitation renouvelée du Groupe suédois,
de maintenir Stockholm comme siège de la XIXe Conférence, dont
on prévoyait alors la réunion en 1920, et le Conseil a provisoirement
discuté son programme. Enfin le budget pour 1920 a été voté et les
comptes des années de la guerre définitivement approuvés.

Nouvelle réunion du Conseil, La Haye,
5 juin 1920.

Une nouvelle réunion du Conseil avait été prévue pour le mois
d'avril 1920 à la Haye, notamment en vue de préparer le programme de la Conférence projetée. A cause des troubles survenus
en Allemagne au mois de mars, et les difficultés de voyage qui en résul-
tèrent, la réunion a été ajournée au 5 juin. Elle a été précédée d'une
séance de la Commission d'organisation, chargée de préparer un projet de revision des Statuts, et d'une séance du *Comité exécutif.* Six
Groupes seulement (Danemark, Grande-Bretagne, Norvège, Pays-

Bas, Suède et Suisse) furent représentés au Conseil par onze délégués. Des délégués de huit autres Groupes s'étaient excusés.

Le Conseil a d'abord réglé quelques questions d'ordre administratif (vérification des comptes ; rapport du Secrétaire général ; programme du Bureau pour 1920). Puis il a été saisi des résolutions concordantes qui venaient d'être votées par les groupes belge et français, ainsi conçues :

« Le Groupe parlementaire belge (français) estime qu'il ne peut « reprendre les relations avec les représentants des Etats centraux « avant que ces états fassent partie de la Société des Nations, en exé- « cution de l'article premier du traité de paix. »

Le Conseil a voté à ce sujet la résolution suivante :

« Le Conseil interparlementaire, réuni à la Haye le 5 juin 1920, tient à exprimer sa ferme conviction que l'Union interparlementaire a plus que jamais un grand rôle à jouer, notamment pour appuyer et développer l'action de la Société des Nations, dont elle peut revendiquer l'honneur d'avoir été l'un des pionniers. Pour que l'Union puisse jouer à l'avenir le même rôle bienfaisant que par le passé, il est absolument nécessaire qu'elle maintienne le principe même de son organisation, à savoir son caractère international.

« C'est donc avec les plus sincères regrets que le Conseil a pris connaissance de la décision récente des groupes belge et français de s'abstenir provisoirement de prendre part aux réunions interparlementaires.

« Le Conseil, sans vouloir commenter le moins du monde cette attitude, qui s'explique par les terribles souffrances subies au cours de la guerre par les populations des deux pays, tient à exprimer l'espoir de voir leurs collègues de Belgique et de France revenir sur leur décision et reprendre prochainement leurs places dans les rangs de l'Union, aux travaux de laquelle tant d'entre eux ont pris une part si utile et si honorable.

« Il invite en même temps les parlementaires de *tous les pays* à former des groupes affiliés à l'Union, s'ils ne l'ont pas déjà fait, et de prendre une part active à ses travaux.

« Il charge son bureau de communiquer cette résolution à tous les parlements du monde. »

Ensuite, le Conseil a discuté l'opportunité de maintenir sa décision de Genève, tendant à convoquer pendant l'année courante une Conférence. Malgré les arguments très puissants qu'on a pu faire prévaloir contre un ajournement, le Conseil, après une discussion approfondie s'est

décidée pour cette mesure, sur la base des considérations exposées
dans l'ordre du jour ci-après, voté à l'unanimité :

« Le Conseil interparlementaire, réuni à la Haye le 5 juin 1920 :

« considérant que la XIXe Conférence avait été convoquée à Stockholm pour le mois d'août 1914, mais que sa réunion soigneusement préparée avait été empêchée au dernier moment par la guerre ;

« considérant qu'au cours de la guerre et, après celle-ci, pendant
l'armistice, il n'a pas été possible — vu la constitution essentiellement internationale de l'Union — de réunir une Conférence plénière ;

« considérant qu'encore à l'heure qu'il est, des difficultés d'ordre
politique et de voyage s'opposent à la réunion d'une conférence vraiment internationale ;

« considérant que les élections pendantes aux Etats-Unis empêche-
ront les parlementaires américains de prendre part à une conférence
en 1920 ;

« remercie leurs collègues suédois de leur invitation réitérée ;

« décide d'ajourner la XIXe Conférence à l'année prochaine ;

« et accepte l'invitation du Groupe suédois de tenir cette Conférence
à Stockholm. »

Le mandat du Secrétaire général a été renouvelé pour une nouvelle
période de quatre ans (1er juillet 1921 au 30 juin 1925), et le Conseil
a autorisé le Comité exécutif à prendre les dispositions nécessaires
quant au siège du Bureau, dont on a prévu le transfert au siège de la
Société des Nations. Enfin le Conseil a discuté la situation financière
de l'Union, question qui sera exposée plus loin dans le présent rapport,
et il a chargé le Bureau de faire imprimer et distribuer les documents
et les projets de la Commission d'organisation relatifs à la revision
des Statuts.

Transfert du Bureau a Genève.

Au mois d'août, après que le siège de la Société des Nations avait
été définitivement fixé à Genève, et que le Président Wilson avait
convoqué dans la même ville la première Assemblée de la Société des
Nations, le Comité exécutif, consulté par correspondance, a décidé
de fixer, également à Genève, le siège du Bureau interparlementaire.

Cette décision est soumise à l'approbation de la présente Conférence.

Le Secrétaire général a été nommé premier délégué-suppléant de la Norvège à l'Assemblée. Il a pu en profiter pour approcher les nombreux parlementaires de différents pays qui se trouvèrent parmi les les délégués. Avec les présidents des groupes du Danemark, M. le Dr Moltesen, des Pays-Bas, M. le Dr Fock, et de Suède, M. le baron Adelswärd, également délégué à l'Assemblée, il a invité ces parlementaires à une réunion intime, au cours de laquelle un échange de vues sur l'avenir de l'Union a eu lieu. Les représentants de plusieurs pays, non encore représentés dans l'Union, se sont engagés à prendre l'initiative de former dans leur Parlement des groupes affiliés à l'Union. -

TROISIÈME RÉUNION DU CONSEIL,

GENÈVE, LE 12 AVRIL 1921.

Le Conseil s'est réuni à Genève le 12 avril 1921. Sa séance a été précédée, la veille, d'une réunion du Comité exécutif. Les réunions eurent lieu dans les locaux du Secrétariat général de la Société des Nations, où une salle a été mise à la disposition de l'Union, ainsi qu'un personnel de traduction et de compte rendu.

A la séance du Conseil ont pris part 13 délégués représentant neuf groupes (Allemagne, Canada, Danemark, Grande-Bretagne, Norvège, Pays-Bas, Portugal, Suède et Suisse). Des excuses ont été présentées par les représentants de six autres groupes.

M. van Doorn, membre du Comité exécutif, décédé, a été remplacé au Conseil par son collègue au Conseil, M. van Kol.

M. Houzeau de Lehaie, membre du Comité exécutif, a présenté sa démission par suite d'une résolution prise par le groupe belge le 17 mars. Le Conseil vote à ce sujet la résolution suivante :

« Le Conseil interparlementaire vient de prendre connaissance de la lettre par laquelle M. Houzeau de Lehaie remet sa démission comme membre du Comité exécutif, par suite de la décision d'abstention prise par le Groupe belge le 17 mars dernier.

« Le Conseil ne veut pas abandonner l'espoir de voir M. Houzeau reprendre, dans un avenir relativement prochain, ses fonctions au Comité exécutif et continuer ainsi les éminents services qu'il a déjà rendus à l'œuvre interparlementaire, et pour lesquels le Conseil tient à lui exprimer sa haute appréciation et sa sincère gratitude.

« Le Conseil accepte par conséquent la démission de M. Houzeau à titre tout provisoire, et, en attendant la décision définitive à ce sujet de la Conférence de Stockholm, il prie le premier délégué du Groupe italien au Conseil interparlementaire de vouloir bien remplacer M. Houzeau au sein du Comité. »

M. Schanzer, premier délégué du Groupe d'Italie, a accepté l'invitation du Conseil.

Après avoir réglé quelques questions d'ordre administratif (Approbation du rapport du secrétaire général pour 1920, et du programme du Bureau pour 1921 ; élection de deux vérificateurs des comptes ; vote du budget pour 1921), le Conseil adopte la résolution suivante, soumise par le Comité exécutif :

« Le Conseil interparlementaire, réuni à Genève, le 12 avril 1921, tient à saluer avec satisfaction les résultats importants obtenus par la 1re Assemblée de la Société des Nations, réunie à Genève du 15 novembre au 18 décembre 1920.

« Le Conseil appelle l'attention particulière de tous les groupes nationaux de l'Union sur certaines décisions et recommandations de l'Assemblée, qui auront besoin, pour recevoir leur plein effet, de la ratification ou de l'acceptation des Gouvernements, notamment celles relatives à deux questions, qui ont de tout temps intéressé l'Union : d'une part le Statut de la *Cour de Justice internationale* et sa *juridiction obligatoire*, d'autre part la résolution au sujet du *trafic des armes* et le vœu pour une *limitation des budgets pour les armements.*

« Le Conseil prie instamment tous les groupes nationaux de l'Union d'insister sans aucun délai auprès de leurs gouvernements et parlement respectifs pour que leurs Etats :

a) ratifient sans retard, au moins trois mois avant la prochaine réunion de l'Assemblée, le 5 septembre prochain, le Statut de la Cour de justice internationale, afin que le Conseil et l'Assemblée puissent procéder à l'élection des juges, et que la Cour puisse ainsi entrer en fonctions au commencement de l'année prochaine ;

b) reconnaissent, sous condition de réciprocité, la juridiction de la Cour comme obligatoire pour les quatre catégories suivantes de litiges internationaux :

1. L'interprétation d'un Traité ;
2. Tout point de droit international ;
3. La réalité de tout fait qui, s'il était établi, constituerait la violation d'un engagement international ;
4. La nature ou l'étendue de la réparation due pour la rupture d'un engagement international.

c) accèdent sans retard à la Convention de Saint-Germain sur le contrôle du trafic des armes, et *d*) acceptent la recommandation de l'Assemblée de la Société des Nations de prendre « l'engagement de ne pas dépasser pendant les deux années fiscales qui suivront le prochain exercice le chiffre global des dépenses militaires, navales et aériennes prévues pour cet exercice », sous les réserves visées par la recommandation.

« Les groupes sont priés d'aviser le Bureau interparlementaire de toute action qu'ils prendront sous ces trois rapports, en temps utile avant la prochaine Conférence interparlementaire, et au plus tard un mois avant la réunion de celle-ci. »

Il sera parlé, dans le paragraphe suivant, des suites données par les groupes à cet appel.

Le Conseil fixe l'ordre du jour de la présente Conférence, et autorise le Comité exécutif à approuver, d'accord avec les rapporteurs, les projets de résolutions qui lui seront soumis. Il arrête également les règles d'après lesquelles les groupes se feront représenter à la Conférence de Stockholm.

Enfin le Conseil, sur la proposition du Comité exécutif, adopte la résolution suivante, qui, encore une fois, marque l'attitude de l'Union dans les questions de politique actuelle :

« Le Conseil interparlementaire, ayant pris connaissance de diverses demandes faites auprès du Bureau, en vue de provoquer, de la part de l'Union interparlementaire ou de ses organismes centraux, une action quelconque dans des questions de politique actuelle, divisant les Etats,

« déclare que c'est un principe fondamental de l'Union, auquel celle-ci a toujours voulu se conformer, de ne pas prendre position dans les conflits d'ordre politique.

« L'Union, son Conseil ou son Bureau doivent de l'avis du Conseil maintenir toujours cette attitude et se borner, devant les conflits internationaux, à appeler l'attention publique sur le devoir des Etats d'avoir toujours recours à des procédés judiciaires et amiables pour vider les conflits.

« Il est bien entendu d'autre part, que les groupes nationaux gardent sous ce rapport une liberté entière, et qu'ils pourront exprimer leur avis, même dans les questions de politique actuelle. »

Réunion du Comité exécutif,
Genève, le 11 juin 1921.

Le Comité s'est réuni, pour la séance prévue par la résolution du Conseil, à Genève le 11 juin dernier. Lord Weardale, retenu pour cause de maladie, s'est fait remplacé par Sir Willoughby Dikinson, membre du Comité du Groupe britannique, Sir James Agg-Gardner, l'autre délégué du Groupe au Conseil, étant également empêché. M. Schanzer, sénateur italien, a dû s'excuser à cause de la rentrée, le même jour, du Parlement italien. M. le baron Adelswärd a été élu président de la séance.

Le Comité a arrêté les bases du présent rapport à soumettre à la Conférence de Stockholm. Il a approuvé les différents textes des résolutions dont celle-ci sera saisie, ou au moins leurs idées directrices, sur la base des observations ou des communications des rapporteurs. Il a approuvé pour soumission au Conseil l'avant-projet du budget de l'Union pour 1922, et un plan de réorganisation des finances de l'Union. Enfin, il a chargé le Bureau d'envoyer un télégramme aux groupes qui n'avaient pas encore répondu à l'appel du Conseil, notamment par rapport à l'entrée en fonctions de la Cour de justice internationale.

Action des Groupes nationaux
par rapport
a l'entrée en fonctions de la Cour de Justice Internationale
et a la question des Armements.

L'appel adressé aux groupes par le Conseil a été immédiatement transmis à ceux-ci par une circulaire du Bureau. Les Nos 2 et 3 du *Bulletin interparlementaire* rend compte en détail des réponses reçues des Groupes. Voici un relevé des renseignements parvenus au Bureau avant le délai prévu par la circulaire, soit un mois avant la réunion de la Conférence :

Allemagne : La république allemande n'appartenant pas à la Société des Nations, le Groupe s'est abstenu.

Amérique : De même.

Autriche :

Australie :

Belgique : Le président du Groupe a fait une démarche auprès du Gouvernement.

Canada :

Danemark : Le Danemark a ratifié le Statut de la Cour et accédé au protocole. Tous les partis politiques sont d'avis qu'une augmentation des dépenses militaires est inadmissible, et le Danemark a répondu affirmativement à la question posée par le Conseil par rapport au vœu de l'Assemblée.

Espagne : Des démarches ont été faites par le Président du Groupe auprès du Gouvernement, qui a ratifié le Statut de la Cour de justice.

Finlande : Le Gouvernement étant disposé à accepter les recommandations de l'Assemblée, le Groupe estime qu'il n'y a pas lieu de faire une démarche spéciale. Quant à la question du trafic des armes, le Gouvernement finlandais ne peut prendre des engagements fermes, pour des raisons spéciales.

France : Le Groupe a fait une démarche auprès de M. le Président du Conseil, ministre des Affaires étrangères. Un projet de ratification du Statut de la Cour est pendant devant les Chambres.

Grande-Bretagne : Le Président du Groupe a posé une question devant la Chambre des Lords par rapport à la Cour de justice internationale. Le Ministre des Affaires étrangères a donné une réponse favorable. Une question sera posée, par un autre membre du Groupe, appartenant à la Chambre des Communes, sur les questions relatives aux armements.

Grèce : Le Président du Groupe, actuellement ministre des Affaires étrangères, a télégraphié au Bureau qu'un projet de ratification est déposé à la Chambre, et que la ratification est poussée activement.

Italie : Le Président du Groupe a obtenu la promesse du Gouvernement d'une ratification prochaine du Statut de la Cour.

Japon :

Norvège : Le Groupe a fait une démarche auprès du Gouvernement conformément à l'appel. Une proposition du Gouvernement, tendant à la ratification du Statut de la Cour et à l'accession au protocole sur l'arbitrage obligatoire, est soumise au Parlement. On peut prévoir son approbation prochaine. La Norvège a répondu affirmativement à la question posée quant à une limitation des budgets militaires.

Pays-Bas : Le Statut de la Cour de justice a été ratifié.

Pologne : Le Groupe télégraphie que la ratification du Statut de la Cour aura lieu très prochainement.

Portugal : D'après un télégramme du Groupe, la ratification du Statut de la Cour aura lieu en temps utile.

Roumanie : Le Président du Groupe télégraphie que la ratification du Statut de la Cour sera bientôt soumise au Parlement.

Etat Serbo-Croate-Slovène :

Suède : La Suède a ratifié, comme premier membre de la Société des Nations, le Statut de la Cour ; l'accession au Protocole est approuvée par le Parlement, et sera incessamment déposé. Le Groupe a fait une démarche auprès du Gouvernement dans la question des Armements.

Suisse : Le Conseil fédéral a approuvé la proposition du Gouvernement quant à la ratification du Statut de la Cour et à l'adhésion au protocole. Une réduction, et même une limitation des armements ne peut avoit lieu que sur la base d'une revision de la Constitution. Mais il n'est pas douteux que la Suisse suivra l'exemple des autres Etats dans la voie du désarmement.

Tchéco-Slovaquie :

Réorganisation des Groupes. — Formation de Groupes nouveaux.

Nous avons dit qu'avant l'explosion de la guerre, l'Union comptait 24 groupes avec environ 3,500 membres. Sur ces groupes, cependant, deux, ceux de Bulgarie et de Serbie ne pouvaient guère être considérés comme étant effectivement organisés. Restaient 22 groupes.

Il va sans dire que la guerre a fortement éprouvé notre organisation. Il est vrai que le Bureau a pu maintenir des relations suivies avec tous les 22 groupes. Mais l'absence de toute réunion plénière pendant huit ans a eu pour conséquence que, dans maints pays, les groupes sont restés plus ou moins inactifs, sans réunion, sans action aucune. Les révolutions survenues pendant et après la guerre, ont d'autre part, entraîné la dissolution de certains groupes.

Il n'y a eu en réalité que huit groupes qui ont maintenu leur organisation tout à fait intacte pendant cette période, savoir les groupes américain, britannique, canadien, danois, néerlandais, norvégien, suédois et suisse. Quelques-uns d'entre eux ont même élargi leur activité ; c'est notamment le cas des trois groupes scandinaves qui dans des Assemblées des délégués annuelles ont développé une action féconde et importante.

Quant aux autres groupes il faut distinguer entre deux catégories. Les groupes autrichien, hongrois, russe et turc, soit quatre, ont été virtuellement dissous par le fait des révolutions intérieures, ou par la répercussion d'évènements extérieurs. Les groupes allemand, australien, belge, espagnol, français, hellénique, italien, japonais, portugais et roumain, soit dix groupes, sont restés passifs pendant la guerre.

Il y avait donc, à la fin de la guerre un grand travail de réorganisation à faire. Nous sommes heureux de constater que par suite des initiatives de quelques membres dévoués, et par une action énergique du Bureau, exercée par correspondance et par des visites du Secrétaire général auprès des groupes, des résultats appréciables ont déjà été obtenus. Il est permis d'espérer qu'un avenir très prochain en verra encore d'autres s'y ajouter.

Nous pouvions à la fin de la guerre compter sur l'existence de huit groupes fortement constitués et vraiment efficaces. Depuis, les groupes des pays suivants se sont réorganisés : Allemagne, Belgique, Espagne, France, Grèce, Hongrie, Italie, Roumanie ; il faut y assimiler la Finlande, où un nouveau groupe s'est formé en 1920 — soit un total de seize groupes. En outre des groupes sont en voie de formation ou de réorganisation dans les pays suivants : Autriche, Pologne, Etat serbo-croate-slovène Tchéco-Slovaquie, soit quatre pays. Le Bureau est encore sans nouvelles quant à la situation du Groupe australien. Il est dès à présent certain que quelques parlementaires japonais seront présents à Stockholm, sans qu'il puisse être dit que le Groupe ait été formellement organisé. La reconstitution du Groupe portugais a été retardée par la dissolution récente du Parlement, mais des démarches seront prises pour une reconstitution immédiatement après les élections. Le Groupe a été représenté à la séance du Conseil à Genève, en 1921.

Pour résumer : l'Union compte actuellement dix-sept groupes effectivement constitués, avec la perspective de voir sept autres formés, peut-être même avant la réunion de la présente conférence. Une vingtaine de parlements différents seront représentés à celle-ci.

C'est un résultat appréciable. Mais il ne faut pas oublier qu'il y a encore beaucoup de parlements qui demeurent étrangers à notre mouvement, surtout ceux de l'Amérique latine.

FINANCES.

La situation financière de l'Union était satisfaisante avant la guerre. Elle pouvait compter sur une recette annuelle d'environ 70,000 francs, constituée par les subventions des états et les cotisations de quelques groupes. Il lui avait été possible de constituer, par une sage économie, un fonds de réserve de 100,000 francs. La recette suffisait aux dépenses assez modestes ; les crédits prévus pour 1915, et dont on allait demander le vote au Conseil, lors de la Conférence de Stockholm, se chiffrait à 68,000 francs.

La guerre a amené un trouble profond dans ce domaine. La trésorerie établie à Mons en Belgique se trouvait immobilisée par l'occupation allemande ; d'autre part, quelques états ont immédiatement supprimé leur subside à l'Union ; d'autres ont suivi cet exemple plus tard, au cours de la guerre, et quelques subventions n'ont été versées qu'avec irrégularité, et seulement pour quelques années de la guerre. Il n'y a que huit états qui sont restés absolument fidèles à l'Union pendant toute la durée de la guerre : Amérique, Autriche, Danemark, Hongrie, Norvège, Pays-Bas, Suède et Suisse. La Grèce et le Portugal doivent y être assimilés ; ils ont versé leurs arriérés après la guerre. Le Groupe britannique a tenu à remplacer le subside officiel, supprimé, par une forte cotisation volontaire.

Heureusement la Fondation Carnegie a bien voulu aider l'Union par deux emprunts chacun de 2,500 dollars. Ainsi il a été possible à l'Union de survivre financièrement à la guerre. Il va sans dire que la plus stricte économie a été exercée. Nous renvoyons aux comptes des années successives, insérés dans les rapports annuels.

La fin de la guerre n'a pas apporté une amélioration immédiate. En 1919, on a pu tirer sur le fonds de réserve, dont 40,000 francs ont été dépensés. Mais la forte dépréciation du franc belge par rapport à la couronne norvégienne, a rendu impossible la continuation de cet expédient.

Heureusement plusieurs subventions ont été rétablies, et quelques états ont consenti des augmentations considérables ou ont versé leurs arriérés. Ainsi le Danemark, la Norvège, la Suède et la Suisse ont doublé ou presque triplé leur subvention ; l'Espagne, la Grèce et le Portugal ont versé leurs arriérés, totalement ou en partie.

Toujours est-il qu'en 1920, la situation était très grave : il paraissait que l'Union allait échouer sur cet écueil, et la forte dépréciation de plusieurs devises rendait l'avenir encore plus sombre. En outre, la Fondation Carnegie, à laquelle on s'est adressé en 1919 et en 1920, a répondu par une fin de non recevoir ; elle estimait que l'appui financier pour l'Union devait venir des états eux-mêmes.

Devant cette situation le Conseil, sur la proposition du Comité exécutif, a cru devoir adresser un appel suprême aux états européens qui étaient restés neutres pendant la guerre, et dont les finances étaient par conséquent moins troublées que celles des états ci-devant belligérants. A sa séance de la Haye, en juin 1920, il a prié les groupes de ces états de faire les démarches nécessaires auprès de leur

7

Gouvernement, afin qu'ils accordent des subventions extraordinaires pour deux ans, en attendant le rétablissement des subventions ordinaires de tous les états. Heureusement, l'appel a été entendu par quatre de ces états : le Danemark, la Norvège, les Pays-Bas et la Suisse. Ainsi une période d'accalmie relative sera créée pour l'Union. Encore a-t-il fallu, pendant l'hiver 1920-21, demander au Comité Nobel du Parlement norvégien de venir à l'aide de l'Union. Le Comité lui a accordé un emprunt, sans intérêts, de Kr. 10,000, soit environ 13,000 francs suisses. Il faut rendre un hommage sincère de gratitude aux quatre états et au Comité Nobel, qui ont ainsi sauvé l'Union.

Afin de créer une base stable des finances de l'Union, le Comité exécutif a approuvé un plan pour leur réorganisation. Le Conseil en sera saisi aux séances qui auront lieu lors de la présente Conférence. Il prévoit des règles fixes pour l'établissement des subventions à demander aux états, sur la base du chiffre de population de ceux-ci, et accorde de fortes réductions pour les états à argent déprécié. Si ce plan est approuvé et reçoit un accueil favorable auprès des gouvernements et parlements, l'Union pourra enfin envisager l'avenir avec tranquillité. Il est prévu que pour les premières années la recette globale de l'Union se chiffrera à une somme entre 80,000 et 100,000 francs, chiffre strictement nécessaire en vue de la dépréciation de l'argent ; elle s'élèvera ensuite, avec le rétablissement du taux normal des changes, à une somme d'environ 120,000 francs suisses.

DÉCÈS ET DÉMISSIONS.

Le Bureau ne saurait terminer ce rapport sur la situation de l'Union sans mentionner en quelques mots les membres appartenant au Conseil en 1913, qui ne se trouvent plus parmi nous.

La mort a privé l'Union du concours si éclairé et si dévoué de M. TYDEMAN, cheville ouvrière du Groupe néerlandais, qui a présidé avec l'autorité qu'on lui connaissait, la Conférence de 1913 ; de l'assistance si précieuse, basée sur une grande érudition et un libéralisme à toute épreuve, de MAXIME KOVALESKY, délégué du Groupe russe ; du pacifisme convaincu du Prince de SCHÖNAICH CAROLATH, qui a présidé la Conférence de 1908 à Berlin ; du dévouement constant du Comte DE SONNAZ, délégué du Groupe italien ; du zèle de S. E. EDUARDO DATO, délégué du groupe espagnol, victime récente d'un vil assassinat ; et du dévouement intelligent du JONKHEER VAN DOORN, qui avait pris la place de M. Tydeman au Comité exécutif.

L'âge avancé ou l'invalidité nous ont enlevé M. le baron ERNEST DE

Plener, l'éminent président du Groupe autrichien, qui a présidé la Conférence de 1903 à Vienne ; le vétéran danois Fredrik Bajer, fondateur de son groupe, dont la foi et le dévouement à l'idéal pacifiste n'ont jamais fléchi, et M. Ernest Beckman, collègue vénéré et toujours dévoué, qui fut pendant de longues années un des chefs du Groupe suédois, et qui a siégé dans le Comité exécutif de l'Union.

Nous adressons un hommage ému d'admiration et de gratitude à ces membres, la plupart ouvriers des premières heures.

C'est une conséquence tragique de la longue période d'inactivité qu'a provoquée la guerre, que la place de ces vétérans paraît d'autant plus vide que leurs successeurs n'ont pu acquérir toujours l'expérience dont leurs prédécesseurs disposaient. Espérons que les jeunes collègues s'inspireront de l'exemple des vétérans, et qu'ils trouveront dans la grande tâche qui attend l'Union une exhortation d'autant plus forte de les suivre dans la voie qu'ils ont tracée.

Ordre du jour no 3.

The Inter-parliamentary Union and the League of Nations.

REPORT

BY

The Right Hon. Lord WEARDALE,

PRESIDENT OF THE INTER-PARLIAMENTARY COUNCIL.

————

The Executive Committee of the Union, in regulating the provisional programme of the Conference, after determination of the subjects and their order of submission to the Conference, naturally was profoundly anxious to select as the « rapporteurs » for each one of them, the most obvious and suitable names, of weight and authority. It was in the pursuance of that intention that it first of all addressed itself to Lord Robert Cecil to undertake to propose the resolution with which I have now the honour to be entrusted. He had taken a prominent share in the Congress of Versailles and particularly in drafting the Covenant of the League of Nations, and ever since has been active in its support. Much to our regret, and I may also say to his, public duties at home did not permit him to do so. We had then hoped that certain eminent legal authorities, such as Lord Phillimore and Lord Shaw of Dunfermline, might have been prevailed upon to replace him, but for similar reasons they were also compelled to decline.

In these circumstances, although conscious that I have no claim to the special technical acquaintance with subject which any of the gentlemen I have mentioned possess, I have somewhat reluctantly undertaken to become the sponsor of the first resolution, and in one particular I may perhaps advance some pretension to assume this great responsibility. For more than 30 years, indeed from the date of the first establishment of the Union, I have been faithful in its service and the cardinal principle upon which it is founded, and surely, it is that principle, viz, the free and cordial co-operation of all the nations of the world for the preservation of international Peace that is enshrined in the constitution of the League of Nations.

Slowly, but persistenly, the Union has pursued the realisation of this great ideal. It may not be able to point any remarkable accom-plishment, but by gradual steps it has had, I think, an important share in the progressive movement that led to the establishment of the Hague Tribunal, and to the widespread enactment of Treaties of Arbitration, which have averted many a threatened conflict, and which, if faithfully observed, might even have avoided the appalling war from which we have just emerged. It is not necessary that I should weary you with a prolonged recital of the various resolutions adopted at succeeding Conferences, carrying further, on each successive occasion, the doctrines which form our creed, the different proposals for the adjustement of International differences, the limitation of ruinous armaments, or the neutralisation of States and the great arteries of trade and intercourse. All of them were directed to the same purpose, the elimination wherever possible of every obvious cause for international discord, and the progressive development of a stable condition of international relations, relying not upon force, but on justice — and justice alone, for its sanction.

And in that prospect the eventual establishment of a well conside-red Society of Nations was the ultimate goal to which we, one and all, aspired. It would therefore appear that the Union, in view of its honourable past, has a special obligation in reference to the League of Nations, brought into existence it is true, at a time when its activities were necessarily suspended, and for which, therefore, it can claim neither responsibility nor praise, but which in its spirit and intention is the natural outcome of its many years of steadfast advocacy.

And this brings me to the consideration of the circumstances in which the League was created, unfortunately at a moment when the war passions were still at fever heat and men's minds profoundly disturbed, and therefore in an atmosphere hardly adapted to the best consideration of so grave and fundamental an object, which required for its successful treatment, the calmest deliberation and the coolest judgment.

Europe may then have been truly described as divided into two hostile camps, and although the pronouncements of president Wilson and his enunciation of the celebrated 14 points were greeted with almost fervent enthusiasm in every quarter, it soon became evident in the course of the prolonged proceedings of the Congress of Versailles that his lofty appeals had fallen, so far as the Statesmen of the World were concerned, upon somewhat deaf ears, and that the noble objects to which he directed their efforts were unlikely to be completely accomplished. In making this general observation, I am naturally not alluding to any other topic than the Covenant of the League of Nations to which my resolution alone refers. Many of us, and I am one, sincerely rejoice that a Society of Nations, however much its form and constitution may be open to criticism, has been brought into existence. It is the realisation in principle of an ideal for which we have long striven, and which to most people seemed to be only a distant and ever receding prospect, for whatever its faults or omissions, the fact that a great majority of the Nations of the world have adhered to it, in my humble judgment gives cause for legitimate satisfaction. Having said so much in cordial approval, I nevertheless cannot but recognise that the League of Nations in its present form somewhat imperfectly achieves our design, and indeed can never fully do so until by judicious reconsideration and amendment all Nations at present reluctant to adhere to it, are convinced that it no longer presents grave elements of danger, offers no offence to their National susceptibilities, and embarks them on no engagements to which they cannot properly subscribe. I therefore sincerly welcome the fact that almost the first act of importance accomplished by the League since its establishment, and certainly its most notable, is the adoption of the scheme for the Permanent Court of International Justice, as formulated by the Commission of Jurists presided over by Mr. Elihu Root, justly eminent as a Statesman and as an International Lawyer of great renown.

I regard it, I frankly confess, as the corner stone of the ultimate edifice of an altogether satisfactory Society of Nations, for it should establish — and that with me is a fundamental requisite — that the basis upon which it is reared is wholly juridical in character, and that whatever administrative or operative provisions it also necessarily comprises, really proceed in their inception from juridical sanction and authority, and are not open to the objection that they have a quasi political origin.

We are honoured today by the presence of a highly representative deputation from the United States of America, the most important of those nations who have either refused or have hitherto shown no eagerness to join the League in its existing form. We welcome it with particular pleasure, and I desire to thank them for kindly communicating to the Secretariat, in accepting the invitation to the Conference, a brief but lucid statement of their general attitude. It will give us, I think, an opportunity for a most frank and useful discussion, for I gather from its terms that while attending the Conference as supporters of the original purpose of the Union and most willing and ever anxious to give it their continued support, they desire to maintain a strictly non-committal attitude upon the particular question which we are now about to debate. I do not infer from this document that they would absolutely close the door upon every form of association of Nations. On the contrary we have most encouraging evidence of the large-minded disposition in that connection of President Harding and his Government in summoning an International Conference to discuss problems of disarmament, more especially, it is true, in reference to the Pacific Ocean, but which may not unfairly be regarded as a just and most judicious step towards the consideration of matters of broader import, and of world-wide significance.

Everyone who carefully followed the public discussion in the Press or the Senatorial debates must, I think, have become convinced that there existed substantial reasons in the mind of the people of the United States against acceptance in its present form of the Covenant of the League of Nations. We shall in all probability have them expounded to us here with the weight of great authority by the American delegation, and I am sure that I may say with perfect sincerity on behalf of every member of the Conference, however ardent a supporter he may be of the existing League, that we shall give to their addresses the most sympathetic attention, desirous of finding in them, not subjects of difference but points of agreement. The mere fact that they are present with us on this occasion should give to this Conference peculiar importance and should furnish to the world striking evidence of the utility of the Union as an arena where these great issues can be frankly debated, and thus powerfully contribute to the formulation of those modifications, perhaps considerable and momentous, which might render a Society of Nations no longer an object of suspicion to our American friends, and facilitate through essential amendments, the creation of an Institution all-embracing in its Constitution and of commanding authority, based as it should be upon universal acceptance and support. And how great, may I urge, is the necessity of such an organization ? We see every day, even in the presence of a new born League of Nations, repeated appeals for so-called sanctions of a different order, founded upon force alone and wholly oblivious of those visions of a promised better world so loudly proclaimed at the termination of the War, a world chastened by cruel experience, a world seeking nobler methods for the settlement of its differences, and intent solely upon the assured peace and prosperity of the people.

I have so far dealt, however imperfectly, with the general aspects of the situation. I must now refer more especially to the resolution which I am charged to propose ; the terms of which I will proceed to read : —

I.

"The 19th Inter-Parliamentary Conference cordially welcomes the institution of the League of Nations, which it is entitled to consider as an important result of the work zealously pursued by the Union for a long series of years, with the aim of organizing the world for the maintenance of peace.

"Without desiring to make any detailed pronouncement as to the different stipulations of the Covenant, nor as to the organization and the activity of the League, the Conference registers as its opinion that it is urgent and necessary that the League attains as quickly as possible that universal, all-embracing character, without which it is unable to exercise the high mission with which it is entrusted.

II.

"The Conference is of opinion that the Inter-Parliamentary Union cannot, at the present time, devote itself to a more useful and practical work than the support of the action of the League af Nations in the field of international co-operation and in its efforts for the maintenance of peace and for a drastic reduction of armaments.

"It approves the action of the Inter-Parliamentary Council as expressed in the appeal to the Groups, of April 12, 1921, and asks the Inter-Parliamentary Bureau to call the attention of the Groups to all useful measures they might be able to take in their Parliaments and with their Governments, in order to support the activity of the League and to obtain the execution of its resolutions and recommendations in the above directions".

I have now to furnish reasons why in my judgment the Inter-Parliamentary Union is specially qualified to act the important part which the resolution assigns to it.

In the first place, then, I must emphasize the steadfast attitude of the Union during the prolonged and difficult period during which the world-war was raging. The Inter-Parliamentary Union claims to be an essentially International Institution. If it ceases to be International in action or in spirit, its utility and existence must come to an end. Thanks to the extraordinary tact of our distinguished Secretary General it was successful in maintaining our Organization intact, and in preserving an irreproachable neutrality throughout five years of conflict. The freedom of the several Groups remained, of course, entire, and many of them took occasion to adopt resolutions embodying their particular points of view couched in vigorous language, but the Secretariat of the Union held aloof from all these manifestations, while neglecting no favourable opportunity for furthering, from a neutral standpoint, the cause of peace. This course of conduct, difficult in the extreme, has, however, led to unfavourable criticism, more particularly from our French and Belgian friends, and it is due to their interpretation of the action which should have been taken by the Union, that we have regretfully to record their absence from amongst us to-day. But I do not despair that in process of time they will recognise how fatal to the Union would have been any other conduct, by the persistent pursuance in which we now at least can claim, after so many years of patient and relative inactivity, to have preserved inviolate our status and our International character.

The second point upon which I will dwell for a moment with great insistence is the particular composition of the Union, based as it is upon Parliamentary representation and that alone, and giving to it therefore an autority that cannot be denied and which is possessed by no other body.

Are we in these circumstances too presumptuous in asserting a pretention to be almost a necessary supplement to the League of Nations ?

That Body as established by the Covenant in the Treaty of Versailles has been now in existence for nearly two years, but it would be obviously unjust, I would urge, to pronounce any definite judgment upon its operation as a whole. It is still more or less in its infancy, and time and fair play must be accorded before it will be possible to say with confidence in what particulars it has failed or is likely to fail in satisfying public expectations. In the admirable character of its general purpose surely we are all agreed ? Even those who have never adhered to it cannot contend that its aims are not worthy of universal approval.

In the course of the debate to which my resolution will doubless give rise, we shall hear very naturally a succession of reasons advanced condemnatory of the Covenant of the League of Nations. Blemishes in it, I think, must be recognised and some of them of a very serious and even vital nature, but they are all as it seems to me, capable of remedy, and perphaps the most important of them is the unrepresentative character of its Assembly, which by the existing constitution is essentially bureaucratic.

Unquestionably whatever amendments it may be possible to introduce into the Covenant in the immediate future, and it must be admitted that experience alone can dictate the eventual and definite form which a really authoritative and universally acceptable Society of Nations will assume, it will scarcely be denied that the principle of popular representation in the Assembly of the League must necessarily be conceded. Meanwhile, what Body can more reasonably claim to supply that admitted deficiency than the Union, voicing, as it does, the concerted opinion of Parliaments ? The Inter-Parliamentary Union has a great role indicated to it as the friendly commentator and councillor of the Assembly of the League of Nations, and its considered resolutions cannot be lightly regarded.

I think I have in my general observations covered most of the ground comprised in my resolution, and I have reserved almost to the last reference to the important subject of the admission or adhesion to the League of those States which are not yet members of it. First and foremost, I think it will be generally recognised that the continued exclusion of Germany is inadmissible. I must be excused if I refrain from a lengthy examination of this question, for I am most anxious to avoid any occasion for recriminatory discussion, and I will confine myself to the simple proposition that 60 million highly educated and gifted people in the heart of Europe cannot be permanently or even temporarily forbidden co-operation in the League of Nations if that League is ever to achieve a position of recognised authority and confidence. In such a great and solemn undertaking, only the complete and cordial support of every race can confidently aspire to success. Little as well as great nations must be invited to join, and the New States recently brought into existence must be welcomed in its ranks.

For how grave is the responsibility of the civilised world if this great venture, this courageous effort to avert the horrors of War were to fail ! Can we forget the millions of dead — young men in the prime of life — the even greater number of maimed and permanently disabled — the immeasurable suffering, mourning and devastation, the wasted wealth, the dreadful hatreds, the consequences of the late war ? Shall all that cruel experience avail us nothing ? Is there any sacrifice, any exertion, which mankind should refuse to make to render for ever impossible a repetition of these indescribable miseries ?

It is in the contemplation of these terrible recollections that I venture to make an earnest appeal to our friends, the United States of America. I respect their doubts and hesitations. In some measure at least I have expressed my acquiescence in them, but can they remain altogether deaf to this appeal from a stricken world ? It is true that they inhabit a different hemisphere, that our differences are generally no immediate concern of theirs, and that they cannot accept without great reservations and safeguards to share our responsibilities. But while making free admission of these premises, I may remind them that they are nevertheless members — and most important ones — of the great human family, and how well they have shown in one direction their recognition of that fact in the magnificent generosity they have displayed in every field of philanthropic activity. They have rescued by their timely assistance countless human lives and they have rushed to the relief of distress in the famine districts of Central and Eastern Europe. Will they now refuse us the greatest service of all, to take a hand — and how powerful a one we know it would be — in the establishment of a world-wide organization for the maintenance of Peace ?

This Conference will not perhaps furnish us with a complete answer, but I cannot but hope that through its discussion, in which, happily, distinguished Americans will take part, much may be done to clear the air, to dissipate misconceptions, and thus facilitate the reconsideration of this matter by the people of the United States. Having a lifelong and familiar acquaintance with them, I well know how responsive they are to every noble purpose which their reasoned intelligence approves, and I am therefore sanguine enough to entertain confident expectations of their ultimate participation.

I will not enter into a particular examination of the provisions of the Covenant. They will form the main subject of our discussion, but I may formulate an anxious hope that the Conference will arrive at a substantial agreement as to the modifications which may appear desirable and will accept in its broad outline the Resolution which I now have the honour to propose.

Traduction française.

Ordre du jour no 3.

L'Union interparlementaire et la Société des Nations.

RAPPORT

PRÉSENTÉ PAR

Le Très Hon. Lord WEARDALE,

PRÉSIDENT DU CONSEIL INTERPARLEMENTAIRE.

Le Comité exécutif de l'Union, en préparant le programme provisoire de la Conférence, et après avoir déterminé les sujets et l'ordre de leur soumission à la Conférence, s'est naturellement inquiété de choisir comme rapporteurs pour chacun de ses sujets, les personnalités les plus éminentes. C'est pour cette raison qu'il s'est adressé de préférence à Lord Robert Cecil, en le priant de prendre l'initiative de la résolution dont j'ai l'honneur d'être chargé à présent. Il avait pris déjà une part active au Congrès de Versailles et surtout à la rédaction du Pacte de la Société des Nations, et a déployé depuis lors une grande activité pour le soutenir. Malheureusement — et il le regrette autant que nous — différentes tâches d'ordre public et privé l'empêchèrent de donner suite à notre démarche. Nous conçûmes alors l'espoir de pouvoir décider quelques autres personnalités en vue, telles que Lord Phillimore et Lord Shaw of Dunfermline, de se charger de cette tâche, mais elles crurent devoir refuser pour des raisons analogues.

Dans de telles circonstances, et bien que je ne possède pas les connaissances techniques spéciales exigées en l'occurrence au même degré que les personnes dont je viens de parler, et que je ne me sois chargé qu'avec une certaine hésitation de présenter la première résolution à la Conférence, je puis cependant justifier en quelque sorte de la grande responsabilité que j'ai assumée. Depuis plus de trente ans, et dès la fondation de l'Union, je suis resté à son service, fidèle au principe qui l'anime, et qui n'est autre que la coopération libre et cordiale de toutes les nations, pour la sauvegarde de la paix, principe qui va être consacré par la Société des Nations.

L'Union a poursuivi lentement, mais avec persistance, la réalisation de ce grand idéal. Elle ne saurait, sans doute, s'enorgueillir des faits accomplis, mais sa part est, je crois, importante dans le mouvement progressif qui a abouti à la fondation du tribunal de La Haye et à la conclusion des traités d'arbitrage. C'est grâce à eux que l'on a pu résoudre bon nombre de graves conflits ; je dirai même que si on les avait suivis scrupuleusement, on aurait évité les horreurs de la guerre à laquelle nous avons assisté. Il est inutile de vous fatiguer par une longue énumération des différentes résolutions adoptées au cours des conférences successives, d'où sont nées les doctrines qui forment notre credo, de même que les divers projets concernant le règlement des conflits internationaux, la limitation des armements ruineux et la neutralisation des états et des grandes artères de communication. Le but visé était l'élimination de toute cause susceptible d'engendrer des discordes internationales, et, d'autre part, le développement progressif de relations stables entre les nations — en comptant non sur la force, mais sur le droit — et sur le seul droit — pour les sanctions.

La constitution éventuelle d'une Société des Nations jouissant d'un prestige assuré était donc le but suprême que nous voulions tous réaliser. C'est pourquoi, en considérant le passé honorable de l'Union, nous constatons qu'elle a une obligation spéciale envers la Société des Nations, née, il est vrai, à une époque où son activité demeurait fatalement en suspens, et où elle ne pouvait exiger ni la responsabilité, ni les éloges, mais qui est, par l'essence même de l'esprit qui l'anime, le produit naturel de longues et persévérantes aspirations.

Et cela me fait songer aussi aux circonstances au milieu desquelles fut créée la Société, alors que les passions belliqueuses étaient surchauffées et les esprits profondément troublés ; c'était une atmosphère peu favorable au succès d'une tâche qui exigeait avant tout un état d'esprit calme et une froide délibération.

On aurait pu dire à cette époque que l'Europe était divisée en deux camps hostiles, et bien que les déclarations du Président Wilson et l'énoncé de ses célèbres quatorze points fussent accueillis partout avec le plus fervent enthousiasme, il apparut bientôt, au cours des délibérations prolongées en vue de la paix, que ses nobles appels frappaient des oreilles sourdes, en tant, du moins, qu'ils s'adressaient aux hommes d'Etat, et qu'il n'était guère probable que le noble but qu'il avait en vue ne fût jamais atteint.

En faisant cette remarque d'ordre général, je n'entends faire allusion qu'au Pacte de la Société des Nations, seul visé dans la présente résolution. Plusieurs d'entre nous se réjouissent comme moi du fait que l'on a pu constituer une Société des Nations, malgré les critiques auxquelles sont sujettes sa constitution et sa forme. C'est la réalisation en principe d'un idéal pour lequel nous avons longtemps lutté, et qui semblait pour la plupart des hommes une perspective éloignée et fuyante. Le fait que, malgré ses défauts et ses lacunes, la plupart des nations y ont adhéré, est de nature, suivant mon humble avis, à motiver une satisfaction légitime. Après ces éloges sincères, il me faut reconnaître, d'autre part, que, dans sa forme présente, la Société des Nations réalise un peu imparfaitement nos desseins, et qu'elle ne sera parfaite que le jour où les nations qui hésitent encore à s'y affilier seront convaincues qu'elle ne présente plus de graves éléments de danger, qu'elle n'offense point leurs susceptibilités nationales et qu'elle ne les engage pas à des obligations auxquelles elles ne pourraient pas souscrire sans autre forme. En conséquence, j'accueille avec joie le fait que le premier acte important accompli par la Société a été l'acceptation du projet d'une Cour permanente de Justice internationale, tel que l'avait formulé la Commission des juristes présidée par M. Elihu Root, justement célèbre comme homme d'Etat et juriste international d'une grande réputation.

Je la considère franchement comme le pilier de l'édifice d'une future Société des Nations plus parfaite. Il apparaîtra ainsi — et c'est pour moi une condition primordiale — que la base en est purement juridique, et que, quels que soient ses éléments d'ordre administratif, elle comporte en réalité l'autorité et les sanctions juridiques : on ne pourra pas, de la sorte, lui reprocher des origines quasi politiques.

Nous sommes honorés aujourd'hui de la présence d'une délégation des Etats-Unis, remarquable par les qualités de ses membres et venant de la plus importante des nations qui ont refusé leur participation à la Société des Nations, ou qui, du moins, n'ont montré aucun empressement d'y adhérer sous sa forme actuelle. Nous leur souhaitons la bienvenue avec une joie toute particulière, et je désire en même temps les remercier d'avoir bien voulu remettre au Secrétariat, en acceptant l'invitation pour la Conférence, un court, mais lumineux rapport définissant leur attitude dans ses grandes lignes. Elle nous fournira, je crois, l'occasion d'une discussion des plus sincères et des plus utiles. Je conclus de son rapport que tout en adhérant au but initial de l'Union, et bien que prêts à lui donner toujours leur appui, les membres de cette délégation désirent néanmoins se tenir strictement sur l'expectative en ce qui concerne la question particulière qui va faire l'objet de nos débats. Je ne veux pas inférer de ce document qu'ils soient hostiles à toute association des nations. Bien au contraire, nous avons une preuve tangible d'une conception plus généreuse à cet égard dans le fait que le Président Harding et son Gouvernement ont pris l'initiative d'une Conférence internationale pour discuter le problème du désarmement. Il est vrai que cette initiative vise plus spécialement l'Océan Pacifique, mais il faut néanmoins la considérer comme l'acheminement vers des buts plus importants et d'une signification mondiale.

Quiconque a suivi avec attention la discussion publique engagée à ce sujet dans la presse, ou bien les débats du Sénat, n'aura pas manqué, je pense, d'acquérir cette conviction qu'il existait, dans l'esprit du peuple des Etats-Unis, de fortes raisons pour ne point accepter, sous sa présente forme, le Pacte de la Société des Nations. Nous allons d'ailleurs les entendre exposer ici, sans doute, par la délégation américaine, avec tout le poids de son autorité, et j'ai la certitude de pouvoir déclarer en toute sincérité, au nom de chacun des membres de la présente conférence, quelque ardent partisan qu'il soit de la Société existante, que nous accueillerons avec l'attention la plus sympathique les propositions de la délégation, désireux que nous sommes d'y trouver non des sujets de discorde, mais un terrain d'entente. Le simple fait que les délégués américains se trouvent présents parmi nous en cette circonstance, devrait suffire pour donner à cette conférence une importance toute particulière et fournir en même temps au monde un argument péremptoire de l'utilité de l'Union, en tant que constituant une arène où les grandes questions qui nous occupent peuvent être abordées franchement, ce qui ne peut que faciliter grandement l'énoncé des modifications — peut-être considérables et grosses de conséquences — susceptibles de faire disparaître, aux yeux de nos amis américains, les motifs de suspicion que leur a inspirés jusqu'ici la Société des Nations. De la sorte, il sera peut-être possible, à la faveur d'amendements plus ou moins radicaux, de créer une institution universelle par sa constitution et exerçant une autorité indiscutée, puisqu'elle serait fondée sur le consentement et l'appui de tous. Et quelle n'est pas — qu'il me soit permis d'insister sur ce fait — la nécessité d'une telle organisation ? Nous voyons se produire tous les jours, malgré l'existence de la Société des Nations récemment constituée, des demandes réitérées réclamant de soi-disantes sanctions d'un ordre tout différent, basées comme elles le sont sur la seule force, et ne tenant aucun compte de ces visions d'un monde meilleur si bruyamment proclamé à la fin de la guerre, un monde purifié par sa cruelle expérience, un monde tout à la recherche de méthodes plus nobles pour régler ses différends et uniquement attentif à la consécration de la paix et de la prospérité des peuples.

Voilà, résumés d'une façon imparfaite, les aspects généraux sous lesquels se présente la situation. Passant maintenant à la résolution que j'ai mission de soumettre à votre acceptation, je vais d'abord commencer par vous donner lecture des termes mêmes dans lesquels elle a été conçue :

I.

« La dix-neuvième Conférence interparlementaire accueille, de ses vœux les plus cordiaux, la création de la Société des Nations, qu'elle est en droit de considérer comme un résultat important des efforts déployés assidûment par l'Union pendant une longue suite d'années, en vue d'organiser le monde pour le maintien de la paix.

« Sans vouloir se prononcer en détail sur les différentes dispositions du Pacte, non plus que sur l'organisation et les travaux de la Société, la Conférence tient à déclarer qu'il est, à son avis, nécessaire et urgent que la Société revête, aussi rapidement que possible, ce caractère universel et compréhensif sans lequel elle ne sera pas en mesure de s'acquitter de la mission élevée qui lui est confiée. »

II.

« La Conférence estime que l'Union interparlementaire ne peut, en ce moment, s'adonner à une tâche plus utile et plus pratique que celle d'appuyer l'effort général de la Société des Nations dans le domaine de la coopération internationale, ainsi que ses efforts pour le maintien de la paix et pour la réduction radicale des armements.

« Elle approuve la démarche du Conseil interparlementaire qui a adressé un appel aux groupes, le 12 avril 1921, dans l'ordre d'idées ci-dessus visé, et elle charge le Bureau interparlementaire d'attirer l'attention des groupes sur les mesures utiles qu'ils pourraient provoquer de la part de leurs parlements et de leurs gouvernements, afin de seconder l'activité de la Société et d'obtenir l'exécution de ses résolutions et de ses vœux dans les domaines indiqués plus haut. »

Il me reste maintenant à vous apporter les raisons pour lesquelles, autant que je puis en juger, l'Union interparlementaire est particulièrement qualifiée pour jouer le rôle important que la résolution précitée lui assigne.

Tout d'abord, je tiens à souligner l'immuabilité de l'attitude dont l'Union a fait preuve pendant la période prolongée et difficile où la guerre mondiale faisait rage. L'Union interparlementaire a la prétention d'être une institution d'un caractère essentiellement international. Si elle cesse d'être internationale, soit dans ses actes, soit dans son esprit, c'en sera fait de son utilité et de son existence même. Grâce au tact parfait de notre distingué Secrétaire général, elle a réussi à maintenir inviolée notre organisation, et à conserver une neutralité irréprochable pendant les cinq années qu'a duré la guerre. Bien entendu, la liberté des différents groupes est demeurée entière, et plusieurs d'entre eux ont saisi l'occasion qui s'offrait d'adopter des résolutions exprimant dans une langage énergique leurs points de vue particuliers mais le secrétariat de l'Union s'est tenu à l'écart de toutes ces manifestations, sans négliger pour cela aucune circonstance favorable de soutenir, tout en se plaçant à un point de vue neutre, la cause de la paix. Cette ligne de conduite, difficile à l'extrême, a néanmoins soulevé des critiques défavorables, notamment de la part de nos amis français et belges, et c'est par suite de leur manière particulière d'envisager l'attitude qu'aurait dû observer l'Union dans les circonstances dont il s'agit, que nous avons le regret de constater aujourd'hui leur absence parmi nous. Quoi qu'il en soit, je ne désespère point de les voir un jour reconnaître combien fatale toute autre conduite aurait été à l'Union, en présence de la persistance d'une situation qui nous permet pour le moins de nous targuer aujourd'hui, après tant d'années d'inactivité relative patiemment supportée, d'avoir conservé intacts notre position et notre caractère international.

Un autre point sur lequel je voudrais insister, en passant, d'une façon toute particulière, c'est la façon caractéristique dont est composée l'Union, en ce sens qu'elle est basée uniquement sur les représentations parlementaires, ce qui lui confère une autorité indéniable et qui n'appartient à aucune autre organisation.

Est-ce que, dans ces conditions, ce serait nous montrer trop présomptueux que d'élever la prétention d'être considérés comme étant, en quelque sorte, le complément nécessaire de la Société des Nations ?

Voilà près de deux ans qu'existe cette organisation, créée comme on sait par le Pacte annexé au Traité de Versailles, mais il serait évidemment injuste de ma part de vouloir m'arroger le droit de prononcer dès maintenant un jugement d'ensemble et définitif sur son activité. Cette organisation étant toujours, plus ou moins, dans son enfance, il faut à la fois du temps et un jugement impartial des événements avant de pouvoir dire, en connaissance de cause, sur quels points elle a été, ou, selon toute vraisemblance, risque d'être au-dessous de l'attente générale. Nous sommes tous, n'est-ce pas, d'accord sur le caractère admirable de ses aspirations générales. Ceux-là même qui n'y ont jamais adhéré, ne sauraient disconvenir que les buts poursuivis par elle ne soient dignes de l'approbation universelle.

Au cours des débats que va provoquer, sans doute, mon projet de résolution, il est naturel que nous entendions alléguer une foule de raisons contre le Pacte de la Société des Nations. Quant à moi, je pense qu'il est inévitable qu'on y découvre des défauts, dont quelques-uns d'une nature particulièrement grave, pour ne pas dire vitale, mais ils me paraissent tous comporter des remèdes. Le plus important de ces défauts est peut-être celui qui consiste dans le caractère non représentatif de son Assemblée, laquelle est essentiellement bureaucratique suivant l'esprit de la constitution actuelle.

Indépendamment des amendements quelconques qu'il sera possible d'introduire à une date plus ou moins rapprochée — et force nous est d'admettre que l'expérience seule pourra décider de la forme définitive à adopter, le cas échéant, pour une Société des Nations réellement investie de l'autorité nécessaire, et bien venue de tous — personne ne saurait nier qu'il ne soit nécessaire de faire droit au principe qui milite en faveur d'une représentation populaire au sein de l'Assemblée de la Société. Et, en attendant, quelle est l'organisation qui pourrait réclamer avec plus de raison le droit de combler cette lacune que l'Union, qui est le porte-parole de l'opinion concertée des parlements ? L'Union interparlementaire a un grand rôle à remplir, celui de commentateur amical et de conseiller de l'Assemblée de la Société des Nations, et l'on ne saurait traiter à la légère ses résolutions mûrement délibérées.

J'estime avoir passé en revue, dans mes observations générales, la plupart des faits qui se rattachent à mon projet de résolution, et j'ai réservé en quelque sorte pour la fin les remarques que je crois devoir faire au sujet de l'importante question de l'admission ou de l'adhésion des états qui ne sont pas encore affiliés à la Société des Nations. Et, tout d'abord, je pense qu'on s'accordera généralement à reconnaître qu'il est inadmissible d'exclure plus longtemps l'Allemagne de notre sein. Qu'on veuille bien m'excuser si je renonce à examiner tout au long, devant vous, cette question, car je tiens essentiellement à éviter tout ce qui pourrait fournir matière à des discussions et à des récriminations. Je me bornerai, par conséquent, à cette simple constatation, qu'il est impossible de refuser d'une façon permanente, ni même temporaire, à un peuple de 60 millions d'habitants hautement cultivés et fort doués, occupant le centre de l'Europe, toute coopération à la Société des Nations, si tant est que cette Société doive jamais espérer atteindre, par l'autorité et la confiance qu'elle inspire, à une situation universellement reconnue. Seul le concours cordial et sans réserve de toutes les différentes races du globe peut garantir le succès d'une entreprise aussi vaste, aussi solennelle. Les grandes comme les petites nations devront être invitées à se joindre à nous ; de même, les nouveaux états, récemment appelés à la vie, devront être accueillis dans nos rangs.

Car, combien lourde ne serait pas la responsabilité du monde civilisé, si cette grande et périlleuse entreprise, si ce courageux effort en vue de faire disparaître les horreurs de la guerre devait rester vain ! Et sommes-nous capables d'oublier jamais les millions de morts — de jeunes gens moissonnés à la fleur de l'âge — et le nombre plus considérable encore des estropiés et des invalides — les souffrances, les deuils, les dévastations incommensurables, les richesses perdues, les haines effroyables, bref, les conséquences de la récente guerre ? Est-ce que toutes ces expériences cruelles ne serviront à rien ? Est-il un sacrifice, un effort quelconque que l'humanité soit capable de refuser pour rendre impossible à tout jamais le retour de pareilles calamités sans nom ?

C'est sous le coup de ces terribles souvenirs que je me hasarde à adresser un pressant appel à nos amis, les Etats-Unis d'Amérique. Ce n'est pas que je ne respecte leurs doutes et leurs hésitations. Dans une certaine mesure, j'ai même manifesté à quel point je partage leur manière de voir, mais resteront-ils entièrement sourds à cet appel que leur adresse un monde défaillant ? Sans doute, ils habitent une autre hémisphère que la nôtre, nos différends n'ont, le plus souvent, aucun rapport immédiat avec les leurs, et ils ne sauraient, sans expresses réserves et sans garanties, accepter de partager nos responsabilités. Mais tout en acceptant volontiers ces prémisses, je me permets de leur rappeler qu'ils n'en sont pas moins membres — et des membres qui comptent parmi les plus importants — de la grande famille humaine. Et combien souvent n'ont-ils pas montré, dans un autre ordre d'idées, qu'ils ont pleinement conscience de ce fait, par la générosité admirable dont ils ont fait preuve dans les différents domaines de l'activité philanthropique ! Grâce à leur prompte assistance, ils ont sauvé des vies humaines sans nombre, et avec quel empressement ne sont-ils pas accourus pour conjurer la misère dans les régions de l'Europe centrale et orientale où sévissait la famine ? Est-ce que, aujourd'hui, ils nous refuseront le plus grand de tous les services, celui qui consisterait à participer — et nous savons combien puissant serait leur concours — à la création d'une organisation universelle pour la sauvegarde de la paix ?

La présente Conférence ne nous donnera peut-être pas une réponse complète sur ce point, mais je ne puis m'empêcher d'espérer que, grâce à la discussion qui va s'engager à ce sujet, et à laquelle je suis heureux de savoir que plusieurs Américains de marque prendront part, beaucoup sera fait pour purifier l'atmosphère, pour dissimuler les malentendus et faciliter ainsi au peuple des Etats-Unis la reprise des débats sur cette question. Connaissant à fond les Américains, comme je le fais pour les avoir fréquentés durant toute ma vie, je sais combien ils sont prompts à répondre à toute suggestion noble qu'approuve leur intelligence raisonnée : c'est pourquoi je suis assez optimiste pour compter fermement sur leur participation finale.

Je n'entrerai pas ici dans le détail des dispositions du Pacte. Aussi bien, celles-ci vont précisément faire l'objet principal de nos débats. Je me permettrai cependant de formuler ce vœu ardent qu'il soit donné à la présente Conférence d'aboutir à un accord substantiel relativement aux modifications à apporter au Pacte, et, aussi, qu'elle veuille bien approuver dans ses grandes lignes la résolution que je viens d'avoir l'honneur de lui soumettre.

Ordre du jour No 8 a.

Ordnung des Untersuchungs- und Vermittlungsverfahrens im Völkerbunde

BERICHT

DES

Herrn Professor Dr. W. SCHUECKING

In den kritischen Tagen der diplomatischen Verhandlungen, die dem Ausbruch des Weltkrieges unmittelbar vorausgingen, sind die Lücken des bisherigen völkerrechtlichen Systems in geradezu erschreckender Weise zu Tage getreten. Trotzdem der Konflikt zwischen Oesterreich-Ungarn und Serbien sich von Anfang an zu einem Weltkriege auszuwachsen drohte, scheiterte das Angebot des Schiedsgerichts wie der Vermittlung. Selbst diejenigen unter uns, die nicht auf dem Boden der Anschauung von Lloyd George stehen sollten, die Staatsmänner seien allesamt in den Krieg sozusagen hineingestolpert, sondern glauben, irgendwo sei ein bewusster und planmässiger Wille zum Weltkrieg vorhanden gewesen, werden mir zugeben, dass der damalige Stand des Völkerrechts den Urhebern eines solchen Willens ihr Tun leicht gemacht hat. Weder Schiedsgerichtsbarkeit noch Vermittlung waren obligatorisch. Die Möglichkeiten der Schiedsgerichtsbarkeit darf man überhaupt nicht überschätzen. Auch das Statut des Völkerbundes unterscheidet grundsätzlich noch zwischen gerichtsfähigen und nicht gerichtsfähigen Konflikten. Es giebt im Staatenleben eben Streitigkeiten, für die das heutige Völkerrecht überhaupt noch keine Normen entwickelt hat, die desshalb auch von keinem Gerichtshof befriedigend entschieden werden können, und die doch durch ihre Fortdauer die Beziehungen der Staaten vergiften. Es sind das einmal die reinen Interessenkonflikte. Als Beispiel dafür hat Taft einmal auf das Problem der japanischen Auswanderung nach Kalifornien hingewiesen. Auf Grund seiner Souveränität kann heute jeder Staat sich gegen die Einwanderung von Arbeitern aus einem andern Staat völlig absperren, mag dieser noch so sehr an Uebervölkerung leiden, ebenso wie die wirtschaftliche Souveränität jedes Staates zu einer Zollpolitik führen kann, die den Nachbarn auf das schlimmste schädigt. Ich brauche als

Beispiel dafür nur an das Verhalten von Oesterreich-Ungarn gegenüber Serbien zu erinnern.

Daneben giebt es zahlreiche Staatenstreitigkeiten, die zwar eine
juristische Seite haben, bei denen aber nach der Meinung der Beteiligten der politische Charakter derartig überwiegt, dass grosse und
mächtige Staaten auch heute noch nicht geneigt sind, auch solche
Fälle dem ungewissen Spruch eines Richters anzuvertrauen. Das beste
Beispiel dafür war wiederum der Konflikt zwischen Oesterreich-Ungarn
und Serbien, anlässlich des Mordes von Serajevo. Auch das war
äusserlich zunächst eine Rechtsfrage, welche Genugtuung und Sühne
Oesterreich-Ungarn von Serbien gerechterweise hätte verlangen können;
hinter dieser Rechtsfrage stand aber ein politisches Problem von welt-
geschichtlicher Bedeutung; der Kampf zwischen dem historischen Recht
des Hauses Habsburg auf die Wahrung des Integralbestandes seiner
Monarchie, den man von Serbien aus gefährdet glaubte, und dem natürlichen Recht der Südslaven auf die Herstellung ihrer nationalen
Einheit. Wenn das Selbstbestimmungsrecht der Völker aus einem politischen Postulat ein anerkannter Rechtssatz des Völkerrechts geworden wäre, und wenn die Verfassung des Völkerbundes einmal Normen über seine praktische Anwendung aufstellen sollte, ähnlich wie
solche in der Reichsverfassung von Weimar für die Neugliederung
des Reichs, enthalten sind, dann könnte man sich denken, dass in Zukunft einmal in solchen Fällen ein Schiedsgericht anordnen könnte,
dass der eine Staat sich innerhalb seiner Grenzen ein Plebiscit zu
Gunsten seines Nachbarstaats gefallen lassen müsste, und dass dann
durch das Schiedsgericht auf Grund des Plebiscits eine Art «adjudica-
tio» vorgenommen würde. Aber leider sind wir ja heute noch nicht
so weit, dass für ein solches Verfahren eine sichere Rechtsgrundlage
gegeben wäre, und erst recht fehlten im Jahre 1914 die Normen, nach
denen der Widerstreit des historischen und des natürlichen Rechts
friedlich hätte geschlichtet werden können. Derartige politische Konflikte werden aber auch in Zukunft immer wieder zwischen den Staaten auftauchen und bedauerlicherweise bieten schon die Friedens-
verträge mancherlei Stoff dafür. In der friedlichen Regelung solcher
nicht gerichtsfähigen Streitigkeiten liegt das Kernproblem der grossen
Frage, wie erhalten wir den Frieden ?

Im Jahre 1914 hat wie gesagt neben der Schiedsgerichtsbarkeit auch
das Institut der Vermittlung versagt. Es gab ebensowenig eine Rechts-
pflicht sich eine Vermittlung gefallen zu lassen, wie ein Schiedsgericht
anzunehmen. Und es gab vor allen Dingen für die Vermittlung auch
keine feste Organisation und kein Forum, das dieselben Garantien für

seine Unparteilichkeit geboten hätte wie ein Schiedsgericht. Das
Institut der Vermittlung oder Mediation befand sich vielmehr im Jahre
1914 noch in der Hauptsache in demselben Zustand embryonaler
Entwickelung wie vor den Haager Konferenzen. Ihr Wesen bestand
nach wie vor darin, dass zwei im Streit befindlichen Mächten von
dritter Seite ein gutachtlicher Vorschlag für einen friedlichen Ausgleich
gemacht wurde. Für den Neubau dieser Institution war auf den
Haager Konferenzen viel zu wenig geschehen. Das lag einmal daran,
dass die pazifistische Bewegung den Schiedsgerichtsgedanken allzu
sehr in den Vordergrund gerückt hatte, der nun irrthümlich als das
Allheilmittel betrachtet wurde. Weiter aber auch daran, dass bisher
die Vermittlung immer wieder *missbraucht* worden war, indem einzelne mächtige Staaten, insbesonders das sogenannte europäische Konzert sich berufen gefühlt hatte, unter dem Scheine einer friedlichen
Vermittlung ihren Willen den Streitenden aufzuzwingen, in Wahrheit
also eine Intervention auszuüben, die jedes Rechtstitels entbehrte.
Gerade das aber hatte die Vermittlung in Misskredit gebracht. Freilich hätte man, wenn man im Haag der Vermittlung zu einer grösse-
ren Bedeutung im Staatenleben hätte verhelfen wollen, die Dinge schon
radikal anfassen müssen. Dazu hätte nicht nur gehört, dass man
die Vermittlung obligatorisch gemacht hätte, sondern dass man auch
grundsätzlich in dem Sinne auf eine Entpolitisierung der Vermittlung in dem Sinne bedacht gewesen wäre, dass man ebenso für
diese Aktion wie für das Schiedsgericht eine technische Behörde
geschaffen hätte, die gänzlich unabhängig von der allgemeinen Con-
junctur der europäischen und der Weltpolitik, gestützt auf das Vertrauen der streitenden Teile nach einem sachlichen Ausweg aus
dem betreffenden Staatenkonflikt gesucht hätte. Eine solche sach-
liche Lösung wenigstens dilatorischer Art hätte sich ja auch damals bei
dem Konflikt wegen des Mordes von Serajevo finden lassen, indem z. B.
statt der im Ultimatum geforderten oesterreichisch-ungarischen Uber-
wachungsorgane, nach Serbien eine internationale Commission geschickt
wäre, wie es damals der französische Botschafter Cambon verdienstvoller Weise in Berlin vorgeschlagen hat. Aber weil man weder bis
dahin einen Rechtszwang geschaffen hatte, eine angebotene Vermittlung anzunehmen, und weil die Art, wie die Vermittlung bis dahin
durchweg geübt worden war, meistens eine Intervention bedeutet hatten, konnten die Zentralmächte die von London aus angebotene Vermittlung der vier europäischen Grossmächte, England, Frankreich, Italien
und Deutschland, mit der Begründung ablehnen, dass man Oesterreich-
Ungarn nicht zumuthen könne, dass es wie ein Balkanstaat seinen

Konflikt mit Serbien durch die Grossmächte regeln lassen solle. Man setzte kein Vertrauen in die Unparteilichkeit dieser Instanz, und der deutsche Reichskanzler von Bethmann-Hollweg erklärte, die vorgeschlagene Konferenz würde wie ein Areopag aussehen, der aus zwei Parteien, jede in Folge der herrschenden Bündnissysteme aus zwei Mächten gebildet, bestehen würde, und jeder dieser Gruppen würde dann mit der Aufgabe betraut, über die andere zu richten. Politisch betrachtet hat sich diese Stellungnahme ja als einer der furchtbarsten Fehler erwiesen, der in der Weltgeschichte jemals von einem Staatsmann gemacht worden ist. Aber hier kommt es für uns nur darauf an, festzustellen, welche Lücke im Völkerrecht damals vorhanden war, die eine solche Antwort rechtlich möglich machte und auch psychologisch erklären kann, damit wir aus den Ereignissen der Vergangenheit die nötigen Konsequenzen für die Zukunft ziehen.

Für denjenigen, der aus eigener Beschäftigung mit den Dingen den Stand der völkerrechtlichen Entwicklungstendenzen um das Jahr 1914 kennt, liegt die furchtbarste Tragik des Weltkrieges darin, dass jene Lücken des völkerrechtlichen Systems von dem Vorkämpfern der Idee einer internationalen Rechtsordnung damals schon längst begriffen waren, dass auch über die Art wie sie auszufüllen wären, sich schon längst eine mehr oder weniger einhellige Meinung gebildet hatte, und dass es vielleicht nur noch einer Arbeit von etlichen Jahren bedurft hätte um die Ausfüllung dieser Lücken durchzusetzen. Ich muss es mir leider aus Zeitmangel versagen im Rahmen dieses Vortrags im Einzelnen darzulegen, welche Anregungen nach den Haager Konferenzen, aber vor dem Weltkrieg, schon Völkerrechtsgelehrte vom Range meines unvergesslichen Lehrers Ludwig von Bar oder des damaligen Professor Politis in Paris, und Pazifisten von der Bedeutung des Schweizers Gobat und des Dänen Bajer für den Ausbau den Vermittlung gegeben haben. Auf den Inhalt der berühmten Bryan-Verträge werde ich später noch kurz zu sprechen kommen. An dieser Stelle muss ich nur darlegen wie intensiv sich insbesondere grade unsere Interparlamentarische Union damals schon mit diesem Gedankenkreis des Ausbaus der Vermittlung beschäftigt hat. Schon 1906 in London hat sich unsere Organisation — und zwar grade auf Anregung von Bryan hin, dafür ausgesprochen, dass jede Staatenstreitigkeit zunächst einer internationalen Prüfungskommission oder der Vermittlung einer oder mehrerer freundlich gesinnter Mächte unterbreitet werden solle, wie es zunächst in einem nicht ratifizierten Vertrag zwischen England und den Vereinigten Staaten von 1897 vorgesehen war. Es ist das sicherlich ein Ruhmesblatt in der Geschichte der Interparlamentarischen Union, dass sie seit 1906 für den obligatorischen Schlichtungsversuch aller Staatenkonflikte eingetreten ist. Die Interparlamentarier haben dann fortlaufend weiter dieses Problem zu fördern gesucht und sind dabei sehr bald zu der Erkenntnis gekommen, dass wenn man die Vermittlung bei Staatenkonflikten obligatorisch machen wolle, man auch eine entsprechende Organisation schaffen müsse. Das besondere Verdienst, diese Frage in den Vordergrund gerückt zu haben gebührt der russischen Gruppe der Union und ihrem Präsidenten Efremoff, der im Jahre 1911 in Genf über die Organisation der internationalen Vermittlung einen ausgezeichneten Bericht erstattet hat. Efremoff schildert darin, wie der Missbrauch der Vermittlung zu Zwecken der Intervention das Institut in Misskredit gebracht hat. Er erkennt die Notwendigkeit an, der Vermittlung den spezifisch staatlichen Charakter zu nehmen. Er will sie entpolitisieren und darum ein Spezialkolleg von Vermittlern einsetzen. Auf den von Efremoff namens der russischen Gruppe gestellten Antrag wurde damals in Genf 1911 nicht nur, wie auch schon 1908 in Berlin, die zuerst 1906 in London gefasste theoretische Erklärung zu Gunsten des Prinzips der obligatorischen Vermittlung wiederholt, sondern es wurde auch einstimmig beschlossen, eine besondere Studienkommission einzusetzen, die sich mit dem Problem der Organisation der Vermittlung beschäftigen solle, damit man wenn möglich der dritten Haager Friedenskonferenz ein ausgearbeitetes Projekt überreichen könne. Diese Studienkommission war schon dreimal zusammengetreten, zuletzt am 17 April 1914 im Haag und hatte an der Hand eines detaillierten Projektes von Efremoff über die einschlägigen Probleme beraten. Für die Stockholmer Plenarkonferenz von 1914 sollte Efremoff noch eine Denkschrift ausarbeiten. zu der die Studienkommission vorher Stellung nehmen wollte. Sie wissen warum diese Stockholmer Konferenz niemals zu stande gekommen ist.

Die Wahrheit und die Erkenntnis der Notwendigkeit war also schon damals auf dem Marsche und die Aussicht dass sie ihr Ziel erreichte, schien um so grösser, als damals schon erfolgreich in der Praxis des Staatenlebens der Weg des Individualvertrages beschritten worden war, um zur obligatorischen Vermittlung zu kommen und die Vermittlung zu organisieren. Unter Wilsons erster Präsidentschaft war Bryan Staatssekretär des Auswärtigen geworden, und damit war dieser grosse amerikanische Pazifist in der glücklichen Lage, seine Ideen unmittelbar ausführen zu können. Das Prinzip der von ihm vorgeschlagenen Individualverträge, nach denen die Vereinigten Staaten mit allen Staaten Vereinbarungen treffen wollten, nach denen jeder Streitfall zunächst durch eine im Voraus bestellte Kommission auf die Möglichkeit einer friedlichen Lösung hin untersucht werden sollte, ist von der letzten Plenarversamlung der Interparlamentarier vor dem Weltkrieg im September 1913 im Haag allen Regierungen zur Annahme empfohlen worden, und im Juli 1914 unmittelbar vor Ausbruch des Weltkrieges hatten schon 34 Staaten Bryans Vorschlag im Prinzip genehmigt.

Vielleicht werden Sie fragen, ob alle diese Dinge heute noch mehr wie ein historisches Interesse haben. Diese Frage möchte ich allerdings bedingungslos bejahen. Freilich hat Art. 12 des Statuts des Völkerbundes alle Streitigkeiten unterschiedslos zunächst einem friedlichen Verfahren unterworfen. Das ist ein ungeheurer Fortschritt des Völkerrechts, der grösste seit den Tagen, in denen Hugo Grotius diese Materie zum Range einer besonderen juristischen Disciplin und eines wissenschaftlichen Systems von Rechtssätzen erhob. Wir haben damit ein Obligatorium auch für die politischen Konflikte. Aber wenn die nicht gerichtsfähigen Streitigkeiten in Zukunft durch das Statut des Völkerbundes dem Rate zur Prüfung und Begutachtung überwiesen werden, so vermag uns diese Organisation der Vermittlung nicht zu befriedigen, und darum muss die Interparlamentarische Union mit ihrer Arbeit für den Ausbau der Vermittlung in gewissem Sinne doch wieder da einsetzen, wo diese Arbeit durch die Ereignisse des Weltkrieges stecken geblieben war.

Die einstimmige Meinung von Völkerrechtsgelehrten, Pazifisten und Interparlamentarier vor dem Weltkrieg war dahin gelaufen, dass man die Vermittlung entpolitisieren und entstaatlichen, dass man für ein unparteiisches Kollegium Sorge tragen müsse, das sich des unbedingten Vertrauens der streitenden Mächte erfreue, damit nicht die Vermittlung sich auswickle zu einer Intervention. Indem der Völkerbund die Vermittlung in die Hände des Conseil gelegt hat, hat er das entgegengesetzte Princip gesetzlich verankert. Der Conseil, in dem die Grossmächte ihren ständigen Sitz haben, erscheint als eine politische Behörde, die in höchst geschickter Weise das europäische Konzert als eine bis dahin bloss zeitweilige und rein faktische Erscheinung verfassungsgemäss im Völkerrecht stabilisiert, wobei freilich den mittleren und kleineren Staaten die Konzession gemacht ist, dass auch sie vier Vertreter in diese Behörde hineinwählen dürfen. Das Ganze ist eine rein diplomatische Instanz, es sind keinerlei Garantien dafür gegeben, dass die Vertreter der Mächte innerhalb des Conseil in gesicherter Unabhängigkeit bei ihrer Vermittlungstätigkeit zu derjenigen Lösung kommen, die ihnen nach der Natur der Dinge als die richtige erscheint, sondern es ist in hohem Masse zu befürchten, dass die allgemeine politische Conjunktur die Tätigkeit des Conseil beeinflusst, dass die gefährlichen imperialistischen Tendenzen einzelner Grosser, dass die alten staatlichen Rivalitäten und Rankünen hier fortleben, kurz dass hier der Geist der Solidarität und der Gerechtigkeit, den wir für eine internationale Vermittlungsbehörde brauchen, nicht zum genügenden Ausdruck kommt.

Erkennen wir einmal, dass der Conseil für die Durchführung der Vermittlung keine geeignete Instanz ist, so kann es uns auch nicht beruhigen, dass er die Möglichkeit besitzt, von sich aus den Streitfall der Versammlung zu überweisen und dass jede der Parteien diesen Antrag stellen kann. Denn die heute schon aus je 3 Vertretern von 48 Staaten bestehende Bundesversammlung dürfte schon aus äusseren Gründen ein denkbar ungeeignetes Forum sein. Es bleibt also nichts anderes übrig, wie innerhalb des Rahmens des Völkerbundes einen neuen Apparat zu schaffen. An Vorschlägen dafür hat es schon bei der Entstehung des heutigen Völkerbundes nicht gefehlt. Für uns kommen dabei aber nur diejenigen in Betracht, die von dem Bedürfnis ausgehen, die Vermittlung zu *entpolitisieren*, denn wie Politis schon 1910 dargelegt hat, muss genau so wie die Schiedsgerichtsbarkeit von den Souveränen auf technische Richter überging, auch die Vermittlung ihr politisches Kleid ablegen und auf berufsmässige Vermittler übergehen um ein wahres Friedensinstrument zu werden. Stellt man diese Forderungen an die Spitze, so bleibt zunächst nur die Frage offen, ob man einen *zentralen Vermittlungsrat* schaffen will, oder ständige Vermittlungskommissionen zwischen je 2 Staaten. Das letztere System ist das des Völkerbundsentwurfs der nordischen Staaten. Er bedeutet nichts anderes wie eine Erhebung der berühmten Bryan-Verträge zum Mondialabkommen. Von den Verdiensten die sich Bryan schon 1906 auf der interparlamentarischen Konferenz in London um den Ausbau der internationalen Vermittlung erworben hat, wie von dem Inhalt dieser Verträge, ist früher schon gesprochen worden. Die Tendenz dieses nordischen Entwurfs kehrt dann wieder in den Abänderungsanträgen, die verdienstvoller Weise Norwegen und Schweden im Juli 1919 im Rahmen des Völkerbundes für dessen Verfassung gestellt haben. Beide Staaten haben übereinstimmend gefordert, dass jeder Staat verpflichet werden solle für je 3 Jahre im voraus eine fünfgliedrige Kommission zu vereinbaren, die bei Konflikten zwischen ihm und einem bestimmt anderen Staate tätig werden soll. Die Vorschläge beider Staaten unterscheiden sich dann wieder unter sich dadurch, dass nach dem norwegischen Gedanken die Kommission sowohl als Schiedsgerichts- wie als Vermittlungsrat tätig werden soll, während Schweden diese

Kommission nur für die nicht gerichtsfähigen Streitigkeiten geschaffen sehen möchte. Dänemark hat sich prinzipiell für diese Tendenzen erklärt, ohne sich offiziel diesen Vorschlägen anzuschliessen. Wenn ich mir hier erlauben darf, kritisch zu diesen Anträgen Stellung zu nehmen, so erscheint mir zunächst der schwedische Vorschlag vor dem norwegischen den Vorzug zu verdienen. Man thut gut die gerichtsfähigen und die nicht gerichtsfähigen Streitigkeiten möglichst auseinander zu halten. Wenn auch die Letzteren oft einen juristischen Einschlag haben, sodass es sich empfehlen, auch in einer internationalen Verständigungskommission das juristische Element nicht völlig auszuschalten, so bedürfen doch die *nicht* gerichtsfähigen Streitigkeiten grundsätzlich einer anderen Behandlung wie eigentliche Rechtsstreitigkeiten und die Forderung der Entpolitisierung dieser Streitigkeiten darf nicht so verstanden werden, als sollten sie nicht nach politischen Gesichtspunkten geschlichtet werden. Es müssen nur die politischen Momente sein, die in der Natur der Dinge liegen, nicht solche die von aussen durch die politische Stellung der Kommissionsmitglieder hineingetragen werden. Der schwedische und der norwegische Vorschlag stimmen im übrigen darin überein, dass, wenn es der Verständigungskommission nicht gelingen sollte den Streitfall zu schlichten, der Conseil dafür zuständig sein soll. Beide Vorschläge sind von der Kommission für Verfassungsänderungen, die der Völkerbund eingesetzt hatte, zurückgewiesen worden. Diese Kommission nimmt darauf Bezug, dass schon bei der Abfassung des Statuts ein solcher Antrag verhandelt sei, dass weiter heute schon der Conseil, wenn es ihm zweckmässig erscheine, eine besondere Vermittlungskommission für jeden Streitfall einsetzen könne, dass er ferner bei dem verschiedenartigen Inhalt der Staatenkonflikte unpraktisch erscheine, im voraus Verständigungskommissionen einzusetzen, deren Mitglieder nachher doch vielleicht nicht die nötige Sachkunde haben würden, dass der Conseil damit seine Verantwortlichkeit preisgeben, dass solche internationale Kommissionen nicht die nötige Autorität haben würden, dass das Projekt der nordischen Staaten ein altes System mit einem neuen Mechanismus in Verbindung bringen wolle, und dass es dann notwendig sein würde, eine besondere Behörde einzusetzen für die Registrierung all' der Kommissionen, deren Netz die Welt umspannen würde.

Was diese Bedenken anbetrifft, so wird man m. E. zweckmässig dabei die technischen und die politischen unterscheiden müssen. Den politischen vermag ich keinerlei Bedeutung beizulegen. Insbesondere ist nicht einzusehen, warum eine im Namen des Völkerbundes fungierende internationale Vermittlungskommission nicht genau so viel Autorität haben sollte, wie der Conseil selbst, falls nur der Conseil den ehrlichen Willen hat, selbst die Autorität seiner Behörde zu achten. Dagegen scheinen mir die technischen Bedenken nicht sämtlich ganz von der Hand zu weisen zu sein. Wenn man die Bryanverträge zu einem Mondialabkommen erheben will, erscheint es dann nicht inkonsequent, sich mit unparteiischen Verständigungskommissionen zu begnügen, die nur für je 2 Staaten fungieren sollen ? Liegt es dann nicht in der Natur der Dinge das mondiale Prinzip auch für die Vermittlungsbehörde zur Durchführung zu bringen derart, dass man eine Behörde in das Leben ruft, die einen mondialen Charakter hat ? Und wenn weiter die Vermittlung bestimmt ist, dem Schicksal der Schiedsgerichtsbarkeit zu folgen, sodass auch sie auf eine technische Behörde übergeht, warum dann zwar für die Schiedsgerichtsbarkeit einen internationalen Gerichts- hof einsetzen, für die Vermittlung aber stehen bleiben bei einem System von Spezialkommissionen für je 2 Staaten. Gegen die Forderung nach der Weltbehörde, die wir hier erheben, kann man auch nicht einwenden, dass gerade die Behandlung der politischen Konflikte seitens der Parteien ein besonderes Mass an Vertrauen voraussetze, das nur vorhanden sei, wenn die streitenden Parteien selbst den weitest gehen- den Einfluss auf die Zusammensetzung des fraglichen Organs hätten, denn das Beispiel des Haager Schiedshofs beweist, dass beide Prin- zipien, einerseits die Forderung nach der Weltbehörde, andererseits der Einfluss der Parteien auf die Bildung des zuständigen Organs sehr wohl mit einander zu verbinden ist. So gelangt man also grundsätz- lich zur Forderung eines *zentralen* Vermittlungsrates, aus dem für den Einzelfall die Parteien der Mitglieder der Vermittlungskommis- sion zu wählen haben. Auf diese Weise kann man zwei Forde- rungen miteinander verbinden, einmal sind die sämtlichen Mitglieder des Weltorgans nicht die Vertreter ihrer Staaten, sondern wie es bisher schon die Richter des Haager Schiedshofs waren, unparteiische Richter in Diensten der Völkergemeinschaft, andererseits werden doch zu der konkreten Funktion nur solche Persönlichkeiten zugezogen, die auch tatsächlich das Vertrauen der Parteien geniessen. Da diese Weltbehörde dem zukünftigen Weltgericht mit gleicher Bedeutung zur Seite gestellt werden soll, wird es zweckmässig sein, wenn ihre Mitglieder in der glei- chen Weise durch ein Zusammenwirken von Bundesrat und Bundesver- sammlung gewählt werden wie die Mitglieder des Weltgerichtshofes. Ob man dann die Spezialkommission, die die Parteien für jeden Streitfall zu ernennen haben aus 5 Mitgliedern zusammensetzen soll, wie es Lammasch vorgeschlagen, oder aus 7 wie in der von mir vorgelegten

Resolution ist eine Frage von untergeordneter Bedeutung. Wichtig ist es nur Vorsorge zu treffen, dass einerseits keine Partei mehr wie einen Staatsangehörigen in der Kommission hat, andererseits aber auch dort durch einen Staatsgenossen vertreten ist. Ist also unter den Mitgliedern der Weltbehörde ein solcher nicht zu finden, dann muss er ad hoc eintreten, und zwar würden dann zweckmässig diejenigen Männer berufen sein, diese Lücke auszufüllen, die von dem betreffenden Staat seiner Zeit für diejenige Liste vorgeschlagen waren, aus der Bundesrat und Bundesversammlung die Weltbehörde durch Wahl zusammengesetzt haben. Dem Conseil kann man ohne Bedenken das Recht einräumen, den Vorsitzenden der Kommission zu ernennen, falls die 6 von den Parteien aus der Weltbehörde berufenen Mitglieder über ihn nicht einig werden können, wie der Conseil selbstverständlich auch das Recht haben muss, inzwischen auf Grund der Art. 11 des Statuts des Völkerbundes alle Massregeln zu ergreifen, die zur wirksamen Erhaltung des Völkerfriedens notwendig sind. Ob es erforderlich ist, nachdem einmal der Conseil in der Welt vorhanden ist, wie es der Entwurf von Lammasch, Loder und der Schweiz vorsah, noch eine besondere ständige Delegation des zentralen Vermittlungsrates einzusetsen, erscheint mir zweifelhaft.

Ein Punkt von besonderer Tragweite ist dann die Wirkung des Gutachtens. Hier scheint es mir zweckmässig zunächst festzuhalten an dem Unterschied, den das Statut des Völkerbundes zwischen einem einstimmigen und einem Mehrheitsvotum des Conseil gemacht hat. Für den Fall der Einstimmigkeit, wobei freilich die Stimmen derjenigen m. E. als vollwichtig mitgezählt werden müssen, die Staatsgenossen der streitenden Mächte sind, kann m. E. in Bezug auf die Rechtswirkung über die Normen des Völkerbundsstatuts hinausgehen, in dem man eine Verpflichtung für Parteien statuiert, sich der Meinung der Verständigungskommission bedigunsslos zu unterwerfen, wie einem Schiedsspruch, damit würde dann natürlich auch eine Verpflichtung des Conseil Hand in Hand gehen, eventuell von sich aus Vorsorge zu treffen, dass der Schlichtungsspruch zur Ausführung gelange. Ist ein einheitliches Votum nicht zu erzielen gewesen, und wollen die Parteien sich nicht freiwillig dem Mehrheitsbeschluss fügen, so muss das ganze Schlichtungsverfahren an eine höhere Instanz gehen. Die gegebene höhere Instanz müsste eigentlich das Plenum des Zentralverständigungsrates bilden. Das ist in der Tat in einer ganzen Anzahl von Völkerbundsentwürfen, so von dem Amerikaner Marburg, dem Engländer Dickinson, wie dem Italiener Anzilotti so vorgesehen. Indessen, so wie die Dinge heute liegen, scheint mir mehr Aussicht

zu bestehen, den Völkerbund für das Projekt zu gewinnen, wenn man
dem Conseil die Rolle der zweiten Instanz überlässt. In einer solchen
Regelung der Dinge, die auch den Anträgen der nordischen Staaten
entsprechen würde, läge einmal ein Antrieb für die Spezialkommission
zu einem einstimmigen Votum zu gelangen, damit das Verfahren
nicht an den Conseil als eine politische Behörde übergleitet. Die
gleiche Erwägung könnte auch die Parteien bestimmen sich freiwillig
einem Mehrheitsvotum zu fügen. Würde aber die Angelegenheit dann
doch an den Conseil kommen, so würde dieser moralisch in hohem
Masse gebunden sein durch die tatsächlichen Feststellungen und die
Meinungen, die innerhalb der unparteiischen durch das Vertrauen der
streitenden Mächte eingesetzten Spezialkommission gewonnen und pu-
bliziert worden sind. Vom Standpunkt des Rechtsgedankens aus
wären also viel bessere Garantien für die Tätigkeit des Conseil gegeben, als wir sie heute besitzen. Unter diesen Umständen scheint mir
dann aber auch kein Bedenken mehr zu bestehen, dem Votum des
Conseil die gleiche Verbindlichkeit beizulegen wie einem Schiedsspruch.
Damit wäre nach dem Vorbild des schweizerischen auch für den Fall
der nicht gerichtsfähigen Streitigkeiten der Krieg als Rechtsinstitut
völlig ausgeschaltet.

Ob Sie, meine verehrten Herren, diese oder andere Wege beschrei-
ten wollen, in diesem letzten Ziele wird die Interparlamentarische
Union einig sein. Wir haben in diesem Sommer in der ganzen Welt
das Andenken Dantes gefeiert. Dieser grosse Denker ist bekanntlich
auch ein grosser Pazifist gewesen. In seiner *Monarchia* hat er die
Mahnung ausgesprochen, niemals zu vergessen, dass Jesus Christus
seine Jünger grüsste mit den Worten : « Friede sei mit Euch ! »

Ordre du jour No 8 a.

Organisation des procédés d'enquête
et de conciliation devant la Société des Nations

RAPPORT

DE

M. Le Professeur Dr SCHUECKING

Pendant les journées critiques au cours desquelles eurent lieu les négociations diplomatiques qui précédèrent immédiatement la guerre, les lacunes du système du droit des gens se manifestèrent d'une manière terrible. Bien que le conflit entre l'Autriche-Hongrie et la Serbie menaçât dès le début de dégénérer en une guerre mondiale, les propositions qui furent faites de recourir à l'arbitrage et à la médiation échouèrent. Ceux même parmi nous qui n'ont pas adopté le point de vue de M. Lloyd George, qui prétend que tous les hommes d'Etat ont, pour ainsi dire, « trébuché » dans la guerre, mais qui croient qu'une volonté consciente et méthodique avait préparé la guerre mondiale, conviendront que l'ancienne structure du droit des gens rendait très facile aux instigateurs d'une semblable volonté d'exécuter leurs desseins. Ni l'arbitrage ni la médiation n'étaient obligatoires. Il ne faut pas exagérer d'une manière générale les possibilités de l'arbitrage. Le Pacte de la Société des Nations lui-même fait encore, par principe, une différence entre les conflits qui sont ou ne sont pas susceptibles d'une solution judiciaire. Il y a dans la vie des états des différends au sujet desquels le droit des gens actuel n'a pas encore trouvé de normes, et qui, par conséquent, ne pouvant être tranchés d'une manière satisfaisante par aucun tribunal, empoisonnent les relations des états par leur continuité. Ce sont, avant tout, les conflits d'intérêts. M. Taft en a donné pour exemple l'émigration japonaise en Californie. En se basant sur sa souveraineté, chaque Etat peut, de nos jours, se fermer complètement à l'immigration des ouvriers d'un autre Etat, même si ce dernier souffre de surpopulation. Il en est de même de la souveraineté économique de chaque Etat, qui peut conduire à une politique douanière fort nuisible aux états voisins. Je n'ai qu'à citer, en exemple, l'attitude de l'Autriche-Hongrie à l'égard de la Serbie.

Il se produit, en outre, entre les états, de nombreux différends qui, tout en ayant par certains côtés un caractère juridique, sont néanmoins considérés par les parties adverses comme ayant un caractère politique à ce point prépondérant, que des états, grands et puissants, ne sont pas encore aujourd'hui disposés à les remettre également à la sentence toujours incertaine d'un juge. Le conflit qui éclata entre l'Autriche-Hongrie et la Serbie, à l'occasion de l'assassinat de Serajevo, en est le meilleur exemple. Ce fut là, tout d'abord, une question de droit, à savoir, quelles indemnités ou satisfactions l'Autriche-Hongrie était en droit d'exiger de la Serbie. Mais sous cette question de droit se cachait un problème politique d'une importance mondiale : la lutte entre le droit historique de la maison de Habsbourg de veiller à l'intégrité de la Monarchie, que l'on croyait menacée par la Serbie et, d'autre part, le droit naturel des Yougoslaves au rétablissement de leur unité nationale. Si le droit d'auto-disposition des peuples était devenu un principe reconnu du droit des gens au lieu de n'être qu'un postulat politique, et si le Pacte de la Société des Nations devait un jour fixer les normes de son application pratique, à l'instar de celles qui ont été adoptées pour la réorganisation du Reich dans la constitution allemande de Weimar, on pourrait alors imaginer la possibilité d'établir à l'avenir un tribunal d'arbitrage qui jugerait les différends de cette espèce. L'un des états en cause serait ainsi contraint à autoriser un plébiscite à l'intérieur de ses frontières au profit d'un Etat voisin. Une adjudication serait faite ensuite par le tribunal d'arbitrage sur la base du plébiscite. Mais, malheureusement, nous ne sommes pas encore assez avancés de nos jours, pour que ce procédé ait une sûre base juridique. En 1914, surtout, les normes manquaient, grâce auxquelles un conflit entre le droit historique et le droit naturel eût pu être tranché pacifiquement. De semblables conflits se reproduiront encore à l'avenir de temps à autre entre les états, et il est à regretter que les traités de paix eux-mêmes leur offrent souvent matière. C'est dans le règlement pacifique de ces conflits, dont la nature ne se prête pas à un jugement, que gît le problème central de cette grande question : Comment sauvegarderons-nous la paix ?

En 1914, je le répète, non seulement l'arbitrage, mais encore la médiation ont fait défaut. Le droit en vigueur n'imposait aux états ni d'accepter une médiation, ni de s'en remettre à un tribunal d'arbitrage. Et, surtout, il n'existait, en vue de la médiation, aucune organisation établie, de même qu'il n'y avait aucun tribunal qui eût pu offrir les

mêmes garanties d'impartialité qu'un tribunal d'arbitrage. La médiation se trouvait encore, en 1914, dans le même état embryonnaire
qu'avant les Conférences de La Haye. Elle consistait, avant comme après
ces Conférences, dans la possibilité offerte à une tierce partie de faire
à deux parties en conflit une proposition acceptable, afin de régler
pacifiquement leur différend. On avait fait beaucoup trop peu dans les
Conférences de La Haye pour rétablir cette institution. Le mouvement
pacifiste en était responsable, car il avait, dans une trop grande mesure,
mis au premier rang de ses préoccupations l'idée de l'arbitrage, considéré à tort comme un remède universel. Mais la plus
grave responsabilité incombait surtout à certaines grandes puissances
et, plus particulièrement, au « Concert européen » qui faisait un *mauvais usage* de la médiation. Ces puissances, sous l'aspect d'une médiation pacifique, se considéraient comme appelées à imposer leurs vo-
lontés aux parties en litige et, ainsi, à exercer une intervention n'ayant
en réalité aucun caractère juridique. C'est précisément ce qui avait dis-
crédité la médiation. Il est vrai que, si les Conférences de La Haye avaient
voulu donner à la médiation une importance plus grande dans la vie des
états, elles auraient dû employer des moyens radicaux. Elles n'auraient
pas dû se contenter de rendre la médiation obligatoire, mais elles auraient dû songer encore à la rendre apolitique. Pour atteindre ce but, il
aurait fallu créer, comme pour le Tribunal d'arbitrage, une autorité
technique qui, entièrement indépendante des conjonctures générales
de la politique européenne et mondiale, et appuyée sur la confiance
des parties en cause, aurait cherché une issue aux différends internationaux. Le conflit occasionné par le meurtre de Serajevo se serait
prêté à une solution objective de ce genre, ou, du moins, à une solution dilatoire. Par exemple, au lieu des organes de surveillance exigés
par l'ultimatum austro-hongrois, on aurait pu envoyer en Serbie une
commission internationale, ainsi que l'ambassadeur de France, M. Cambon, eut alors le mérite de le proposer à Berlin. Mais, jusqu'alors,
aucune obligation juridique d'accepter une médiation n'avait été
imposée et, de plus, la manière dont la médiation avait été exercée
auparavant avait été, dans la plupart des cas, synonyme d'intervention.
Les puissances centrales purent donc décliner la médiation offerte
de Londres par les quatre grandes puissances européennes, l'Angleterre, la France, l'Italie et l'Allemagne, sous le prétexte que l'on ne
pouvait pas demander à l'Autriche-Hongrie de laisser régler son conflit avec la Serbie par les grandes puissances, comme si elle avait été
un Etat balkanique. On n'eut aucune confiance en l'impartialité de
cette instance et le chancelier de l'Empire allemand, Bethmann-

Hollweg, déclara que la conférence proposée aurait l'air d'un areopage formé par deux parties, comptant chacune deux puissances, par suite du système d'alliances régnant, chacun de ces groupes ayant la mission de juger l'autre. Considérée au point de vue politique, cette attitude apparait comme une des plus térribles fautes que l'histoire du monde ait jamais enregistrée à la charge d'un homme d'Etat. Mais il ne s'agit ici pour nous que de constater la lacune qui existait alors dans le droit international, et qui rendit une telle réponse juridiquement possible et aussi psychologiquement compréhensible. Ainsi, nous pourrons tirer des événements du passé les conséquences nécessaires pour l'avenir.

Ces lacunes du système du droit des gens avaient été depuis longtemps comprises par les champions d'une organisation juridique internationale ; la façon dont elles devaient être comblées était aussi plus ou moins unanimement reconnue ; peut-être que le travail de quelques années encore aurait suffi à cette tâche ; c'est en cela que gît le tragique de la guerre mondiale pour celui qui sait, de par sa propre expérience, jusqu'à quel point les tendances du droit international avaient évolué vers l'année 1914. Le manque de temps m'oblige malheureusement à renoncer à vous citer dans cet exposé les propositions tendant au développement de la médiation, qui furent faites après les Conférences de La Haye et avant la déclaration de guerre par des savants en droit international de la valeur de mon inoubliable maître, Ludwig von Bar, ou de M. Politis, alors professeur à Paris, et par des pacifistes éminents tels le Suisse Gobat ou le Danois Bajer. Je reviendrai brièvement sur les célèbres traités Bryan. Je ne dois ici que constater seulement le zèle avec lequel notre Union interparlementaire s'était préoccupée dès cette époque du développement de la médiation. A Londres, en 1906 déjà, notre organisation — précisément grâce à l'initiative de Bryan — s'était déclarée en faveur, soit de l'examen préalable de chaque conflit d'Etat à Etat par une commission internationale, soit de la médiation d'une ou plusieurs puissances amies, ainsi que le prévoyait, en 1897, un traité entre les Etats-Unis et l'Angleterre, traité qui, d'ailleurs, ne fut pas ratifié. En prenant, dès 1906, la défense de la tentative obligatoire de règlement pour tous les conflits internationaux, l'Union interparlementaire a écrit une page glorieuse de son histoire. Les interparlementaires ont, depuis lors, toujours cherché à activer la solution de ce problème et en sont bientôt arrivés à conclure que, si l'on veut rendre la médiation obligatoire dans les conflits d'Etat à Etat, il faut aussi créer une organisation *ad hoc*. Le mérite d'avoir mis cette question au premier plan revient au Groupe russe de l'Union et à son président, M. Efremoff, qui, à Genève, en 1911, présenta un rapport remarquable sur l'organisation de la médiation internationale. Dans cette étude, M. Efremoff exposait comment l'abus de la médiation, utilisée en vue d'une intervention, avait jeté le discrédit sur cette institution. Il reconnaissait la nécessité d'enlever à la médiation son caractère spécifiquement étatique ; il voulait la rendre apolitique et, dans ce but, établir un collège spécial de médiateurs. Sur la proposition déposée par M. Efremoff au nom du Groupe russe, la déclaration théorique, faite, en 1906, à Londres en faveur du principe de la médiation obligatoire, ne fut pas seulement renouvelée en 1911 à Genève, comme en 1908 déjà à Berlin, mais encore la Conférence décida à l'unanimité de constituer une commission spéciale d'études qui examinerait le problème de l'organisation de la médiation, afin de pouvoir soumettre un projet complet, si possible à la troisième Conférence de la Paix à La Haye. Cette commission d'études se réunit à trois reprises et, pour la dernière fois, le 17 avril 1914, à La Haye, où elle discuta les problèmes en question, en prenant pour base un projet détaillé de M. Efremoff. Ce dernier devait encore présenter pour la Conférence plénière de Stockholm en 1914, un mémoire au sujet duquel la commission devait se prononcer au préalable. Vous savez pourquoi cette Conférence de Stockholm n'a jamais eu lieu.

La nécessité était donc reconnue à cette époque et, déjà, la vérité était en marche. L'espoir de la voir arriver au but, c'est-à-dire à la médiation obligatoire et à l'organisation de la médiation, était d'autant plus grand que l'on s'était déjà engagé avec succès dans la voie des traités particuliers. Sous la première présidence de Wilson, M. Bryan était devenu secrétaire d'Etat pour les Affaires Etrangères. Ce grand pacifiste américain était donc dans l'heureuse situation de pouvoir mettre directement en pratique ses idées. Se basant sur le principe des traités particuliers, il proposa aux Etats-Unis de conclure, avec tous les états, des conventions tendant à l'examen préalable de chaque cas litigieux par une commission, établie d'avance, et qui rechercherait les conditions d'une solution pacifique. Ce système fut recommandé à tous les gouvernements par la dernière assemblée plénière de l'Union interparlementaire qui précéda la guerre mondiale, en septembre 1913, à La Haye. En juillet 1914, immédiatement avant que la guerre éclatât, 34 Etats avaient déjà adopté, en principe, la proposition de M. Bryan.

Peut-être me demanderez-vous si toutes ces choses ont aujourd'hui plus qu'un intérêt historique. A cette question, je donnerai sans réticences une réponse affirmative. Il est vrai que l'art. 12 du Pacte de la Société des Nations a soumis, en premier lieu, tous les conflits sans distinction, à une procédure pacifique. La norme obligatoire est ainsi également appliquée aux conflits politiques. C'est là un progrès considérable du droit international, le plus grand depuis les jours où Hugo Grotius éleva ces questions au rang d'une discipline juridique spéciale et d'un système scientifique de principes de droit. Mais, si les conflits non juridiques sont, à l'avenir, renvoyés de par le Pacte de la Société des Nations à l'examen et à l'avis de son Conseil, cette organisation de la médiation ne saura nous donner satisfaction. C'est pourquoi, l'Union interparlementaire devra continuer à travailler au développement de la médiation dans le sens que j'ai indiqué, en reprenant ce travail au point où les événements de la guerre l'ont arrêté.

Avant la guerre, les savants en droit international, les pacifistes et les interparlementaires étaient tous d'avis qu'il fallait s'efforcer de rendre la médiation indépendante de la politique et de l'Etat, et qu'il importait de songer à constituer un collège impartial, jouissant de la confiance sans réserve des puissances en conflit, afin que la médiation ne dégénérât pas en une intervention. La Société des Nations ayant mis la médiation entre les mains du Conseil, c'est le principe contraire qui a obtenu sanction légale. Le Conseil, dans lequel les grandes puissances siègent en permanence, apparaît comme une autorité politique qui, très adroitement, établit d'une façon stable dans le droit international le Concert européen, jusqu'alors phénomène passager et purement de fait, tout en concédant, il est vrai, aux états de moyenne et moindre importance le droit de nommer quatre représentants dans son sein. Le tout est une instance purement diplomatique, ne donnant aucune garantie d'une réelle indépendance des représentants des puissances au sein du Conseil, indépendance les mettant à même de rechercher une solution qu'il leur paraisse équitable et conforme à la nature des choses. Bien au contraire, il y a tout lieu de craindre que les conjonctures politiques n'influencent les décisions du Conseil, que les dangereuses tendances impérialistes de quelques grandes puissances et les vieilles rivalités et rancunes entre états ne survivent, bref, que l'esprit de solidarité et de justice, dont nous avons besoin pour créer une autorité de médiation internationale, ne puisse s'exprimer avec assez de vigueur.

Force nous est de reconnaître que le Conseil n'est pas l'autorité qui peut mener à bien la médiation. Nous ne serons pas non plus tranquillisés à la pensée que le Conseil peut renvoyer le conflit à l'Assemblée et que cette mesure peut être réclamée par chaque partie. L'Assemblée de la Société, en effet, composée dès à présent de trois représentants de chacun des 48 états membres est déjà, pour des raisons externes, le tribunal le moins apte à ces fonctions. Il ne reste donc pas d'autre alternative que la création, dans les cadres de la Société, d'un organe nouveau. Dès la formation de la Société des Nations, des propositions ont été faites dans ce but. Pour nous, seuls ceux-là peuvent être pris en considération, qui partent du besoin de *dégager la médiation de la politique*, car, ainsi que M. Politis l'a exposé en 1910 déjà, la médiation, pour devenir un véritable instrument de paix, devra dépouiller son armature politique et être confiée à des médiateurs de profession, de même que la juridiction arbitrale a passé des souverains aux juges de métier. Si l'on met cette condition en avant comme la première de toutes, il reste à savoir si l'on veut créer un *conseil central de médiation* ou des commissions permanentes de médiation entre les états groupés deux par deux. Ce dernier système est contenu dans le projet de Société des Nations proposé par les Etats du Nord. Les célèbres traités Bryan seraient ainsi promus au rang de pacte mondial. J'ai déjà parlé des services que Bryan rendit en 1906 à la Conférence interparlementaire de Londres, en contribuant à développer la médiation internationale. J'ai parlé aussi de la teneur de ces traités. Quant aux tendances du projet des Etats du Nord, elles se retrouvent dans les propositions d'amendement au Pacte que la Norvège et la Suède eurent le mérite de présenter en juillet 1919, en leur qualité de membres de la Société des Nations. Ces deux pays ont demandé que chaque Etat soit obligé de constituer, tous les trois ans, une commission, composée de cinq membres et destinée à fonctionner dans les conflits qui pourraient naître entre cet Etat et un autre Etat déterminé. Les projets de la Norvège et de la Suède se distinguent cependant l'un de l'autre. Alors que, selon le projet norvégien, la commission devrait faire fonction aussi bien de tribunal d'arbitrage que de conseil de médiation, la Suède voudrait que cette commission ne fût nommée que pour trancher les conflits de caractère non juridique. Le Danemark s'est déclaré en principe en faveur de ces conceptions sans se prononcer officiellement pour aucun des deux projets. S'il m'est permis de les critiquer, je dirai qu'à mon avis le projet suédois mérite d'être préféré au projet norvégien. Il est bon de maintenir séparés, autant que possible, les conflits juridiques des conflits *non* juridiques. Même si ces derniers ont un côté juridique, de sorte qu'il ne serait pas indiqué d'exclure complètement l'élément juridique des commissions internationales de médiation destinées à les trancher, il est néanmoins certain que ces conflits non juridiques doivent, par principe, être traités tout autrement que les conflits de droit. Demander qu'ils soient rendus apolitiques ne veut pas dire que tout point de vue politique doive être éliminé de leur examen. Cependant, il faut que seuls interviennent les facteurs politiques qui sont contenus dans les circonstances même de la cause, et non point ceux qui sont apportés du dehors par la situation politique des membres de la commission. Les projets norvégien et suédois s'accordent d'ailleurs, en prévoyant que si la commission médiatrice ne réussit pas à trancher le différend, le Conseil sera compétent pour le faire. Ces deux projets ont été repoussés par la Commission des amendements au Pacte, nommée par la Société des Nations. Voici les arguments sur lesquels s'est appuyée cette Commission : un projet de ce genre aurait déjà été discuté lors de la rédaction du Pacte ; actuellement, le Conseil, s'il le juge nécessaire, peut nommer, pour chaque cas litigieux, une commission spéciale de médiation ; vu la nature si diverse des conflits entre états, il serait peu pratique de nommer d'avance une commission médiatrice dont les membres n'auraient peut-être pas, après coup, les connaissances spéciales nécessaires ; le Conseil abandonnerait sa responsabilité, tandis que de telles commissions internationales ne posséderaient pas l'autorité nécessaire ; le projet des Etats du Nord tendrait à combiner un vieux système avec un organisme nouveau, et rendrait nécessaire la constitution d'un organe spécial destiné à l'enregistrement de toutes ces commissions dont les filets couvriraient le monde entier.

Il faut distinguer, parmi ces scrupules, ceux qui sont de nature technique et ceux qui sont de nature politique. Je n'attache aucune importance à ces derniers. En particulier, je ne vois pas très bien pourquoi une commission médiatrice internationale. fonctionnant au nom de la Société des Nations, ne pourrait pas avoir autant d'autorité que le Conseil lui-même, pour peu que ce dernier ait la ferme volonté de respecter l'autorité de son organe. En revanche, les scrupules techniques ne me semblent pas de nature à être repoussés sans autre. Si l'on veut élever les traités Bryan au rang de pacte mondial, n'est-il pas inconséquent de se contenter de commissions médiatrices impartiales ne fonctionnant que pour deux états déterminés ? N'est-il pas dans la nature des choses d'appliquer aussi l'idée d'universalité à l'organe de médiation, en créant un organe mondial ? Et si la médiation est destinée à partager le sort des tribunaux d'arbitrages, en étant confiée à un organe technique. pourquoi donc constituer un tribunal international pour l'arbitrage. mais. d'autre part, s'en tenir. pour la médiation. à un système de commissions spéciales pour deux états particuliers seulement ? A la revendication d'une autorité mondiale que nous formulons ici, on ne peut pas non plus objecter que le jugement des conflits politiques présuppose précisément, de la part des parties, une confiance absolue qui ne peut exister que si les deux parties en conflit exercent elles-mêmes une influence aussi grande que possible sur la composition de l'organe arbitral. L'exemple du Tribunal d'arbitrage de La Haye prouve que ces deux conceptions, celle d'un organe mondial et, d'autre part, celle de l'influence des parties sur la composition du tribunal, peuvent très bien se combiner. Ainsi l'on en vient à demander la création d'un conseil *central* de médiation, au sein duquel les parties auraient à choisir, dans chaque cas particulier, les membres de la commission médiatrice. On peut ainsi combiner les deux facteurs ; d'une part, tous les membres de l'organe mondial ne seraient pas les représentants de leurs états respectifs, mais, comme les juges du Tribunal d'arbitrage de La Haye le sont aujourd'hui, des juges au service de la communauté des nations ; d'autre part, seules seraient appelées à fonctionner d'une manière concrète les personnalités qui jouiraient vraiment de la confiance des parties. Comme cet organe mondial doit avoir autant d'autorité que la future Cour de justice internationale, à côté de laquelle il sera placé, il sera indiqué de faire élire ses membres de la même façon, par une collaboration du Conseil de la Société et de l'Assemblée de la Société, comme c'est le cas pour la Cour. La fixation du nombre des membres de la commission que les parties auront à nommer dans chaque cas particulier n'est qu'une question d'une importance secondaire. Lammasch a proposé 5 membres, la résolution que je vous ai soumise en propose 7. Il importe cependant de veiller à ce que, d'une part, aucun Etat partie au conflit n'ait plus d'un ressortissant dans la commission, mais que, d'autre part, il y soit réellement représenté par l'un d'eux. Si donc il n'en possède point parmi les membres de l'organe mondial, il faudra qu'une personnalité soit nommée ad hoc. Les personnalités, dont les noms seront portés sur la liste qui servira en son temps au Conseil et à l'Assemblée de la Société pour former l'organe mondial, seront tout désignées pour cette fonction. On peut accorder sans crainte au Conseil le droit de nommer le président de la commission, si les 6 membres choisis par les parties parmi les membres de l'organe mondial ne peuvent s'entendre au sujet de sa désignation. De même, il est naturel, à teneur de l'art. 11 du Pacte de la Société, que le Conseil ait aussi le droit de prendre toutes les mesures propres à maintenir la paix générale. Du moment que le Conseil a son siège fait dans le monde, il paraît douteux qu'il soit nécessaire de créer une délégation permanente du Conseil central de médiation, ainsi que le proposent les projets de Lammasch, de Loder et de la Suisse.

L'efficacité de la sentence est à considérer ensuite comme une question d'une importance toute spéciale. Il me semble indiqué de s'en tenir tout d'abord à la distinction, que fait le Pacte de la Société des Nations, entre un vote unanime du Conseil ou un vote n'ayant que la majorité des voix. Dans les cas d'unanimité où, évidemment, les voix des membres qui sont ressortissants des états en conflit doivent être comptées au même titre que les autres, l'efficacité de la sentence peut être rendue plus complète que les normes du Pacte ne l'ont établie, en imposant aux parties le devoir de se soumettre sans réserves à l'opinion exprimée par la commission de médiation, ainsi qu'il en est en cas d'arbitrage. Il en résulte que le Conseil a le devoir d'appuyer entièrement la commission et de prendre éventuellement des mesures pour assurer l'exécution du verdict de médiation. Si un vote unanime n'a pu être obtenu et si les parties ne veulent pas se soumettre librement à la décision prise par la majorité, la médiation devra être renvoyée dans son ensemble à une instance supérieure. Cette instance supérieure devrait être formée par l'assemblée plénière du conseil central de médiation ainsi que le prévoient un grand nombre de projets de société des nations, comme, par exemple, le projet de l'Américain Marburg, celui de l'Anglais Dickinson et celui de l'Italien Anzilotti. Cependant, dans la situation actuelle, il me semble qu'il y aurait plus de chances de gagner la Société des Nations à ce projet, en confiant au Conseil la fonction d'instance supérieure. Cette procédure donnerait satisfaction aux projets des Etats du Nord. Elle inciterait aussi la commission spéciale à procéder à un vote unanime, afin que la cause ne soit pas renvoyée au Conseil en tant qu'organe politique. Le même raisonnement pourrait aussi décider les parties à se soumettre volontairement à un vote de la majorité. Si, toutefois, la cause était portée devant le Conseil, celui-ci serait moralement et très fortement lié par les constatations de fait et les considérations exprimées et publiées par la commission impartiale, nommée par les puissances en conflit et jouissant de la confiance de ces derniers. En se plaçant au point de vue du respect du droit, l'activité du Conseil offrirait des garanties plus sûres que celles que nous possédons actuellement. Dans ces conditions, il me semble qu'il n'y a pas à hésiter à accorder à la sentence du Conseil la même force obligatoire qu'à une sentence d'arbitrage. Ainsi, à l'exemple du projet suisse, la guerre serait complètement éliminée, en tant qu'institution de droit, même pour les cas de conflits non juridiques.

Quel que soit la méthode que vous choisissiez, Messieurs, l'Union interparlementaire sera unanime à vouloir atteindre ce but final. Dans le monde entier, nous avons fêté cet été la mémoire du Dante. Vous le savez, ce grand penseur fut aussi un grand pacifiste. Dans sa *Monarchie* il a conjuré les hommes de ne jamais oublier que Jésus-Christ saluait ses disciples de ces paroles : « La paix soit avec vous ».

COMPTE RENDU DES DÉLIBÉRATIONS

des 17, 18 et 19 août 1921.

SÉANCE D'OUVERTURE

Mercredi 17 août, matin

La séance est ouverte à 10 heures dans la salle plénière de la Première Chambre du Parlement (Riksdagshuset), à Stockholm.

Lord Weardale (Grande-Bretagne). — Messieurs, je prends momentanément le siège de la présidence comme président du Conseil interparlementaire, pour vous annoncer que le Conseil a prié notre ami, M. le Baron Adelswärd, de vouloir bien accepter la présidence de cette Conférence.

J'ai donc maintenant l'honneur de proposer au Baron Adelswärd de vouloir bien prendre la présidence de cette réunion. *(Applaudissements)*.

M. le baron Adelswärd (Suède), Président de la Conférence, prend place au fauteuil de la présidence et prononce le discours suivant :

Mesdames, Messieurs et chers Collègues,

En prenant place au siège présidentiel, le premier mot que je tiens à prononcer, c'est de vous remercier du grand honneur que vous m'avez fait en m'appelant à cette tâche. Cet honneur, je le sais bien, ne me revient pas à moi personnellement, c'est de la part du Groupe suédois et de mon pays que je vous exprime mes chaleureux remerciements.

Permettez-moi de vous souhaiter à tous, Mesdames et Messieurs, qui avez bien voulu vous rendre à notre invitation à la XIXᵉ Conférence, une cordiale bienvenue. Je m'adresse spécialement à ceux d'entre vous qui ont dû faire un long trajet pour venir ici et affronter, par conséquent, toutes les difficultés qu'il y a à surmonter, par le temps qui court, sous tant de rapports, pour faire de longs voyages.

Ce n'est pas seulement un honneur, c'est surtout un grand bonheur, une vive joie pour le Groupe suédois de recevoir cette Conférence.

Car, je me permets de vous le rappeler, c'est depuis longtemps que nous vous attendons. Il y a sept ans, nous étions déjà tout prêts à vous recevoir. C'est pour le mois d'août 1914 que la XIXe Conférence était convoquée. Des participants à la Conférence, venus de pays lointains, arrivaient même à Stockholm. La Conférence a été ajournée, et pour cause ! Cet ajournement semble encore plus long, quand on pense à ce qui s'est passé dans le monde depuis ce temps-là.

Nous allions célébrer la fête du quart de siècle qui s'était écoulé depuis la fondation de notre Union. Au lieu d'une fête, nous eûmes le sentiment que tout notre travail avait été vain, que notre œuvre s'écroulait, que toutes nos belles espérances n'étaient que des mirages trompeurs. Les idéals pour lesquels nous luttions semblaient perdus, — l'Union paraissait morte !

Mais ces sentiments de découragement n'ont pas duré longtemps. L'Union n'était pas assez forte pour empêcher la guerre, sa propagande de 25 années n'avait pas suffi à faire entendre raison aux puissants de ce monde. Le droit ne pouvait pas encore prévaloir sur la force. C'est que la révolution des institutions et des coutumes ne peut pas s'effectuer en premier lieu. Elle doit être précédée, pour être efficace, de la révolution des esprits. Et cette révolution des esprits n'était pas et n'est pas encore accomplie.

De ces faits, nous n'avons qu'une conséquence à tirer. C'est celle-ci : que l'Union interparlementaire n'a pas le droit de céder à ce revers, qu'elle a toujours son œuvre à accomplir, qu'elle doit se remettre au travail avec plus d'énergie et plus d'optimisme que jamais.

Beaucoup parmi nous ont eu très tôt cette conviction. Il est évident que les groupes des pays belligérants étaient dans l'impossibilité de prendre une part active aux travaux de l'Union pendant la durée de la guerre. Mais les groupes des pays neutres ne se sont pas laissé décourager. Ils se sont remis à la tâche, et j'espère et je crois que leur effort ne sera pas sans fruits pour la vie internationale de l'avenir. La communication et les réunions entre les groupes neutres ont au moins eu cela de bon, qu'elles ont entretenu la continuité de l'Union et conservé son existence même.

Notre Bureau n'a pas cessé de fonctionner, grâce à l'énergie et à l'intelligence de notre éminent Secrétaire Général, le Dr Lange, à qui nous devons la plus grande reconnaissance.

Mais la guerre, avec tant de maux et de malheurs, ne nous a-t-elle rien apporté de bon ?

Si l'on veut être juste, il faut convenir que la guerre, ou plutôt les traités de paix, discutés sous tant de rapports, ont pourtant créé un nouvel état de choses, qui contient des promesses d'améliorations dans le domaine du droit international. Et il faut constater aussi que ce pas en avant aurait été impossible, si un changement n'avait eu lieu dans l'esprit des hommes. Or, ce changement, est-ce trop dire qu'il s'est produit, au moins en partie, grâce aux travaux et à la propagande de l'Union interparlementaire pendant des dizaines d'années ?

La Société des Nations a été fondée sans que l'Union ait pris une part directe à sa naissance. Ce n'est pas sans amertume que nous devons reconnaître le fait que, par la force des choses, nous étions paralysés, hors de fonction, au moment même où notre contribution aurait été si nécessaire et si utile. D'autres ont parcouru les chemins que nous avions tracés.

Eût-il été possible de créer la Société des Nations sans le travail préalable de l'Union Interparlementaire ? Je le crois à peine.

La fondation de la Société des Nations marque une étape vers la réalisation de nos idées. Mais avec cela nous n'avons pas gagné notre cause, notre mission n'est nullement accomplie.

Gardons-nous bien de nous associer aux voix de ceux qui ne veulent voir dans la Société des Nations que ses défauts. Leurs condamnations sont injustes. En jugeant si impitoyablement, ils oublient la situation dans laquelle la Société fut fondée. le milieu dans lequel elle est condamnée à agir.

Mais, d'un autre côté, il ne serait pas sage, il serait dangereux même de fermer les yeux sur ses imperfections. Personne mieux que nous ne les a observées. Mais personne non plus n'est plus conscient des obstacles immenses qui se dressent devant quiconque veut marcher vite dans la voie du droit international.

Nous voyons bien que la question du désarmement, qui n'a jamais manqué sur notre ordre du jour, est encore bien, bien loin de sa solution. Nous n'ignorons pas que notre vieux mot d'ordre, le droit des minorités, le droit des nationalités, n'est toujours qu'un mot, un principe accepté plus généralement qu'autrefois, il est vrai, accepté en théorie, mais trop souvent méconnu dans la pratique. Et c'est un mot bien dangereux, les événements de ces derniers temps ne le prouvent que trop. Le droit des nationalités était la formule de la paix, il est devenu l'étincelle de la guerre. Cela met en évidence devant nous qu'une grande idée, si noble et si vraie qu'elle soit, peut faire plus de mal que de bien en excitant, comme un cri de guerre, les passions et l'égoïsme des peuples, qui la comprennent comme bon leur semble à un moment donné ou dans un cas spécial. Pour servir aux réalités politiques, les principes du droit international doivent s'inscrire dans les formes de codes ou de traités. Le droit des nationalités, comme le droit des gens, exige des limites nettement déterminées pour ne pas amener l'anarchie au lieu de l'ordre et de la paix.

Je n'insiste pas. Je suis convaincu que nous sommes d'accord sur les conséquences à tirer de la situation actuelle. Il n'y a pas de doute que notre Union n'ait toujours sa raison d'être, son droit à l'existence, qu'elle n'ait même une grande œuvre à réaliser et des devoirs sacrés à remplir. Les événements ont un peu modifié notre but, et il me semble que celui-ci pourrait aujourd'hui se définir ainsi : l'Union doit soutenir la Société des Nations et combattre ceux qui tentent de nuire à son autorité.

Cette Société est comme un enfant nouveau-né et bien faible encore, que nous voulons faire nôtre. Nous voyons en elle, sinon réalisée, du moins rendue possible, la principale de nos idées. Elle a été transportée des régions de l'utopie sur le sol ferme de la réalité. C'est ce que nous avons de mieux, tâchons d'en faire quelque chose de meilleur.

Serrons nos rangs pour accomplir cette noble tâche ! Il est vrai que nos rangs sont un peu clairsemés. Mais rassurons-nous, ce n'est que momentané, ils vont se remplir. Ne reculons pas, même si les difficultés qui se dressent devant nous semblent grandes, et souvenons-nous que si le nombre des membres de l'Union à notre dernière Conférence de 1913 à La Haye était d'environ 3,500, il y a 30 ans nous n'étions qu'une soixantaine !

Laissez-moi considérer comme étant d'un bon augure pour l'avenir de notre Union l'intérêt manifesté pour cette Conférence par les Autorités suédoises, la bienveillance et la générosité avec lesquelles S. M. le Roi et Son Gouvernement, — dont plusieurs membres, notamment M. le Président du Conseil et M. le Ministre des Affaires Etrangères veulent bien honorer cette séance de leur présence, — ont accueilli les propositions et les demandes du Groupe suédois.

Dans l'espoir que cette réunion de notre association va démontrer par ses travaux son utilité pour la vie internationale, pour la victoire du droit sur la force et pour l'humanité tout entière, je déclare ouverte la première séance de la XIXe Conférence de l'Union interparlementaire. (*Applaudissements*).

M. le Président. — Le Président du Conseil suédois ici présent, M. de Sydow, veut bien nous faire l'honneur de prendre la parole.

M. de Sydow, Président du Conseil des Ministres. — Ce n'est pas sans une certaine hésitation que je prends la parole dans cette assemblée choisie de parlementaires : je ne suis pas parlementaire, en effet, et n'ai jamais appartenu à aucun parlement. Mais, puisqu'il n'en a pas moins plu au sort de me placer à la tête du Gouvernement, j'ai l'honneur et je suis heureux, Messieurs les membres de la XIXe Conférence interparlementaire, de vous souhaiter, au nom du Gouvernement, une cordiale bienvenue dans notre pays.

Le Gouvernement suédois éprouve une vive satisfaction de ce que la capitale de la Suède ait été choisie pour être, cette fois, le siège de vos travaux, et, avec la nation suédoise tout entière, il est fier de voir que tant de représentants éminents de parlements étrangers, tant d'hommes voués à la grande œuvre du rapprochement des peuples, ont répondu à l'invitation du Groupe interparlementaire suédois.

Le Gouvernement suédois partage avec l'Union interparlementaire l'espoir que les difficultés de tout ordre, suscitées à votre action par la grande guerre, ne tarderont pas à être surmontées et que, dans un avenir prochain, les nobles principes dont vous vous êtes constitués les champions, grouperont *toutes* les nations dans un effort commun, pour le triomphe du droit et de la paix.

Le conflit gigantesque, sans précédent dans l'histoire qui, durant plus de quatre années, vient de ravager notre globe, l'anéantissement effroyable de biens matériels et spirituels auquel il a conduit, le chaos sanglant qui en est résulté, confèrent une actualité et une importance singulières aux efforts qui tendent à créer un ordre de choses international, destiné à assurer le règne du droit et la permanence de la paix. Tout ce qui contribue à nous rapprocher de cet idéal mérite d'être salué avec joie par les gouvernements et les peuples. Aussi le Gouvernement suédois forme-t-il aujourd'hui les meilleurs vœux pour le succès de la Conférence qui vous réunit dans cette ville, et il exprime le ferme espoir que vos travaux serviront heureusement la cause de la paix et de la bonne entente internationales.

Des sympathies particulièrement ardentes, un intérêt particulièrement vif s'attachent en Suède aux efforts qui ont pour objet de fonder la paix sur des bases solides et durables. Et ce fait n'a rien de fortuit. L'idée de soumettre les relations internationales aux règles du droit a, dans la conscience du peuple suédois, des racines anciennes et profondes. Le nom d'Hugo Grotius, de son temps représentant du Roi de Suède à Paris, est associé à la politique suivie par la Suède à une époque où elle avait un rayon d'action plus étendu qu'aujourd'hui, et j'ose dire que notre pays a contribué, au cours des siècles, pour une part importante et durable, au développement et à l'affermissement du droit international. Depuis de longues années, sa politique a pour objectif principal le maintien d'une sincère et immuable neutralité. Cette politique a aussi reçu l'appui unanime de la nation. Durant la grande guerre, la Suède a été guidée constamment par une préoccupation dominante : le souci, tout en sauvegardant sa neutralité envers et contre tous, d'arracher au désastre, pour autant qu'il dépendait d'elle, ce qui pouvait être sauvé du système juridique international lentement et patiemment édifié par l'effort séculaire des générations successives. Cette attitude, je le sais, n'a pas été alors bien comprise partout, ni justement interprétée. Mais, tout en admettant que, dans des cas spéciaux, des erreurs puissent avoir été commises, j'ose espérer que, dans les anciens pays belligérants aussi, aujourd'hui que les circonstances permettent une appréciation plus calme des événements, la politique suédoise pendant la guerre apparaît sous son vrai jour et qu'on lui rend justice.

Vous n'ignorez sans doute pas, Messieurs, que lorsqu'au sortir de l'effroyable tourmente, le monde se remit à la tâche, interrompue par la guerre, de régler, sur la base du droit, les rapports mutuels des nations, la reprise de ces travaux excita en Suède le plus vif intérêt et les espérances les plus hautes. J'ai à peine besoin de dire que, fidèle à ses traditions, notre pays s'associera aussi dans l'avenir aux efforts accomplis pour réaliser des aspirations auxquelles l'humanité s'attache depuis tant de siècles avec un inlassable espoir. Et il me sera peut-être permis de demander à ce propos si les petits états, demeurés neutres pendant la guerre, ne se trouvent pas, du fait même qu'ils sont restés en dehors de la lutte, dans des conditions particulièrement favorables pour travailler avec fruit à l'édification d'un nouveau régime juridique international.

Des problèmes importants vont, cette fois encore, faire l'objet de vos délibérations. Qu'il me soit permis de formuler à leur sujet quelques brèves réflexions.

Il est superflu de faire ressortir à vos yeux, à vous, Messieurs, que votre activité parlementaire maintient en contact incessant avec les questions politiques pratiques, les difficultés inévitables qui surgissent dès qu'il s'agit de traduire l'idéal dans les faits et d'établir dans le monde la paix universelle, en soumettant la communauté des états à l'empire du droit et de la justice. Nul ne contestera que les événements du jour ne continuent à rendre sensible l'existence de ces difficultés, en même temps que l'imperfection et l'insuffisance des moyens mis en œuvre jusqu'ici pour y parer. Les véritables amis de la paix ne renonceront pas, évidemment, à faire effort pour l'avènement d'un état de choses meilleur, lors même que le jour où les peuples forgeront de leurs glaives des socs de charrue paraît encore bien éloigné. Mais il importe, d'autre part, de ne pas oublier que le triomphe du droit dans les relations internationales dépend, en dernier lieu, de la volonté et de la capacité, dans les sociétés, de le sauvegarder et de le maintenir. Le pays qui se mettrait lui-même hors d'état de défendre sa propre existence et de coopérer au maintien du droit, rendrait un mauvais service à la collectivité politique dont il fait partie et risquerait bientôt de constituer un danger pour la paix. Ces idées sont en parfaite harmonie, d'ailleurs, avec celles sur lesquelles est fondée la Société des Nations ; elles ont une importance décisive aussi pour la solution de la question de la limitation des armements qui est soumise à vos délibérations.

Ce n'est pas à dire assurément, que l'action entreprise pour alléger le lourd fardeau que les armements militaires imposent à l'humanité, n'ait pas toute ma sympathie. Je suis convaincu, au contraire, que la situation présente du monde exige que les états fassent, d'un commun accord, tout ce qu'il sera possible, à cet égard, de faire sans péril ; et certes, ce n'est pas peu de chose. J'ai simplement voulu marquer que les mesures dont il s'agit ne sauraient être prises isolément par tel Etat particulier et qu'elles ne doivent pas, d'autre part, compromettre l'existence de l'Etat ou le maintien effectif d'un régime juridique international. La juste détermination des obligations qui s'imposent à cette fin aux divers états et des fardeaux nécessités pour leur exécution, constitue un des facteurs essentiels du problème, non encore résolu, de la limitation des armements.

A l'ordre du jour de votre Conférence, figure également le problème économique mondial, qui occupe à l'heure actuelle les hommes d'Etat, les économistes et les financiers de tous les pays. Il est, au fond, dans la connexion la plus étroite avec l'établissement d'une paix réelle et durable. Dans des régions considérables du globe sévit encore l'état de guerre. De vastes étendues de territoires ne peuvent pas, en raison des circonstances, être utilisées pour la production. Même dans les parties du monde où la paix est rétablie et qui ne sont pas le théâtre d'opérations militaires, se poursuit, plus ou moins ouverte, la guerre économique. Que de cette situation anormale résultent les difficultés les plus graves pour l'ensemble de l'humanité, c'est ce dont chacun pourra témoigner. Il faut dès lors constater avec satisfaction que cette question retiendra aussi votre attention. Permettez-moi d'exprimer l'espoir que vos délibérations donnent lieu à des suggestions fécondes, qui fassent apparaître les moyens de sortir des difficultés où le monde se débat et à la réalisation desquelles vous puissiez, avec l'autorité que vous confère votre position, travailler efficacement.

C'est sur ces paroles que je termine, en vous renouvelant mes meilleurs vœux et ceux du Gouvernement suédois pour le succès de vos travaux. Puissent votre séjour en Suède et les rapports que vous y entretiendrez avec vos collègues suédois contribuer aussi à resserrer et à fortifier encore les bonnes relations qui existent entre notre pays et ceux que vous représentez. J'ai dit. (*Applaudissements*).

M. le Président. — Je donne la parole à M. le Secrétaire général, Dr Lange.

M. le Secrétaire général. — Quelques télégrammes et lettres sont arrivés au bureau. Permettez-moi de vous en donner lecture.

Le secrétaire du Groupe serbe, croate et slovène, M. Choumenkovitch, nous télégraphie comme suit, au nom de son Groupe :

« Le Groupe serbe, croate et slovène regrette de ne pas pouvoir assister à la Conférence, la situation politique du pays ayant imposé des travaux exceptionnels aux membres du Parlement. Le Groupe envoie à ses amis ses salutations les plus cordiales et les vœux les plus sincères pour le succès de leur effort. »

M. Typaldo Bassia, secrétaire général du Groupe hellénique et délégué de celui-ci au Conseil interparlementaire, nous a envoyé la dépêche suivante :

« Retenu à Vienne, suis désolé de manquer la Conférence. Fais des vœux sincères pour son œuvre. »

Le fondateur et le doyen du Groupe suédois, M. Wavrinsky, retenu en Suisse, nous envoie le message suivant :

« A la Conférence interparlementaire, Stockholm.

« Tout en regrettant de ne pas être en état d'assister à la Conférence, quoique réunie dans mon pays, j'ai l'honneur de vous adresser « mes souhaits les plus chaleureux.

« Tout le monde a raison d'attendre que les groupes parlementaires, « établis pour la propagande de la paix, soient enfin prêts, à la suite « des ravages inouïs de la guerre, à chercher *énergiquement*, dans une « étroite et confiante union, à réaliser leur but élevé. A bas les armes !

« Avec l'expression de mes meilleurs vœux,

« Edvard Wawrinsky. »

M. de Meuron, Conseiller national suisse et représentant de son Groupe au Conseil, nous écrit :

« Monsieur le Secrétaire général et cher Monsieur,

« Je suis définitivement empêché, à mon grand regret, de me rendre « à Stockholm et d'assister à la XIXme Conférence de l'Union interpar- « lementaire. Je vous prie de bien vouloir excuser mon absence et de « l'excuser également auprès de Lord Weardale, notre Président.

« J'ai chargé M. Sigg, du Groupe suisse, de me représenter aux séan- « ces du Conseil interparlementaire. M. le Conseiller aux Etats Usteri « y représentera M. Scherrer-Füllemann.

« Veuillez agréer, Monsieur le Secrétaire général et cher Monsieur, « l'expression de mes sentiments très distingués.

« A. de MEURON,
« Conseiller national. »

Le secrétaire permanent du Groupe espagnol, M. Ant. Gamoneda nous télégraphie :

« Le représentant du Groupe espagnol Prado Palacio, qui se trouvait déjà à Londres, regrette de pas pouvoir concourir à la prochaine Confé- rence à cause du décès de son beau-père. Prière informer Assemblée. »

M. Scherrer-Füllemann, président du Groupe suisse et membre du Comité exécutif, nous exprime ainsi ses vœux :

« Wünsche erfolgreiche Tagung der Konferenz und allseitige Ver- ständigung. »

Enfin, je termine par un télégramme du baron Palmstierna, retenu à Londres par ses fonctions de ministre de Suède.

« Heureux que la Conférence soit réunie à Stockholm, j'exprime mes vœux ardents que vos travaux puissent faciliter le rapprochement des nations. »

M. le Président. — Le Conseil propose de nommer les vice-prési- dents suivants :

Allemagne : M. Schücking ;
Amérique : M. Slayden ;
Autriche : M. Mataja ;
Danemark : M. Moltesen ;
Finlande : M. Mantere ;
Grande-Bretagne : Lord Weardale ;

> Italie : M. Ferraris ;
> Japon : M. Nakanishi ;
> Norvège : M. Lövland ;
> Pays-Bas : M. van Kol ;
> Suisse : M. Usteri.

.Je vous demande si vous acceptez les propositions du Conseil ? (*Applaudissements*).

Nous passons maintenant à l'ordre du jour.

ORDRE DU JOUR N° 2

Rapport du Bureau interparlementaire sur l'activité du Conseil depuis la XVIIIme Conférence

M. le Président. — Le premier objet est le rapport du Bureau interparlementaire sur l'activité du Conseil depuis la XVIIIe Conférence. M. van Kol, représentant de la Hollande et membre du Comité exécutif, a bien voulu se charger de présenter ce rapport au nom du Bureau. Je lui donne la parole.

M. van Kol (Pays-Bas), *rapporteur*. — Le Conseil interparlementaire m'a chargé de vous présenter le rapport sur l'activité du Bureau pendant les années terribles que nous venons de traverser.

Vous aurez admiré le style du rapport, clair et logique comme tout ce qui sort des mains de notre Secrétaire général. En peu de mots, il nous indique tout ce qu'il est intéressant de communiquer aux membres de l'Union interparlementaire. Vous y lirez ce qui a été fait peu avant la guerre, pendant la guerre et après l'armistice.

Quand la guerre éclata, l'Union interparlementaire subit le même sort que presque toutes les organisations internationales. L'Internationale socialiste ouvrière elle-même, qui, depuis des années, avait pris dans ses congrès des résolutions précises au sujet de ce qu'il conviendrait de faire lorsque la guerre éclaterait, n'a pas failli à son devoir, mais n'a pu l'exécuter.

Quant à l'Union interparlementaire, tout le poids retomba sur les épaules du Secrétaire général qui resta seul, lorsque la catastrophe d'août éclata. Le Conseil ne pouvait se réunir, le Comité exécutif ne pouvait entrer en relations, les correspondances étaient extrêmement difficiles et les télégrammes importants, lancés par le Secrétaire général dans différentes directions, n'atteignirent pas leur but. Le Secrétaire général n'a fait que ce qu'il était chargé de faire dans des cas semblables : il n'a pas laissé prendre position à l'Union interparlementaire dans les conflits politiques entre les états. La seule chose qu'il ait essayé de faire, mais il n'a pas réussi parce que les télégrammes ne sont pas parvenus à destination, c'est d'adresser un appel aux différents groupes pour les prier de faire tout leur possible afin que les gouvernements de leurs pays recourussent, à cette époque mémorable, à des procédés judiciaires.

Pendant la guerre, les réunions étaient impossibles, les correspondances très difficiles. Tout ce que M. Lange a pu faire, ce fut de tâcher de maintenir les cadres de l'Union. Mais il dut quitter hâtivement Bruxelles avec son bureau et les archives, pour s'installer dans la capitale de la Norvège, à Christiania. Tout en restant la cheville ouvrière de notre institution, il prit part à toutes les œuvres de caractère pacifique et il écrivit une brochure sur les meilleurs conditions d'une paix durable. Il a donc maintenu, autant que possible, les principes qui ont toujours dominé l'Union interparlementaire et même — c'est un fait caractéristique à signaler — qui sont devenus pour d'innombrables combattants, les buts de guerre. Il était touchant de voir sur le front et dans les tranchées, du côté de l'Entente, de vieux soldats s'élancer à la mort, croyant qu'ils se battaient pour leurs enfants, que c'était la dernière guerre, la fin de la destruction. Ces pauvres soldats sacrifiaient leur vie pour un idéal de justice. Hélas ! que la déception est cruelle ! Mais, en tout cas, nous ne devons pas désespérer. (*Applaudissements*).

Après la guerre, pendant l'armistice, ce ne fut pas la paix, que nous n'avons malheureusement pas encore. Les armes se turent, mais des révolutions éclatèrent simultanément dans différents pays. Non loin d'ici, en Russie, le chaos était créé et la révolution éclatait sous sa forme la plus hideuse et la plus exécrable. Des trônes qu'on croyait fondés sur le granit se sont écroulés, des empires séculaires ont disparu, de nouveaux états se sont créés et l'influence populaire a énormément grandi au cours des dernières années. Les champs de bataille sont vides maintenant, les canons et les mitrailleuses ne tonnent plus et ne font plus chaque jour, comme dans les années terribles, des hécatombes de cadavres. Le silence règne, mais malheureusement la haine qui divise les peuples n'est pas apaisée. La mentalité est encore telle que nous ne pouvons que la déplorer. Nous regrettons qu'un des groupes les plus actifs de l'Union, le Groupe belge, suivi par le Groupe français, ne veuille pas encore assister à cette réunion et obéisse à un esprit de rancune et de haine.

M. le baron Adelswärd l'a déjà dit dans un discours au sein de l'Union des groupes scandinaves : « la mer était restée houleuse ». Quand un vent, un vrai ouragan, a passé avec une telle force sur le monde, les vagues ne peuvent pas se calmer si vite. Le spectre de la faim et de la misère a surgi et la démoralisation a atteint tous les pays du monde.

Je comprends un peu la mentalité de la Belgique, quoique je la regrette. La Belgique a beaucoup souffert, sa neutralité a été violée, les traités sacrés ont été déchirés. J'ai été témoin de ses souffrances, j'ai senti ses douleurs, j'ai vu son martyre. Mais ne nous laissons pas dominer par la rancune ! Il est un temps où il faut savoir oublier et où il est nécessaire de reprendre le chemin commun d'autrefois, où il est urgent de se mettre à restaurer le monde, presque tombé en ruines. (*Applaudissements*). Ce n'est pas l'heure pour le Groupe belge de faire des reproches, c'est l'heure pour lui qui, autrefois, comme je l'ai dit, a joué un rôle admirable et important, de travailler de nouveau avec nous. En tous cas, s'il avait voulu exprimer sa rancune, il aurait dû avoir le courage de ne pas rester loin d'ici, mais de venir accuser ses antagonistes en face, et je suis certain que nous aurions pu affaiblir des sentiments qui doivent enfin s'apaiser. En tous cas, il aurait senti alors qu'il est de son devoir pressant de ne pas tarder plus longtemps à se remettre avec nous à l'œuvre commune. (*Applaudissements*).

Glissons cependant sur cette question et sur cette scission déplorable, que j'ai le bon espoir de voir bientôt cesser. Je voudrais même, dans ce but, conseiller aux délégués du Groupe allemand d'user de toute leur influence, afin que le Gouvernement allemand présente une demande d'admission dans la Société des Nations. Le moment psychologique est venu, d'obtenir ce résultat. Puisqu'au Bureau international du Travail, ouvriers et patrons de tous les pays se réunissent pour prendre des résolutions communes, on ne comprendra pas qu'à l'époque actuelle où, heureusement, la mentalité de l'Entente s'améliore, on refuse l'admission de l'Allemagne dans la Société des Nations où elle a le droit et le devoir d'être. (*Applaudissements*).

Monsieur le Président et Messieurs, les idées marchent, les sentiments nationaux trop étroits, trop égoïstes, font peu à peu, mais chaque jour, et de plus en plus, place à des sentiments de solidarité commune. La dépendance économique n'a été prouvée que trop cruellement pendant la guerre et après l'armistice. Donc, à quelque chose malheur est bon : tels que des naufragés sur un radeau au milieu de la tempête, nous avons senti qu'il faut de plus en plus arriver à la solidarité internationale, à la solidarité de l'humanité entière.

Un de nos hommes d'Etat hollandais les plus éminents, M. Nolens, qui représentait le Gouvernement néerlandais à la Conférence du Travail de Washington, a dit une phrase que nous devrions garder dans nos cœurs. La voici : « Moi, je ne me sens pas ici le délégué de mon Gouvernement, mais je me sens ici membre de la Société des Nations ». L'esprit international devra dominer de plus en plus l'esprit national, égoïste et étroit, pour arriver à une plus grande solidarité, afin de pouvoir résoudre des questions qui, jusqu'à maintenant, n'ont pas encore trouvé de solution.

Maintenant, Monsieur le Président, je ne veux plus insister sur le travail qui a été fait par le Bureau. Le rapport est devant vous, vous l'avez lu, vous avez pu voir ce qui a été fait pendant les 7 ou 8 années qui se sont écoulées. Le Conseil interparlementaire s'est réuni quatre fois. Il y eut un moment où l'on craignait que l'Union interparlementaire ne tombât en ruines, où, sur les 23 groupes qui existaient avant la guerre, il n'en restât que 8 peut-être. Permettez-moi de vous les rappeler : c'étaient l'Amérique, la Grande-Bretagne, le Canada, la Suisse, la Hollande et « last not least » les trois groupes scandinaves, la Suède, la Norvège et le Danemark. Les trois groupes scandinaves ont continué à travailler pendant la guerre. Chaque année ils ont eu des réunions, ont pris des résolutions importantes et ont accompli une œuvre féconde ; ils nous ont donné à tous un exemple à suivre. Si maintenant nous pouvons constater que de 8, le nombre des groupes a déjà passé à 23 et augmentera encore, nous le devons à l'œuvre inlassable du Secrétaire général, M. Lange. (*Vifs applaudissements*).

Le Conseil s'est réuni à Genève en octobre 1919 et il a exprimé à M. Lange toute sa reconnaissance pour l'habileté et le tact remarquables, inspirés par le haut sentiment de ses obligations et de son devoir international, avec lesquels il a administré les affaires du Bureau pendant cette période si difficile. Depuis lors, notre Secrétaire général a montré encore plus de zèle et plus de dévouement. Comme tous ceux qui veulent faire le bien, il a subi des attaques injustes et même des outrages, mais ils ont rejailli sur lui comme de la boue sur une cuirasse d'acier, et je pense parler au nom de la Conférence en exprimant, en face du résultat obtenu pendant une époque si difficile et si compliquée, toute notre dette de reconnaissance au Secrétaire général, M. Lange, qui a bien mérité de l'Union interparlementaire. (*Vifs applaudissements*).

Secondons donc ses efforts. Quand les groupes augmenteront en nombre et que l'Union interparlementaire, ce qui n'est nullement impossible, aura réuni dans son sein la majorité des parlements du monde, l'Union sera une force avec laquelle tous les gouvernements devront compter.

Une nouvelle tâche nous attend. Notre président, M. le Baron Adelswärd, l'a dit à Stockholm à une conférence des groupes scandinaves : « nous étions sur le bon chemin, reprenons notre route » et ayons foi en notre œuvre. La guerre terrible a inspiré l'horreur à tous les peuples. La nostalgie de la paix, dans tous les pays du monde, est plus grande que jamais. Le moment psychologique est venu de tenter d'aboutir et d'atteindre le but pour lequel l'Union interparlementaire a lutté depuis tant d'années.

En avant donc pour le nouveau travail qui nous attend. L'Union interparlementaire peut regarder avec fierté ce qu'elle a fait dans le passé, mais soyons persuadés qu'elle connaîtra encore un avenir plus grand et plus beau. (*Applaudissements*).

M. le Président. — Je donne la parole à M. Slayden.

Hon. James L. Slayden (United States of America). — Mr President, ladies and gentlemen of the Conference, I ask your consideration of a resolution which I offered in the Council and the print of which has just this moment arrived. It is a very simple resolution and in line with the work we have undertaken : it is really a simple endeavour to spread that work and to augment the forces of the Union. There are twenty-two sovereign governments in the American hemisphere, and at this time only two of these are associated with the Union — the United States and Canada. Now, the work of the Union is of such vast importance that we ought to bring to its support every possible people, every possible sovereign government (*hear, hear,*) and my resolution is simply to request and direct the Secretary-general to communicate with the legislatures and Parliaments of these other twenty countries and to request them to come into the Union and associate themselves with our work. This will bring something more than one-fifth of the world's area into the work of spreading the gospel of peace. I will read you the resolution :

« There are 22 sovereign governments in the American Continents, in North, South and Central America. Only two of them, the United States of America and Canada, are associated with the Inter-Parliamentary Union. In this crisis of the world's affairs it is extremely important that the Union and its influence shall be developed as rapidly and broadly as possible and the association of these 20 governments will help materially in its development.

Therefore, and in view of these facts, be it resolved : that the Secretary General of the Inter-Parliamentary Union, and in its name, be directed to extend, through their presiding officers, to the members of the National legislatures of the following countries, Argentina, Bolivia, Brazil, Chile, Colombia, Costa Rica, Cuba, Dominican Republic, Ecuador, Guatemala, Haiti, Honduras, Mexico, Nicaragua, Panama, Paraguay, Peru, El Salvador, Uruguay and Venezuela, invitations to form National Groups of the Inter-Parliamentary Union for association with the Union. »

I hope, ladies and gentlemen, that this resolution will have your approval and that by the time we have another Conference or even another assembly of the Council after this occasion, there will be at least twenty more governments committed to our policies and ready actively to associate with us (*Applause*).

Traduction française du discours de M. Slayden

M. James L. Slayden (Etats-Unis d'Amérique). — Monsieur le Président, Mesdames et Messieurs, Je sollicite votre attention au sujet d'une résolution que j'ai présentée au Conseil et dont le texte imprimé vient de vous être remis. Cette résolution est très simple et poursuit le même but que les travaux que nous avons entrepris ; elle est une simple tentative de développer ces travaux et d'accroître les forces de l'Union. Le continent américain ne compte pas moins de 22 états souverains parmi lesquels, à l'heure qu'il est, deux seulement, les Etats-Unis et le Canada, sont représentés à l'Union. Actuellement, le travail de l'Union est d'une importance si considérable que nous devrions entraîner à collaborer avec elle chaque pays, chaque Gouvernement qui remplit les conditions requises. (*Très bien*). Ma résolution ne tend donc qu'à donner au Secrétaire général les instructions et les indications voulues, afin qu'il entre en rapport avec les parlements de ces 20 autres états et qu'il les invite à entrer dans l'Union et à s'associer à nos travaux. Ainsi, nous entraînerons plus d'un cinquième du globe terrestre à l'œuvre de répandre l'évangile de la paix. Je vais vous lire cette résolution :

« Considérant qu'il y a 22 états souverains sur le continent américain ;

Considérant que deux seulement d'entre eux, savoir les Etats-Unis d'Amérique et le Canada, sont représentés à l'Union interparlementaire ;

Considérant que dans la crise présente du monde, il est extrêmement important que l'Union reçoive un développement aussi rapide et aussi large que possible, et que l'affiliation de 20 nouveaux groupes en avancera matériellement le développement ;

la XIX° Conférence interparlementaire charge le Secrétaire général d'envoyer, au nom de l'Union, une invitation par l'intermédiaire de leurs présidents aux parlements des pays suivants : Argentine, Bolivie, Brésil, Chili, Colombie, Costa Rica, Cuba, République Dominicaine, Ecuador, Guatemala, Haïti, Honduras, Mexique, Nicaragua, Panama, Paraguay, Peru, Salvador, Uruguay et Vénézuéla, de former des Groupes Nationaux affiliés à l'Union interparlementaire. »

J'espère, Mesdames et Messieurs, que cette résolution aura votre suffrage et qu'à notre prochaine Conférence ou même à la prochaine réunion du Conseil, notre Union comptera vingt états de plus, déjà prêts à s'associer à notre œuvre. (*Applaudissements*).

M. M. Ferraris (Italie). — Je voudrais appuyer de tout mon cœur la proposition de M. le délégué Slayden, au nom du Groupe italien.

J'ai eu l'honneur de voir les délégués des pays de l'Amérique centrale et méridionale à l'Assemblée de Genève et au Congrès du transit à Barcelone. Ils ont tous apporté une préparation et un appui très utiles à nos travaux. Nous serons très heureux, dans notre prochaine réunion, de pouvoir saluer parmi nous les délégués de l'Amérique latine. (*Vifs applaudissements*).

M. le Président. — Personne ne demande plus la parole. Je considère comme adoptée la proposition de M. Slayden. (*Applaudissements*)

La séance est levée à 11 h. ¼.

SÉANCE DU MERCREDI 17 AOUT
APRÈS-MIDI

Présidence de **M. le baron Adelswärd.**

La séance est ouverte à 2 h. 45 m.

ORDRE DU JOUR N° 3

L'Union interparlementaire
et la Société des Nations

M. le Président. — Le premier objet à l'ordre du jour est «l'Union interparlementaire et la Société des Nations ». Le Président de l'Union, le Très Honorable Lord Weardale, a eu l'obligeance de vouloir bien se charger du rapport sur cette question. Je lui donne la parole.

Lord Weardale. (Grande-Bretagne). — (*Le rapport de l'orateur, ayant été imprimé en anglais et en français dans les « Documents préliminaires », p.101 et suiv., ne sera pas reproduit ici*).

M. le Président. — J'ai l'honneur, au nom de la Conférence, de remercier de tout cœur notre honoré et bien-aimé Président du rapport qu'il vient de nous faire. Ainsi qu'il vient de le dire lui-même, différentes personnes ont été priées de présenter ce rapport et, comme elles ne pouvaient pas s'en charger, le Très Honorable Lord Weardale a bien voulu accepter de nous rendre ce grand service dont nous le remercions vivement. J'exprime, en même temps, l'opinion que nous n'avons certainement rien perdu à le voir présenter lui-même le rapport. (*Applaudissements*).

Le rapport de Lord Weardale ayant été déjà traduit en français et distribué à tous les membres, il me semble qu'il est inutile de le traduire de nouveau maintenant, mais je prie M. le Secrétaire général de lire les résolutions en français seulement.

M. le Secrétaire général. — Le projet de résolution présenté par le Très Honorable Lord Weardale est imprimé en français, en anglais et en allemand dans les « Documents préliminaires ». Il est imprimé également en suédois dans une petite brochure à part. Ce projet de résolution est ainsi conçu :

I.

« La dix-neuvième Conférence interparlementaire accueille de ses vœux les plus cordiaux la création de la Société des Nations, qu'elle est en droit de considérer comme un résultat important des efforts déployés assidûment par l'Union pendant une longue suite d'années, en vue d'organiser le monde pour le maintien de la paix.

« Sans vouloir se prononcer en détail sur les différentes dispositions du Pacte, non plus que sur l'organisation et les travaux de la Société, la Conférence tient à déclarer qu'il est, à son avis, nécessaire et urgent que la Société revête, aussi rapidement que possible, ce caractère universel et compréhensif sans lequel elle ne sera pas en mesure de s'acquitter de la mission élevée qui lui est confiée. »

II.

« La Conférence estime que l'Union interparlementaire ne peut, en ce moment, s'adonner à une tâche plus utile et plus pratique que celle d'appuyer l'effort général de la Société des Nations dans le domaine de la coopération internationale, ainsi que ses efforts pour le maintien de la paix et pour la réduction radicale des armements.

« Elle approuve la démarche du Conseil interparlementaire, qui a adressé un appel aux groupes, le 12 avril 1921, dans l'ordre d'idées ci-dessus visé, et elle charge le Bureau interparlementaire d'attirer l'attention des groupes sur les mesures utiles qu'ils pourraient provoquer de la part de leurs parlements et de leurs gouvernements, afin de seconder l'activité de la Société et d'obtenir l'exécution de ses résolutions et de ses vœux dans les domaines indiqués plus haut. »

M. le Président. — La parole a été demandée par le délégué du Groupe allemand, M. le Professeur Schücking.

Prof. Dr Schücking. (Deutschland). — Der hochverehrte Herr Berichterstatter hat mit Recht betont, dass das Kardinalproblem für die Zukunft des Völkerbundes in der Universalität des Völkerbundes besteht, die wir anstreben müssen. Für diese Universalität des Völkerbundes ist m. E. nichts so wichtig, wie der Ein-

tritt der Vereinigten Staaten von Nordamerika in den Völkerbund.
Diejenigen, die bei uns in Deutschland — und ihre Zahl ist nicht
gering — das Schicksal des Völkerbundes mit den wärmsten Sympa-
thien begleiten, haben einige Befürchtungen, dass es infolge der gegenwärtigen Stimmung in den Vereinigten Staaten von Nordamerika
nicht gelingen möchte, die Union für den Genfer Völkerbund zu gewinnen. Die Tendenzen, die in den Vereinigten Staaten hervortreten,
laufen, nach den Mitteilungen, die der Interparlamentarische Rat
erhalten hat, darauf hinaus, dass man es in den Kreisen der Frie-
densfreunde in den Vereinigten Staaten, auch in den Kreisen der Interparlamentarischen Union, vorzieht, an das Werk vom Haag wieder
anzuknüpfen.

Ich habe es sehr bedauert, dass man die volle Bedeutung des Werkes
vom Haag vor dem Weltkrieg nicht überall, namentlich nicht in meiner
engeren Heimat, im Deutschen Reich, richtig eingeschätzt hat. Ich
habe das Haager Werk immer sehr hoch gewertet. Trotzdem bin ich
nicht der Meinung, dass es jetzt zweckmässig sei, den Genfer Völkerbund abermals als eine Ruine am Wege stehen zu lassen, wie das
Werk vom Haag zunächst als Ruine stehen geblieben ist, um dann
sozusagen noch einen dritten Versuch zu machen und eine dritte
internationale Organisation zu gründen.

Ich verkenne nicht, dass unsere amerikanischen Gesinnungsgenossen
einige berechtigte Bedenken gegen den Genfer Völkerbund haben,
Bedenken, die darauf hinaus laufen, dass der Genfer Völkerbund seiner
Struktur nach, eher berufen ist, ein Werkzeug der Politik zu sein als
ein Instrument des Rechts. Ich habe den Eindruck, dass das Werk vom
Haag dem Genfer Völkerbund tatsächlich insofern überlegen war,
als der Rechtsgedanke in dieser Haager Organisation klarer zum
Ausdruck kam, als im Völkerbund von Genf. (Sehr richting.)
Trotzdem meine ich, man sollte jetzt lieber den Völkerbund von Genf
weiter ausbauen und umbauen und lieber daran arbeiten, seine Mängel
zu beseitigen, als ihn unvollendet zu lassen und eine dritte Organisation aufzurichten. Obschon ich mannigfache politische Bedenken
gegen den Genfer Völkerbund nicht unterdrücken kann, sage ich
mir anderseits, dass es doch auch mancherlei Punkte gibt, in denen
der Genfer Völkerbund umgekehrt dem Haager Werk überlegen ist.

Diese Ueberlegenheit sehe ich in folgenden Beziehungen : Das
Haager Werk wollte lediglich den Frieden in der Welt aufrecht erhalten ; etwas Grosses gewiss, aber im letzten Grunde doch auch wieder
nur etwas Negatives. Es wollte bloss das internationale Recht schützen.
Der Genfer Völkerbund ist mehr wie das Haager Werk, er ist eine

internationale Arbeitsgemeinschaft, der Genfer Völkerbund ist nicht nur eine Rechtsorganisation, sondern eine Wirtschaftsgemeinschaft, und der Genfer Völkerbund ist zuletzt auch eine Kulturgemeinschaft. Nach diesen beiden Richtungen hin kann und wird der Völkerbund, meiner Ueberzegeugung nach, eine segensreiche Entwicklung bringen.

Zunächst der Völkerbund als Wirtschaftsgemeinschaft. Die grossen wirtschaftlichen und finanziellen Probleme des Wiederaufbaues können ja nicht anders als durch Kooperation gelöst werden. Aber welchen bessern Rahmen für die Kooperation der Kulturwelt zum Wiederaufbau könnten wir finden als den Völkerbund von Genf? Bei der Beschäftigung mit einem wissenschaftlichen Werke über den Genfer Völkerbund hatte ich Veranlassung, die sämtlichen Berichte intensiv zu studieren, die Kommissionsberichte sowohl wie die Berichte über die Plenarverhandlungen, und ich muss doch sagen, je mehr ich in diesem Sinne gearbeitet habe, um so grösser ist mein Respekt geworden vor den Leistungen des Genfer Völkerbundes in Bezug auf die mannigfachen technischen Organisationen, die dort schon in die Wege geleitet sind, und zwar sowohl für wirtschaftliche als für finanzielle Zwecke.

Was leistet der Genfer Völkerbund als Kulturgemeinschaft? Ich brauche nur daran zu erinnern, dass er es gewesen ist, der Fridtjof Nansen ausgeschickt hat, um die Gefangenen aus Sibirien zurückzuführen, eine edle Menschheitsaufgabe, deren Lösung dem Genfer Völkerbund gelungen ist; ich brauche auch nur daran zu erinnern, wie der Völkerbund an die Aufgabe herangetreten ist, den Typhus in Polen zu bekämpfen.

Vor allen Dingen möchte ich aber die Tatsache kurz streifen, dass der Völkerbund uns auch die Organisation der Arbeit gebracht hat. Wenn wir diesen Genfer Völkerbund uns wieder wegdenken, wenn wir wieder zum Werk vom Haag zurückkehren, was soll aus der internationalen Organisation der Arbeit werden? Ich bin sodann auch der Meinung, dass das Problem der Abrüstung am besten innerhalb des Rahmens des Völkerbundes gelöst wird. M. E. lässt sich dieses Problem der Rüstungsbeschränkung, an dessen Lösung unsere amerikanischen Freunde jetzt herantreten wollen, nicht durch Isolierung lösen. Und warum nicht? Das Mass, bis zu dem ein Staat arbrüsten kann, ist doch vollständig davon abhängig, welche Sicherheiten ihm durch irgend eine internationale Garantie gegeben sind, Sicherheiten gegen willkürliche Rechts- und Interessenverletzungen. Und diese Sicherheiten kann dem Staat, der abrüstet, doch immer nur eine grosse, weltumspannende Organisation geben. Umgekehrt wird aber die Lösung des Problems der Abrüstung durch einen starken Völkerbund wesentlich erleichtert. Die Abrüstung oder Rüstungsbeschränkung soll heute vornehmlich mit Rücksicht auf die Verhältnisse im Stillen Ozean vorgenommen werden. Wie leicht würde es sein, die Abrüstung zur See durchzuführen, wenn die Herrschaft zur See auf den Völkerbund übertragen würde, wenn der Völkerbund eine internationale Flottenpolizei schaffen könnte.

Von amerikanischer Seite ist vor einer « Ueber- Regierung » gewarnt worden. Da der Völkerbund von Genf auf vertragsmässiger Grundlage beruht, und da jeder Staat das Recht hat, das Vertragsverhältnis jeder Zeit wieder zu kündigen, so kann ich auf Grund meiner juristischen Anschauung im Genfer Völkerbund keine « Ueber-Regierung » erblicken. Weiter muss ich aber auch sagen, dass schliesslich die Staaten nicht wegen der Souveränität da sind, sondern die Souveränität wegen der Staaten. Wenn das Schicksal der Staaten sich in Zukunft dadurch einmal glücklicher sollte gestalten können, dass wirklich eine « Ueber-Regierung » aufgerichtet würde, dann bin ich für meine Person auch kein Feind einer solchen « Ueber-Regierung ». Es käme nur darauf an, wie sie zusammengesetzt ist, es käme darauf an, ob wirklich die höchsten Menschheitsideale von dieser Stelle vertreten werden. Ich meine deshalb, es wäre Aufgabe der Interparlamentarier aller Gruppen, dafür zu sorgen, dass man den amerikanischen Ideen innerhalb des Genfer Völkerbundes möglichst Rechnung trägt, und dass sich die Staaten, die dem Genfer Völkerbund angehören, zu möglichst weitgehenden Konzessionen an die Vereinigten Staaten von Nordamerika bereit erklären, sei es nun, dass aus den besondern Verhältnissen jenes Kontinentes heraus, wie die Bewohner desselben selbst sie verstehen, Vorbehalte gemacht werden sollen zu einzelnen Artikeln, sei es, dass man einzelne Artikel abgeändert wissen will. Ich empfehle also ein möglichst weitgehendes Entgegenkommen gegenüber den Vereinigten Staaten von Nordamerika.

Auf der andern Seite möchte ich aber wünschen, dass auch die Vertreter der Vereinigten Staaten von Nordamerika sich die Frage immer wieder vorlegen, ob es nicht möglich wäre, eine gemeinsame Basis zu finden, um die Ideen vom Haag, die dem Präsidenten Harding teuer sind, mit den Ideen des Genfer Völkerbundes zu vereinigen. Meiner Ansicht nach, kann die Solidarität der Menschheit, an die wir wieder glauben müssen, nur dadurch geschaffen und gewahrt werden, dass eine einheitliche, weltumspannende Organisation vorhan-

den ist, damit endlich das grosse Wort in Erfüllung gehe, das einst
der römische Kaiser Marc Aurel gesprochen hat, dass die Staaten
sich zueinander verhalten sollen, wie die Häuser einer Stadt. (*Beifall*).

M. le Président. — Désirez-vous que ce discours soit traduit
aussi en français ? (*Plusieurs voix :* Oui, certainement.)

M. le Secrétaire général. — Le Bureau avait engagé un interprète français qui devait venir ici. Ce matin, je viens de recevoir un
télégramme disant que cet interprète a été empêché et ne peut pas venir. Mais l'excellent interprète que nous avons, se chargera également
de traduire les discours en français. Nous lui en sommes extrêmement
reconnaissants. (*Applaudissements.*)

Traduction française du discours de M. Schücking

M. le Professeur Schücking (Allemagne). — C'est avec raison que
notre vénéré rapporteur a appuyé sur le fait que l'universalité de la
Société des Nations est la question capitale qui se pose pour l'avenir de
cette institution. Nous devons tous nous efforcer de créer cette universalité et rien, à mon avis, n'est plus important pour atteindre ce
but, que l'entrée des Etats-Unis d'Amérique dans la Société des Nations. En Allemagne, ceux d'entre nous — dont le nombre n'est pas
négligeable — qui accompagnent la Société des Nations de leur plus
chaude sympathie, craignent cependant qu'il ne soit pas possible de
gagner l'Union au Pacte de Genève, étant donné l'état d'esprit qui
règne aux Etats-Unis. A teneur des renseignements que le Conseil
interparlementaire a reçus, les milieux pacifistes et parlementaires qui,
aux Etats-Unis, se rattachent à notre Union, sont davantage enclins
à en revenir à l'œuvre accomplie à La Haye.

J'ai beaucoup regretté qu'avant la guerre, et notamment dans ma
patrie, en Allemagne, l'on n'ait pas estimé à sa juste valeur la complète
signification de l'œuvre de La Haye. Cependant, je suis d'avis qu'il
ne serait pas indiqué de laisser tomber en ruines le Pacte de Genève,
ainsi qu'on l'a fait pour les décisions de La Haye, et de faire ensuite
un troisième essai de fonder une troisième organisation internationale.

Je ne me cache pas que nos amis américains ont contre la Société des
Nations quelques préventions justifiées. qui proviennent du fait que
sa constitution l'appelle à être bien plutôt un instrument politique
qu'un instrument juridique. J'ai l'impression que l'œuvre de La
Haye fut vraiment supérieure au Pacte de Genève en tant que
celle-ci exprime plus clairement la pensée juridique. (*Très bien*).

Cependant, j'estime qu'il est préférable de développer et de modifier
le Pacte de Genève, en en éliminant aussi les défauts, plutôt que de
le laisser incomplet et de créer une troisième organisation. Bien que
je ne puisse me dissimuler les considérables objections que j'ai à lui
faire, je dois avouer, d'autre part, que, par certains côtés, le Pacte
de Genève est supérieur à l'œuvre de La Haye.

A mon avis, cette supériorité se manifeste dans les questions suivantes : l'œuvre de La Haye avait pour seul but de maintenir
la paix sur la terre. C'était certes une grande œuvre, mais cependant,
en dernière analyse, une œuvre négative seulement. Le seul but en
était la protection du droit international. La Société des Nations est
davantage que les conventions de La Haye, elle est une communauté
internationale de travail ; elle n'est pas seulement une organisation
juridique, mais aussi une communauté économique et, finalement,
une communauté humanitaire. A mon avis, la Société des Nations
peut et doit concourir à un développement bienfaisant dans ces
deux ordres d'idées.

Examinons tout d'abord la Société des Nations en tant que communauté économique. Les grands problèmes économiques et financiers
qui se présentent à l'occasion de la reconstruction et de la réparation,
ne trouveront une solution que grâce à la coopération. Et quel meilleur
cadre pourrait-on trouver pour la coopération du monde civilisé que
la Société des Nations ? Dans l'élaboration d'un travail scientifique
que j'avais entrepris sur la Société, j'avais étudié d'une manière approfondie tous les rapports présentés, les rapports des commissions aussi
bien que le compte-rendu des séances plénières. Je dois dire que,
plus j'avançais dans ce travail, plus devenait grand mon respect pour
l'œuvre accomplie par la Société en ce qui concerne les organisations
techniques considérables qu'elle a déjà mises en action, aussi bien
dans des buts économiques que financiers.

Quelle est l'œuvre de la Société des Nations en tant que communauté
humanitaire ? Il me suffit de vous rappeler que c'est elle qui a donné
à Fridtjof Nansen la mission de rapatrier de Sibérie les prisonniers
de guerre. C'est une noble tâche humanitaire, dont elle a trouvé la
solution. C'est elle aussi, je me borne à le rappeler, qui a entrepris de
combattre le typhus en Pologne.

Je voudrais, avant tout, appuyer sur le fait que c'est aussi la Société
des Nations qui nous a donné une organisation du travail. Si nous
l'éliminions et si nous revenions de nouveau aux décisions de La
Haye, que deviendrait cette organisation internationale du travail ?
Je suis aussi d'avis que c'est au sein de la Société des Nations que le

problème du désarmement trouvera sa meilleure solution. J'estime que
ce problème de la diminution des armements, auquel nos amis américains veulent maintenant s'attacher, ne pourra être résolu par l'isolement des états. Et pourquoi ? Parce que la proportion dans laquelle
un Etat peut consentir à désarmer dépend absolument de la sécurité
que lui donne une garantie internationale, sécurité contre toute atteinte arbitraire à son droit et à ses intérêts. A l'heure qu'il est, cette
sécurité ne peut être donnée à l'Etat qui désarme que par une grande
organisation embrassant le monde entier. D'un autre côté, la solution
du problème du désarmement sera notablement facilitée par une
Société des Nations forte. Le désarmement, ou la réduction des armements, doit être entrepris aujourd'hui, en prenant avant tout en
considération la situation qui règne sur l'Océan Pacifique. Comme
il serait facile d'effectuer le désarmement naval, si l'autorité sur les
mers était transférée à la Société des Nations, et si cette dernière pouvait créer une police internationale des flottes !

En Amérique, on nous met en garde contre un « super-gouvernement ». La Société des Nations repose sur une base contractuelle
et chaque Etat a, en tout temps, le droit de dénoncer le contrat. En
m'appuyant sur mes conceptions juridiques, je ne puis donc considérer la Société des Nations comme un « super-gouvernement ». Bien plus,
je dois dire aussi qu'en fin de compte, les états n'existent pas grâce
à leur souveraineté, mais que la souveraineté provient de l'Etat.
Si, à l'avenir, le sort des états pouvait, par bonheur, se modifier de
telle façon qu'un « super-gouvernement » pût être établi, je ne me dé-
clarerais pas l'ennemi d'un tel gouvernement. Tout dépend de la façon
dont il serait composé et de la question de savoir si vraiment il servirait à représenter les plus hauts idéals de l'humanité. J'estime donc
que la tâche des interparlementaires de tous les groupes sera de veiller
à ce que, au sein de la Société des Nations, on tienne compte, le plus
possible, des idées américaines et à ce que les états, qui font partie de
la Société, se déclarent prêts à faire aux Etats-Unis les plus larges
concessions. Ces concessions seront, soit les réserves qui pourraient
être faites à certains articles du Pacte, en tenant compte des conditions spéciales de ce continent, telles que les comprennent ses habitants eux-mêmes, soit la modification de certains articles. Je recommande de déférer le plus possible aux vœux des Etats-Unis d'Amérique.

D'autre part, je souhaite également que les représentants des Etats-
Unis ne cessent de rechercher une base commune sur laquelle pour-
raient être réunis les principes de La Haye, qui sont chers au Président
Harding, et les idées de la Société des Nations. A mon avis, la solidarité

humaine, à laquelle il faut que nous croyions de nouveau, ne pourra être établie et protégée que grâce à l'établissement d'une organisation unique, embrassant le monde entier. Ainsi, nous réaliserons la grande pensée formulée jadis par l'empereur romain Marc-Aurèle : « Les états doivent être unis les uns les autres, comme les maisons d'une ville. » (*Applaudissements*).

M. le Président. — Le délégué des Etats-Unis. M. Robinson, a demandé la parole.

M. Joseph T. Robinson (United States of America). — Mr President and gentlemen of the Inter-Parliamentary Union, the American delegation in this Conference, recognising the far-reaching importance of the resolution presented by Lord Weardale, and the very profound interest which every delegate here must feel in its provisions, are not prepared at this time to take action upon the resolution. Let me assure you that while we have no authority to speak for the Government of the United States in an official capacity or to bind the citizens of our Republic to the resolutions of this convention, individually and as a group we are in hearty accord and sympathy with what we understand to be the principles and purposes underlying this Conference. (*Hear, hear.*) We realize, and we believe that the people and Government of the United States realize, that civilized humanity must take some action, reasonable and well-considered, for the preservation of the peace of the world, for the protection of this generation and the generations to come after us. (*Applause.*) We have not forgotten : we are not ignorant of the misery, the wrong, the desolation, that blighted and threatened with destruction this continent from which have come our civilization and our institutions, and we are not lacking in sympathy, intense and earnest and enduring, in the motives which have prompted good and great men from every part of the world, from lands remote from Sweden, to assemble in Stockholm in the hour when brave humanity is again lifting its head in prayerfulness and hopefulness. We are not lacking in purpose to join with you, with our efforts and resources, to lead humanity forward in the march for civilization and for peace. It is not my purpose now to discuss the details of the resolution presented by Lord Weardale. In order that the delegates in the American group may have an opportunity of familiarising themselves with its provisions and its purposes, and of reaching a conclusion as to what should be our stand and our action here touching the resolution, assuring you of our sincere purpose and hearty desire to cooperate with you in every possible and reasonable

way for the accomplishment of the purposes of the Union, I ask that
the Conference will adjourn the discussion until to-morrow in order
that we may further consider the resolution. (*Applause.*)

Traduction française du discours de M. Robinson

M. Joseph T. Robinson (Etats-Unis d'Amérique). — M. le Président et Messieurs, la délégation américaine à cette Conférence reconnaît la haute portée de la résolution proposée par Lord Weardale
et le grand intérêt que chacun de ses membres doit apporter à l'examen de ses considérants. Toutefois, la délégation n'est pas encore prête,
en ce moment, à prendre parti au sujet de cette résolution. Bien que nous
n'ayons pas le mandat de parler officiellement au nom du Gouvernement des Etats-Unis et que nous ne puissions lier nos concitoyens
aux résolutions de cette assemblée, permettez-moi cependant de vous
assurer que chacun de nous, aussi bien que notre Groupe, sommes
sincèrement d'accord avec les principes et les buts qui sont à la base
de cette Conférence, et que nous leur accordons toute notre sympathie. (*Très bien.*) Nous nous rendons compte, et nous croyons que le
peuple et le Gouvernement des Etats-Unis se rendent compte aussi,
que l'humanité civilisée doit entreprendre une action raisonnée et
mûrement réfléchie, afin de conserver la paix sur la terre et de proté-
ger notre génération et les générations à venir. (*Applaudissements.*)
Nous n'avons pas oublié ; nous n'ignorons pas la misère, les maux et
la désolation qui ont dévasté et menacé de destruction le continent
d'où notre civilisation et nos institutions sont sorties. Nous ne refusons pas non plus notre intense, profonde et durable sympathie aux
motifs qui, de toutes les parties du monde, ont poussé des hommes cha-
ritables et distingués à venir de pays très éloignés de la Suède s'assem-
bler à Stockholm, au moment où l'humanité courageuse relève de
nouveau la tête, pleine d'espérance et le cœur débordant de prières.
Nous ne nous refusons pas de nous joindre à vous, avec nos forces
et nos ressources, afin de conduire l'humanité sur le chemin de la civilisation et de la paix. Je n'ai pas l'intention de discuter maintenant
les détails de la résolution présentée par Lord Weardale. Je demande
que la Conférence ajourne la discussion sur cet objet jusqu'à demain,
pour que mes amis et moi puissions examiner plus à fond la résolution. Les délégués américains auront ainsi la possibilité d'étudier eux-
mêmes les considérants et les propositions de la résolution, et de parvenir à s'entendre au sujet de leur attitude et de leur action au sein

de l'Assemblée. Je vous assure que c'est notre sincère intention et notre vif désir de collaborer avec vous, par tous les moyens possibles, à l'accomplissement des buts de l'Union. (*Applaudissements.*)

M. le Président. — Je suis convaincu que la Conférence ne s'oppose pas à la demande du Groupe américain, de continuer ce débat demain matin, mais je suis persuadé également que nos amis américains voudront bien nous permettre d'entendre encore un délégué qui a déjà demandé la parole. Lorsqu'il aura fini, nous ajournerons la discussion jusqu'à demain matin.

Je donne la parole à M. le délégué de l'Italie, M. le Sénateur Maggiorino Ferraris.

M. Maggiorino Ferraris (Italie). — Je crois de mon devoir de remercier avant tout notre illustre Président, Lord Weardale, du rapport qu'il nous a présenté et surtout des résolutions qu'il désire soumettre à l'approbation et au vote de l'Assemblée. Ces résolutions sont de la plus haute importance pour l'Union interparlementaire, puisqu'elles tendent à maintenir dans un travail et un but communs ces deux grandes institutions, la Société des Nations et l'Union interparlementaire. Tous ceux qui pensaient que ces deux institutions ne pourraient pas vivre parallèles et indépendantes, constateront par la lecture des résolutions proposées par Lord Weardale, que nous désirons vivement nous associer au travail que la Société des Nations a entrepris si utilement pour la paix de l'Europe et pour l'humanité.

Je dois aussi remercier M. le professeur Schücking, Président du Groupe allemand, de la façon vraiment juste dont il a traité la question de la Société des Nations, soit en elle-même, soit à l'égard des Etats-Unis.

Dans son discours profond, que j'ai beaucoup admiré, M. le professeur Schücking vous a indiqué quel était le travail de la Société des Nations. Il a étudié la Société dans ses documents, ses rapports et surtout dans le compte-rendu dont il vient de parler. Quant à moi, j'ai eu la bonne fortune de participer aux travaux de la Société depuis sa création lors de la réunion de son premier Conseil, dans la salle de l'Horloge à Paris, le 16 janvier 1919, à la réunion de Londres, à l'Assemblée générale de Genève, à la Conférence de Bruxelles et à la Conférence de Barcelone, et je puis dire que l'exposé que M. le professeur Schücking vient de faire, répond tout à fait à la vérité. La Société des Nations n'est pas seulement une grande organisation politique des nations, elle est aussi une grande organisation du travail social pour le bien-être de l'humanité et surtout pour le bien-être des classes ouvrières et populaires. L'organisation du travail grâce à la création du Bureau international du Travail, l'œuvre en faveur des prisonniers détenus en Sibérie et en Russie, la lutte contre le typhus, la Conférence de Bruxelles, qui s'efforça de trouver un moyen d'améliorer la situation économique des peuples et surtout d'améliorer le change des pays à monnaie dépréciée, la Conférence de Barcelone signée par quarante états qui se sont engagés à respecter la liberté du trafic dans le monde entier, la Conférence de Gênes pour l'organisation du travail dans la marine marchande, tout cela constitue autant d'événements glorieux que la paix vient d'écrire dans l'histoire de cette humanité que la guerre avait si douloureusement éprouvée. (*Applaudissements*.)

M. le professeur Schücking demande que certains articles du Pacte soient modifiés. Je suis parfaitement de son avis, mais je sortirais du domaine du travail et de la compétence de cette Assemblée si j'entrais dans les détails. J'espère qu'on en arrivera là. Nous voulons donner à la Société des Nations un caractère d'universalité et d'égalité des états qu'elles a déjà pris. Mais, permettez-moi de vous faire observer ce qui a été très bien dit par notre Président : au sein de la Société des Nations, tous les états n'ont qu'une voix, tous les états sont dans la même situation, quelle que soit leur étendue. A mon avis, c'est la première fois, dans l'histoire diplomatique, que nous voyons les petits états qui, à certaines époques ont joué un grand rôle dans l'histoire de l'humanité, mis sur un pied d'égalité avec les plus grandes nations. Voilà ce que signifie à présent la Société des Nations. (*Applaudissements*.)

Je voudrais cependant faire quelques petites réserves, si M. le professeur Schücking me le permet, sur un point que j'espère n'avoir pas bien compris lorsqu'il a déclaré que, dans une certaine mesure et dans certaines limites, la Société des Nations avait plutôt un caractère politique que juridique et que la Conférence de La Haye avait un caractère plus juridique que politique. En apparence, il peut en être ainsi. Mais, il est impossible de retrancher tout à fait le caractère politique des représentants des états. Nous vivons tous dans la politique et, plus nous cherchons à nous libérer de la politique, davantage nous y sommes attachés. Mais M. Schücking me rendra justice et reconnaîtra que c'est la délégation italienne à Genève qui, par l'organe de son président, M. Tittoni, a déclaré que la Société des Nations doit être un organisme pour le droit et la justice parmi tous les peuples de la terre, et que tout caractère politique doit cesser là où la Société des Nations commence.

C'est à ce caractère juridique et moral de la Société des Nations

que j'ai le devoir de rendre hommage ici, parce que, ayant plusieurs
fois participé comme délégué de mon pays à ses délibérations et surtout aux d:scussions très délicates relatives aux questions qui divi-
saient les états faisant naguère partie de l'Empire d'Autriche, j'ai toujours constaté qu'un grand esprit de justice et d'humanité triom-
phait sur les intérêts économiques des peuples.

Faut-il fonder à présent une troisième organisation ou bien faut-
il chercher à donner à la Société des Nations le caractère que Lord
Weardale indique dans sa première résolution ? La question est délicate, je ne peux pas dire ce que serait l'avis du Gouvernement italien,
ni même le mien, mais j'affirme que ce serait une grande erreur de
détruire avant de savoir comment reconstruire. La destruction est
facile, la reconstruction difficile. C'est la première fois dans l'histoire
de l'humanité que nous avons vu 41 états, du Japon et de la Chine
à l'Amérique du Nord et à l'Amérique du Sud, se réunir dans une pensée de justice, d'humanité et de désarmement. Il faut donc procéder
avec beaucoup de sagesse et bien réfléchir avant de prendre des résolutions qui risqueraient de faire retomber l'humanité dans le désordre
et dans la situation malheureuse dans laquelle nous nous sommes
trouvés avant et pendant la guerre, et de détruire cette humanité
plus radieuse que nous souhaitons pour les enfants de ceux qui, d'un
côté et de l'autre, sont tombés sur les champs de bataille. (*Applaudissements.*)

J'espère donc vivement que l'on trouvera une base d'accord entre
la Société des Nations et les Etats-Unis et — permettez-moi d'ajouter
en mon nom personnel et, je le crois aussi, au nom de la délégation
italienne que j'ai l'honneur de représenter en ce moment — une base
d'accord entre la Société des Nations et l'Allemagne. Je le proclame
ici comme Italien, dans le désir de voir la Société des Nations revêtir le
caractère universel et perpétuel que nous souhaitons tous. (*Bravos et
applaudissements.*)

Je m'adresse à la délégation américaine, au nom de laquelle a parlé
M. le Sénateur Robinson, le brillant orateur que nous avons écouté
avec tant de plaisir. Nous comprenons très bien que la délégation
américaine demande 24 heures avant de nous annoncer sa résolution.
Nous avons appris quelle était l'opinion individuelle de M. le Sénateur
Robinson qui est tout à fait d'accord, de cœur et de pensée, avec cette
assemblée. Il faut donc en finir avec la guerre, il faut en finir, avec les
armements qui pèsent sur la reconstruction qu'attendent les peuples, grands et petits. M. le Sénateur a très bien dit qu'il nous faut
tous travailler à cette reconstruction de l'humanité.

J'espère que la délégation américaine voudra bien se rallier demain aux résolutions qui ont été proposées par Lord Weardale. J'espère même davantage. J'espère que la délégation américaine, de retour dans son pays, voudra bien user de son influence, soit auprès du Président Harding, auquel nous présentons nos hommages, soit auprès du grand peuple américain, pour arriver à une œuvre d'apaisement, à une œuvre de conciliation, une œuvre qui cherche à réunir le point de vue américain et celui de la Société des Nations.

J'espère que nous pourrons, dans un temps pas trop éloigné, fêter comme un succès de cette Conférence de nouvelles adhésions à la Société des Nations, qui deviendra ainsi l'expression universelle de la volonté de l'humanité dans un but de paix et pour le bienfait des peuples. (*Applaudissements prolongés*).

M. le Président. — Aucun membre n'ayant demandé la parole, je propose à la Conférence d'approuver la demande de la délégation américaine et d'ajourner la discussion jusqu'à demain matin.

Adopté.

ORDRE DU JOUR N° 4

L'Union interparlementaire et l'organisation internationale du travail

M. le Président. — Nous prenons la suite de l'ordre du jour : « L'Union interparlementaire et le Bureau international du travail. »

M. Justin Godart avait été désigné comme rapporteur, mais pour les raisons que vous connaissez, il n'est malheureusement pas ici. Nous nous félicitons qu'un spécialiste dans ces questions, le très éminent M. Jean Sigg, membre de la délégation suisse, ait bien voulu se charger de présenter le rapport sur cet objet. Je donne la parole à M. Jean Sigg.

M. Jean Sigg. — Je voudrais tout d'abord, avant d'entrer dans le vif de mon sujet, solliciter votre très grande indulgence. C'est hier que j'ai appris que je devais remplacer, au pied levé, M. le rapporteur distingué que le Comité avait choisi, mon excellent collègue et ami M. Godart, député de Lyon au Parlement français. Si donc mon rapport, dans quelques-unes de ses parties, présente des lacunes, je vous prierai, avec votre bienveillance habituelle, de bien vouloir les combler, si je commets quelques erreurs, de bien vouloir les redresser, si je suis incomplet, de vouloir bien me compléter.

Vous avez eu sous les yeux le texte de la résolution sur laquelle vous serez appelés à vous prononcer.

Lorsqu'il y a deux ans, nous apprîmes, à Genève et en Suisse, que le Bureau international du Travail viendrait se fixer chez nous, ce fut une grande joie dans la classe travailleuse. Puis, l'année suivante — car chez nous ce ne sont heureusement pas les gouvernements qui se prononcent en dernier ressort, mais, grâce à notre régime démocratique, c'est le peuple lui-même — l'année suivante, le 16 mai, la Suisse, à une majorité respectable, donnait son adhésion à son entrée dans la Société des Nations. Cé fut là encore un grand jour pour nous tous.

Mais, depuis deux ans, il semble qu'en particulier en ce qui concerne le Bureau international du Travail, la situation ait singulièrement changé. En ce moment, ce Bureau est battu par deux grands courants contraires entre lesquels il risque d'être brisé : du côté de l'extrême-droite, on lui reproche de travailler pour une doctrine déterminée et, laissez-moi le dire, comme en bon Suisse j'aime appeler un chat un chat, on lui reproche de travailler pour le «socialisme», alors qu'il n'en est rien. D'autres lui reprochent également son activité débordante. D'autres enfin l'accusent d'empiéter sur certains domaines dans lesquels il n'a rien à faire et où cet empiétement pourrait être infiniment plus néfaste qu'utile. Mais il ne faudrait cependant pas oublier que nous avons ici les textes du Traité de paix, que ces textes sont absolument précis, et que la tâche du Bureau international du Travail est absolument déterminée. Je pense que, devant des parlementaires avisés comme vous l'êtes et connaissant bien les questions, il ne sera pas nécessaire de vous donner le texte complet de la Partie XIII, Section I, de l'organisation du travail. Je veux cependant vous en lire quelques passages :

« Attendu que la Société des Nations a pour but d'établir la paix universelle et qu'une telle paix ne peut être fondée que sur la base de la justice sociale ;

« Attendu qu'il existe des conditions de travail impliquant pour un grand nombre de personnes l'injustice, la misère et les privations, ce qui engendre un tel mécontentement que la paix et l'harmonie universelles sont mises en danger, et attendu qu'il est urgent d'améliorer ces conditions ; par exemple, en ce qui concerne la réglementation des heures de travail, la fixation d'une durée maxima de la journée et de la semaine de travail, le recrutement de la main d'œuvre, la lutte contre le chômage, la garantie d'un salaire assurant des conditions d'existence convenables, la protection des travailleurs contre les maladies générales ou professionnelles et les accidents résultant du travail, la protection des enfants, des adolescents et des femmes, les projets de vieillesse et d'invalidité, la défense des intérêts des travailleurs occupés à l'étranger, l'affirmation du principe de la liberté syndicale, l'organisation de l'enseignement professionnel et technique et autres mesures analogues ;

« Attendu que la non adoption par une nation quelconque d'un régime de travail réellement humain fait obstacle aux efforts des autres nations désireuses d'améliorer le sort des travailleurs dans leur propre pays ;

« Les Hautes parties contractantes, mues par des sentiments de justice et d'humanité aussi bien que par le désir d'assurer une paix mondiale durable, ont convenu ce qui suit :..... »

Vous voyez donc que le Bureau international du Travail, dans ce qu'il a fait jusqu'à présent, n'a nullement outrepassé les compétences qui lui ont été accordées d'une façon précise par le Traité de paix. On lui reproche encore peut-être une surabondance d'informations. Il ne faut pas oublier cependant qu'aujourd'hui, au moment où les questions économiques deviennent de jour en jour plus complexes, où les problèmes s'enchevêtrent les uns dans les autres, il est nécessaire qu'un Bureau comme le Bureau international du Travail ait devant lui une information complète, sûre, de façon à pouvoir juger « et la valeur des expériences faites et la valeur des résultats obtenus ».

On a affirmé, dans certains milieux, que le Bureau international du Travail n'était qu'un simple prolongement de l'ancien Bureau de l'Association pour la Protection légale des Travailleurs, qui existait à Bâle et qui a disparu depuis. Je ne voudrais cependant pas qu'on oubliât — c'est pourquoi je me permets de vous le rappeler — les efforts tenaces et persévérants de la classe ouvrière pour demander que dans les conditions de paix, il y ait au moins un chapitre qui s'occupe des travailleurs, qui ont toujours été les premiers au danger.

Je vous rappelle qu'en septembre 1914, la Fédération américaine du Travail, qui compte une dizaine de millions d'adhérents, s'est déjà occupée d'une charte du travail. La question a été reprise, en juillet 1916, au Congrès de Leeds ; elle a été reprise en avril 1917 à Stockholm et en 1917 également à Berne, avec des représentants des empires centraux et des ouvriers appartenant aux pays neutres qui ont appuyé les décisions prises par le Congrès de Leeds, jusqu'au moment où, en 1919, le 1er février, fut convoquée une nouvelle Conférence internationale qui établit pour la première fois une véritable charte du travail.

Si vous voulez connaître l'opinion de la classe ouvrière à ce moment, l'importance qu'elle mettait à voir figurer dans le Traité de paix quelques dispositions qui la protégeraient contre l'exploitation de son travail, voici ce qu'elle disait à Leeds en 1916 :

« Le Traité de paix, qui doit mettre fin à la guerre mondiale, assurera aux peuples la liberté dans l'indépendance politique et économique. Il doit également mettre la classe ouvrière hors des atteintes de la classe capitaliste internationale et lui-assurer dans tous les pays un minimum de garantie d'ordre moral et matériel, relativement au droit au travail, au droit syndicaliste, aux migrations, aux assurances sociales, à la durée, à l'hygiène et à la sécurité du travail. »

En avril, la Conférence de Stockholm, où se trouvaient réunis les délégués des associations syndicales allemandes et austro-hongroises, envoyait la dépêche suivante à M. Jouhaux, Secrétaire de la Conférence générale du Travail à Paris, actuellement violemment combattu par les communistes :

« La Conférence salue les décisions de Leeds de juillet 1916 comme une initiative importante pour les intérêts des travailleurs organisés de tous les pays et comme un signe réjouissant du bon vouloir d'écarter les divisions des travailleurs provoquées par la guerre. »

Vous comprendrez alors qu'il était impossible à ceux qui s'occupaient d'établir le Traité de paix, à ceux qui, gouvernements, ouvriers et patrons, se trouvaient réunis, de ne pas céder à cette pression constante, persévérante et continue de la classe ouvrière, et de ne pas mettre quelque chose dans le Traité de paix, c'est-à-dire dans la Partie XIII, dont je vous ai lu un passage.

On pourrait, si vous permettez, ramasser en une formule brève et cristallisée, tout ce qui est contenu dans la Partie XIII : c'est que la paix universelle ne peut être fondée que sur la justice sociale, et que la Partie XIII du Traité de paix consacre en quelque sorte pour la classe ouvrière les conséquences sociales de la guerre.

Je vous laisse à penser quels furent les sentiments qui agitèrent alors les différentes parties de la population : grande joie dans les milieux syndicaux, parce qu'on reconnaissait enfin le rôle social du travailleur, parce qu'on ne voulait plus dire que le travail était une simple marchandise qu'on pouvait manipuler comme il vous plaisait et que, dans les conflits économiques et politiques de l'avenir, le travail aurait son rôle à jouer, alors qu'auparavant on semblait constamment l'ignorer.

Cette pensée conduisit à la création de la Fédération internationale syndicale d'Amsterdam, actuellement violemment combattue par l'Internationale de Moscou, Internationale d'Amsterdam, qui compte encore entre 25 et 28 millions d'adhérents.

Des industriels clairvoyants comprirent qu'au lendemain de la guerre, alors que dans les pays belligérants, patrons et ouvriers, banquiers, employés, commerçants, simples manœuvres avaient subi les mêmes souffrances, passé par les mêmes heures d'affres et d'angoisse, le moment était venu de changer à l'intérieur même, à l'usine, dans l'industrie, dans le commerce, la banque et ailleurs, les conditions de travail et les relations entre le patronat et la classe ouvrière.

Un certain nombre de gouvernements eux-mêmes estimèrent eux aussi que le moment était venu, alors qu'ils n'avaient pas osé apporter des réformes audacieuses avant la guerre, de réaliser ces réformes audacieuses. Malheureusement cela ne dura pas longtemps. Sans doute il y eut une entente, à l'unanimité près, à Washington, et tout le monde se prononça pour la journée de 8 heures, pour une lutte méthodique contre le chômage, contre l'emploi des femmes avant et après l'accouchement, contre le travail de nuit des femmes, pour la fixation d'un âge minimum d'admission des enfants dans l'industrie, contre le travail de nuit des enfants.

Il s'est trouvé un certain nombre de pays qui ont tenu les engagements pris à Washington. D'autres ont suspendu les projets déjà préparés et qui allaient venir en discussion devant leur parlement. Il en est d'autres enfin, dans lesquels une bureaucratie tracassière et tâtillonne fait en sorte que les choses n'avancent pas du tout. Il en est enfin quelques-uns qui ont l'idée de derrière la tête de rendre nulles et non avenues les conventions et les recommandations de Washington, et de reprendre la bataille contre la classe ouvrière par la disparition de la journée de 8 heures.

On a attaqué le Bureau international du Travail spécialement sur les recherches qu'il fait aujourd'hui en matière de production ; car, si je suis bien renseigné, je crois que le mémoire qui paraîtra très prochainement nous dira que la diminution de la production ne doit pas être cherchée dans l'introduction de la journée de 8 heures, mais qu'il est un grand nombre d'autres facteurs qui jouent un rôle infiniment important dans cette question de la journée de 8 heures. C'est contre cette constatation qu'une partie du patronat européen s'élève à l'heure actuelle.

Vous savez ce qui se passe aujourd'hui à propos de la prochaine Conférence où il sera parlé de l'agriculture : des pays ne veulent même pas que le Bureau international pose la question. À plus forte raison ne veulent-ils pas qu'on cherche des solutions au problème si complexe, je le reconnais, du travail agricole.

En même temps que se dessine ce mouvement de bataille contre le Bureau international du Travail, vous voyez qu'une partie de la classe ouvrière, lassée par ces tergiversations, fatiguée par ces atermoiements, se jette de plus en plus dans les bras des extrêmistes et en vient à dire, avec les dirigeants de la politique russe et ceux qui les suivent aujourd'hui en Europe, que le Bureau international du Travail n'est pas autre chose qu'une institution vendue aux capitalistes dont elle fait les affaires, et qu'il n'est rien du tout pour la classe ouvrière.

Eh bien, aujourd'hui, devant la résolution qui nous est présentée, nous avons à faire notre choix, comme délégués de l'Union interparlementaire : ou bien l'indifférence, la veulerie, l'abandon de ce qui a été fait jusqu'à présent par le Bureau international du Travail ; ou bien, en adoptant la résolution, arriver à soutenir énergiquement par notre intervention tous les travaux de cette institution.

Nous avons actuellement, dans le chaos au milieu duquel nous nous débattons, deux courants qui se heurtent chaque jour avec plus de violence : le courant démolisseur, destructeur, dont le règne sera peut-être passager, mais qui aura duré suffisamment longtemps pour détruire ce que nous mettrons de longues années à reconstruire, et le courant des reconstructeurs qui veulent se grouper en matière de production et de travail autour du Bureau international du Travail.

Telles sont les brèves explications que j'avais à vous donner. Je vous demande pardon si, dans quelques-unes d'entre elles, j'ai mis quelque vivacité. Mais vous me pardonnerez quand vous saurez que je représente ici spécifiquement la classe ouvrière, un peu rude, de la Suisse. (*Applaudissements*).

M. van Kol (Pays-Bas). — Je regrette d'être obligé par les circonstances de demander pour la seconde fois la parole, mais je n'abuserai pas de la patience de cette Conférence.

Je voudrais seulement proposer un petit amendement à la résolution que nous avons sous les yeux, puis exprimer un désir et appuyer un peu plus sur un des buts du Bureau international du Travail sur lequel mon ami, M. Sigg, a un peu trop vite glissé dans son rapport.

Dans la première phrase de la résolution il est dit : « La XIX.ᵉ Conférence interparlementaire salue avec satisfaction la création de la Conférence et du Bureau international du Travail », etc. Je trouve cette expression un peu faible et je voudrais y ajouter les mots suivants : « dont elle apprécie les travaux ».

Puis, il y a un autre point plus important, dont le précédent orateur n'a guère parlé. Nous lisons dans la même phrase que le Bureau international du Travail est appelé « en contribuant au progrès de paix sociale, à assurer la paix dans le monde ». Le directeur de ce Bureau, M. Albert Thomas, a dit avec beaucoup de raison qu'une paix durable sera impossible à établir dans le monde, tant qu'on n'aura pas réalisé la paix et la justice sociales.

En apparence, nous sommes encore très loin de la paix sociale. Ces dernières années, nous avons vu éclater des grèves gigantesques, dans une proportion inconnue autrefois et qui ont bouleversé la paix du monde. Le bolchévisme a gagné du terrain dans tous les pays et dans différentes classes. Mais on peut se rendre compte qu'il est heureusement arrivé à son déclin et que sa chute est prochaine.

Le Bureau international du Travail est attaqué, comme l'a déjà dit mon ami Sigg, d'un côté par les communistes, de l'autre par les réactionnaires. Il est donc, à mon avis, dans le juste milieu et il s'efforce de faire collaborer les différentes classes à l'œuvre commune de restaurer le monde. Il faut pour cela que le Bureau du Travail réussisse. Il a fait un bon pas en avant, mais, hélas, les résolutions prises à l'unanimité à Washington n'ont pas encore été exécutées. Que les gouvernements prennent seulement garde de ne pas renier les promesses qu'ils ont faites à des milliers d'ouvriers qui ont sacrifié leurs vies pendant la guerre. Ils doivent maintenant tenir ces promesses, en faisant des lois conformes aux décisions prises dans les Conférences de Washington et de Gênes, réunies par le Bureau international du Travail. Et c'est un devoir pour l'Union interparlementaire de faire en sorte que les lois, qui sont attendues aujourd'hui avec beaucoup d'impatience, soient élaborées aussi vite que possible.

C'est pour cela que j'ai lu avec beaucoup de satisfaction la dernière phrase, disant que la Conférence interparlementaire « engage chacun de ses groupes nationaux à instituer un *Comité du Travail*, qui sera chargé de diriger les travaux du Groupe dans ce sens, et qui veillera à l'exécution de l'engagement pris par l'Union, conformément au paragraphe précédent de la présente résolution. »

Le Bureau du Travail cherche à trouver une organisation du travail meilleure que celle que nous avons eue jusqu'à présent et une meilleure répartition des matières premières. Pour prouver que cette dernière question peut donner lieu à des guerres terribles, je n'aurais qu'à nommer le pétrole.

L'Union interparlementaire doit donc combattre la bureaucratie et combattre la lenteur des gouvernements à exécuter ce qui a été décidé à Washington.

Permettez-moi de vous en donner une preuve : dans mon pays,

en Hollande, nous avons la loi de la journée de 8 heures, ou plutôt, une loi qui demande qu'il n'y ait que 45 heures au lieu de 48 heures de travail par semaine ; elle va plus loin que la Convention de Washington. Seulement, les délégués de notre Gouvernement hésiteront à signer avant que d'autres pays industriels aient fait de même. Par conséquent, aucune réforme sociale sérieuse n'est possible dans un Etat, tant qu'elle n'est pas acceptée par les autres grandes puissances industrielles.

Le Bureau international du Travail peut éviter les conflits économiques. En voici une preuve flagrante : après la Conférence de Gênes, en 1920, pour la première fois les marins organisés, comptant des centaines de milliers d'ouvriers, se sont rencontrés dans une même conférence avec les propriétaires de vaisseaux. C'est alors que M. Albert Thomas a réussi à prévenir une grève, qui menaçait la vie du monde par l'arrêt du transport des vivres et des matières premières.

Le Bureau international du Travail est, en outre, un centre d'études remarquable ; c'est une vraie ruche de travail. Il fait des enquêtes très utiles sur les systèmes de production, sur les prix, sur le commerce, en un mot sur toutes les questions relatives aux nombreuses difficultés économiques dont souffrent tous les pays à l'heure actuelle. Il a publié déjà différentes publications et documents extrêmement utiles.

Voici maintenant le désir que je voudrais exprimer : les publications du Bureau international du Travail sont imprimées en français et en anglais seulement. Mais il me semble de toute justice de ne pas oublier qu'il y a des contrées où l'on ne comprend que l'allemand et qui ont été à l'avant-garde des réformes sociales, l'Allemagne, les Etats scandinaves, une grande partie de la Suisse et d'autres pays. Il serait donc de toute justice de faire également ces publications en langue allemande. En outre, la langue espagnole est parlée dans une grande partie du monde, l'Espagne, l'Amérique du Sud et ailleurs ; il serait donc très utile de publier aussi ces travaux en espagnol. Le Bureau de l'Union interparlementaire n'aurait qu'un désir à exprimer à cet égard. De plus, il faudrait que le Bureau international du Travail envoie ses publications et statistiques et le résultat de ses enquêtes à tous les parlements qui en feraient la demande.

Je ne veux plus abuser de votre patience, mais je voudrais vous prier, lorsque le hasard de vos voyages vous conduira en Suisse, de ne pas tarder à rendre visite à la ruche ouvrière que vous trouverez au Bureau international du Travail. Vous y verrez une organisation vivante, un vrai Bureau international, où presque toutes les nations sont représentées et qui, par son travail, répond au vœu des organisations ouvrières comptant des millions de membres. Son influence grandira et lui permettra d'accomplir une œuvre toujours plus utile.

Le Bureau international du Travail a éveillé des espérances dans des milliers de cœurs d'ouvriers et peut, comme nous le désirons tous, favoriser pacifiquement l'évolution sociale. J'ai dit. (*Applaudissement.*)

M. Moltesen (Danemark). — Monsieur le Président, Mesdames et Messieurs, permettez-moi de présenter quelques remarques au sujet du projet de résolution.

La majorité des membres du Groupe danois hésite beaucoup à voter pour la partie de la résolution où il est dit : « ... et promet son appui et celui de ses groupes pour obtenir, dans les divers Parlements affiliés à l'Union, la ratification des conventions et des recommandations élaborées par la Conférence internationale du Travail ». Au printemps dernier, lorsque les projets de résolutions, élaborés à Washington, vinrent en discussion devant le Parlement danois, la plupart des députés crurent devoir se désolidariser de certains de ces projets, estimant, d'une part, que notre législation et nos coutumes offraient déjà des garanties suffisantes et, d'autre part, que le Danemark ne pouvait pas, à l'heure actuelle, s'engager d'une manière ferme, tant que les pays industriels qui lui font concurrence n'auraient pas pris des mesures aussi radicales que celles déjà réalisées dans notre pays.

Je considère que les articles du Traité de Versailles, qui se rapportent à la réglementation internationale des conditions du travail, comptent parmi les plus importants de tous, et que le Bureau du Travail a chance d'être, au sein de la Société des Nations, l'institution qui, dans cette première période, est susceptible de faire vivre la Société des Nations. Toutefois, il faut se garder de vouloir aller trop vite et d'« être plus royaliste que le roi ». Cela me fait songer aux déclarations suivantes, faites par M. Albert Thomas dans la lettre adressée par lui, en date du 4 décembre 1920, au Président et Directeur de l'Union des paysans suisses (*Bulletin* du 8 déc. 1920, N° 14) : « It is for this very reason that the governing Body speaks, not of the *adoption* of the principles of Washington for agriculture, but of their adaptation .... And again, gentlemen, we ask you to believe, that we are as deeply convinced as you yourselves that it will be vain », etc.

A l'avis du Groupe danois, il sera peut-être nécessaire d'appliquer ce point de vue à d'autres branches d'activité que l'industrie, pour le moins tant que les Etats-Unis d'Amérique, l'Allemagne et la Russie ne feront pas partie de la Société des Nations et que le Sénat américain s'opposera à la ratification de la partie du Traité de Versailles qui traite du Bureau du Travail.

Je crains que l'Union Interparlementaire ne risque de voir diminuer son prestige et son autorité, en adoptant des résolutions qui dépassent la portée de bon nombre de ses membres. Les paroles violentes qui se traduisent par des actes modérés sont fatales aux unions comme aux institutions. Je suis d'avis que les groupes devraient être autorisés à s'employer en faveur de l'adaptation, chaque fois que les circonstances rendent l'adoption impossible, car j'ai l'espoir que nous nous acheminons vers une organisation de la société où l'adoption pure et simple sera possible. En conséquence, je me permets, au nom de la plupart des membres de mon Groupe, d'exprimer le vœu que la résolution précitée soit modifiée dans le sens indiqué par moi, et que l'on supprime le passage « pour obtenir dans les divers Parlements », etc., jusqu'à « Conférence internationale du Travail », etc.

Je propose d'ajourner la suite de la discussion à demain.

M. Karl Hildebrand (Sweden). — Ladies and gentlemen, the Swedish Parliament has already discussed the proposals of the International Labour Conference and has accepted some of them but not all, for example not the proposal regarding the eight-hours-day, because Sweden already has a law on the eight-hours-day as a trial valid till the end of 1923. The result is that Sweden will not ratify all the proposals.

In this situation it is impossible, I think, for the Swedes to promise, as it is said in the Draft Resolution, to support the Union with a view « to procuring the ratification of conventions and recommendations, which are drawn up by the International Labour Conference. ».

I have the same proposal as M. Moltesen, to leave out the following part of the Draft Resolution : « To procuring the ratification of conventions and recommendations, which are drawn up by the International Labour Conference. »

Traduction française du discours de M. Hildebrand

M. Karl Hildebrand (Suède). — Le Parlement suédois a déjà discuté les recommandations de la Conférence internationale du Travail. Il a adopté quelques-unes d'entre elles, mais non pas toutes, par exemple, celles ayant trait à la journée de 8 heures. En effet, il existe déjà en Suède une loi introduisant la journée de 8 heures, à titre d'essai, jusqu'à la fin de 1923. La Suède ne ratifiera donc pas toutes les recommandations proposées.

Dans ces conditions, il me paraît impossible à la délégation suédoise de s'engager, ainsi que le demande le projet de résolution, à prêter son aide à l'Union « pour obtenir, dans les divers parlements affiliés à l'Union, la ratification des conventions et des recommandations élaborées par la Convention internationale du Travail ».

Je m'associe à la proposition de M. Moltesen de supprimer du projet de résolution : « pour obtenir dans les divers parlements affiliés à l'Union la ratification des conventions et des recommandations élaborées par la Conférence Internationale du Travail, etc. »

Mr A. Baldwin Raper, M. P. (Great Britain). — In view of the importance of the resolution under discussion and the great differences of opinion regarding it, the lateness of the hour, and the fact that several delegates have left, I beg to move that the consideration of this resolution be adjourned until to-morrow.

Traduction française.

M. A. Baldwin Raper, M. P. (Grande-Bretagne). — Je propose que l'examen de cette résolution soit renvoyé à demain, étant donné l'importance du sujet en discussion, les grandes divergences d'opinion qui se font jour à son égard, l'heure tardive et le fait que plusieurs délégués se sont retirés.

M. le Président. — Deux membres ont encore demandé la parole. Mais l'heure étant avancée, je vous propose de renvoyer la suite de la discussion à demain.

M. Jean Sigg (Suisse). — Je voudrais demander s'il serait possible pour les délégués de langue française de connaître exactement les amendements qui sont proposés. J'ai beaucoup de bonne volonté pour comprendre mes collègues qui ne sont pas maîtres de la langue française ; mais j'avoue que je n'ai pas compris, par exemple, l'amendement de M. le Dr Moltesen. Ce n'est pas votre faute et ce n'est pas la mienne ; vous êtes danois, et moi pas. Il en est de même pour le texte anglais.

M. le Secrétaire général. — Je voudrais éclairer M. Jean Sigg.

Il y a d'abord un amendement de M. van Kol, qui propose d'ajouter à la fin de la deuxième ligne les mots suivants : « dont elle apprécie les travaux. »

M. le Dr Moltesen a suggéré de biffer quelques mots au milieu du deuxième paragraphe, à partir de la troisième ligne, et de dire : « et promet son appui et celui de ses Groupes pour seconder en général l'œuvre du Bureau international du Travail. » M. Hildebrand a approuvé ce texte. Il a donc été fait jusqu'à présent deux propositions. Le dernier orateur anglais a tout simplement proposé l'ajournement du débat jusqu'à demain matin ; M. Moltesen avait déjà fait la même suggestion.

M. le Prèsident. — Nous commencerons demain à 10 heures et continuerons la discussion sur l'objet N° 4.

La séance est levée à 5 heures.

SÉANCE DU JEUDI 18 AOUT 1921,
MATIN

Présidence de **M. le baron Adelswärd**

La séance est ouverte à 10 h. 30.

M. le Président. — Avant de reprendre la discussion, permettez-moi de vous faire quelques communications :

Le Conseil interparlèmentaire a décidé de porter à l'ordre du jour, comme N° 8*b*, une proposition de M. Thomas Lough, relative au régime des passeports.

Vous trouverez le texte de la proposition de M. Lough, en français et en anglais, sur vos places. La traduction allemande suivra.

Un compte-rendu analytique, préparé par les soins du Groupe suédois, a été imprimé en français et vous a été distribué.

Un projet de résolution relatif au N° 5 de l'ordre du jour, la revision des Statuts, a été approuvé par le Conseil et distribué sur vos places. Des projets de résolutions relatifs aux N°s 7 et 8 de l'ordre du jour (rapporteurs : MM. Treub et Schücking) ont été approuvés par le Conseil et seront distribués dans le courant de la journée.

Des traductions allemandes de toutes les résolutions seront également distribuées.

M. le Secrétaire général. — Le Bureau a reçu un télégramme du vétéran danois, M. Fredrik Bajer. Il salue et félicite la Conférence et exprime ce vœu : « Vivent toutes les nations sans exception. » (*Bravos et applaudissements.*)

M. le Président. — Je me permets de proposer à la Conférence de charger le Bureau d'envoyer un télégramme, en réponse à M. Bajer. (*Applaudissements.*)

Je prie les membres du Conseil de se réunir immédiatement après la séance, dans la salle habituelle. La réunion sera assez courte, mais très importante, de sorte que je prie les membres du Conseil de vouloir bien s'y rendre tous.

Enfin, vous savez qu'on ne peut vivre sans les photographes, il y en a toujours et partout et il y en a un ici. Je pense qu'il est prêt et je vous prie, avant de commencer la discussion, de rester tranquilles pendant deux minutes pour être photographiés.

En outre, un autre photographe désire prendre une grande photographie de tous les groupes de la Conférence sur l'escalier du Palais du Parlement. Je vous prie d'arriver demain matin quelques minutes avant dix heures, pour la prise de cette photographie.

Nous reprenons maintenant notre travail.

Ordre du jour No 4.

L'Union interparlementaire et l'organisation internationale du travail

Reprise de la discussion

M. Procopé (Finlande). — Conformément au principe très juste qu'a adopté notre Union, en décidant que nous avions le droit de voter personnellement et non pas par Groupe, je me permets d'exprimer quelques opinions personnelles sur la question N° 4, dont nous nous occupons maintenant.

Je tiens tout d'abord à faire remarquer que le Parlement et le Gouvernement finlandais ont très largement donné leur approbation aux recommandations de la Conférence du Travail de Washington. Notre législation est, sur des points essentiels, au moins aussi avancée que ces recommandations. Je suis tout à fait persuadé que les autres recommandations seront également approuvées par la Diète finlandaise. Cependant on ne peut pas se dissimuler le fait que ces recommandations ont rencontré une résistance assez forte dans divers parlements, et même dans quelques pays, une résistance de la part de la majorité des membres du parlement.

Ces recommandations ont été rejetées pour des raisons diverses, que l'on peut approuver ou non ; toutefois le fait n'est pas niable que certains pays ont rejeté ces recommandations. Il en résulte que nous ne pouvons pas accepter la proposition N° 4, et notamment le paragraphe 2, dans la rédaction proposée.

D'autre part, il n'est que trop probable, qu'à l'avenir, les recommandations ne pourront pas être acceptées sans réserves dans tous les pays.

C'est pourquoi, il me semble nécessaire de faire quelques changements au paragraphe 2 de la proposition. Je suis tout à fait d'accord avec M. Moltesen, qu'il faut supprimer quelques mots dans ce paragraphe. D'autre part, je crois qu'il est nécessaire pour l'Union et pour cette assemblée, non seulement d'exprimer notre sympathie profonde pour l'œuvre de la Conférence et du Bureau international du Travail, mais aussi de promettre notre appui, de promettre de seconder autant que possible cette œuvre. Je me permets donc de vous proposer que le paragraphe 2 de la résolution, dont nous nous occupons maintenant, soit rédigé de la manière suivante :

« Elle exprime sa conviction profonde de l'intérêt qu'aura l'Union à coopérer à cette œuvre de pacification, et promet son concours et celui de ses groupes pour appuyer et seconder sous tous les rapports l'œuvre de la Conférence et du Bureau international du Travail. » (*Applaudissements.*)

M. Luiggi (Italie). — En ce qui concerne la question du travail, je dois attirer l'attention de la Conférence, au nom de la délégation italienne et en mon nom personnel, sur la différence très marquée qui existe entre les travailleurs qui exercent leur profession à l'abri des intempéries et ceux qui travaillent en plein air, tout particulièrement les agriculteurs, exposés à toutes les variations du temps.

En faveur des ouvriers de la première catégorie, c'est-à-dire en faveur de ceux qui travaillent dans les usines, dans les mines et même qui sont employés à la construction des maisons, la journée de 8 heures environ est admise presque partout. Ce n'est pas ici le cas de la discuter.

Par contre, pour les travailleurs de la campagne, il faut tenir compte des variations de la température, des conditions spéciales du climat dans chaque période de l'année et dans chaque région, et aussi des intérêts si variables des différentes cultures agricoles, de l'élevage du bétail et des autres besoins inhérents à l'agriculture. Pour ces travailleurs, la journée de 8 heures est un non-sens. Nous en avons eu, en Italie, des preuves désastreuses. Les paysans ne savent comment employer leur temps pendant l'après-midi, après leurs 8 heures de travail ; ils sont enclins à aller au café, ce qui est déjà un mal, mais il y a pis encore : pendant la période des récoltes, ils ne veulent pas travailler plus de 8 heures, même avec une augmentation de salaire, alors qu'il serait du plus grand intérêt pour tous, qu'ils travaillent aussi longtemps que possible pour mettre, le plus rapidement que faire se peut, les récoltes à l'abri des intempéries.

En Italie, le cas s'est présenté où, au lieu de faire en une semaine à peu près la récolte du blé, comme cela se faisait auparavant, on a employé trois semaines et même davantage, lorsque, pendant ce temps, la pluie venait à tomber. En conséquence, les épis sont devenus trop mûrs et les grains de blé sont sortis de leurs enveloppes pour tomber à terre et être ainsi perdus. On peut dire que, dans certains cas, on a perdu le 10% de la récolte qui aurait pu être utilisée tout entière, si la moisson avait été faite rapidement, comme auparavant. La récolte ainsi réduite, le coût de la production augmente et le coût de la vie aussi.

Nous estimons, qu'en ce qui concerne les travaux agricoles, on devrait fixer un certain nombre d'heures par année, mais qu'on devrait laisser une très grande latitude d'adaptation, eu égard aux conditions locales et climatériques. C'est pourquoi je propose, au nom du Groupe italien, la recommandation suivante :

« Que les heures du travail dans l'agriculture soient fixées à un certains nombre d'heures par année, réparties selon les exigences des cultures, des saisons et du climat de chaque région, avec une assez grande liberté dans la distribution des heures du travail quotidien ; si le nombre des heures dépasse les limites fixées au travail quotidien ou au travail de l'année, ces heures seront payées selon un tarif établi d'avance. »

Puisque j'ai la parole, permettez-moi, Messieurs, d'ajouter quelques mots en réponse à une proposition de M. van Kol, concernant la publication de nos travaux en allemand et en espagnol, vu la grande diffusion de ces deux langues.

Je me permets de faire observer que la langue italienne est parlée par un presque aussi grand nombre de personnes que la langue espagnole. Nous sommes à présent 45 millions d'Italiens, dont 40 millions résident en Italie et 5 millions à l'étranger. De plus, la langue italienne est aujourd'hui connue sur toute l'étendue des rivages de la Méditerranée et de la Mer Noire, en Egypte, en Syrie, en Tunisie et aussi dans l'Argentine, de sorte que l'on peut compter 50 à 60 millions de personnes qui comprennent la langue italienne.

Pour ces motifs, je me permets de faire cette deuxième recommandation :

« Que, si on a l'intention de faire paraître en allemand et en espagnol les publications du Bureau du Travail, on le fasse également en italien. » *(Applaudissements)*.

M. le Président. — M. Luiggi vient de faire une recommandation et non pas une proposition de résolution formelle. Cette recommandation sera insérée au procès-verbal de la Conférence.

M. Engberg (Suède). — Nos honorables collègues, MM. Moltesen et Hildebrand, ont proposé hier un amendement au texte français. Cet amendement ne peut pas être accepté, à mon avis et à celui de beaucoup de membres de la Conférence. Je suis convaincu que si nous acceptons l'amendement proposé par MM. Hildebrand et Moltesen, notre résolution serait insuffisante. Il est nécessaire de s'exprimer dans cette résolution d'une manière qui donne aussi satisfaction aux opinions qui ne correspondent pas à celles exprimées par nos deux collègues.

Je désirerais cependant que le second paragraphe de la résolution proposée soit un peu modifié. Je comprends très bien les objections qui seront faites à ce texte, parce qu'il est très difficile à des nations de faire la promesse solennelle d'accepter toutes les conventions et recommandations élaborées par les Conférences internationales du Travail. Il s'agit, en effet, non seulement de la Conférence de Washington, mais aussi des autres Conférences qui peuvent se tenir à l'avenir.

Je le répète, je comprends très bien les objections qui nous sont présentées, mais d'autre part, il me semble impossible de supprimer la deuxième partie et de se prononcer seulement sous la forme d'un appui moral. Il faut dire quelque chose de plus. C'est pourquoi je voudrais proposer pour la seconde partie la rédaction suivante :

« En constatant avec satisfaction que de nombreuses conventions et recommandations élaborées par la Conférence internationale du Travail ont déjà été ratifiées par plusieurs parlements affiliés à l'Union, elle exprime sa conviction profonde de l'intérêt qu'aura l'Union à continuer sa coopération dans les parlements à cette œuvre de pacification, et promet son appui et celui de ses groupes pour assurer, dans les parlements, une étude approfondie des conventions et des recommandations sus-nommées, leur application législative dans la mesure la plus large possible et la participation active à l'œuvre du Bureau international du Travail. »

Mais, M. le Président, je comprends très bien que, nous trouvant en présence de plusieurs projets, il est nécessaire que les membres de la

Conférence aient un peu de temps pour décider de leur attitude. C'est pour cela que je propose que la décision qui doit être prise, soit ajournée en ce qui concerne les résolutions et les amendements. Je suis certain qu'il serait impossible aux membres de la Conférence de prendre immédiatement une décision définitive à l'égard des différents amendements. Nous pouvons continuer la discussion sur la question, mais il faut ajourner la décision à prendre sur les amendements. (*Applaudissements*).

M. le Président. — MM. les membres qui ont présenté des amendements sont priés de les déposer sur le Bureau, afin que nous puissions en prendre connaissance.

M. Treub (Pays-Bas). — Ainsi que l'a déjà dit M. Procopé, je tiens à déclarer que je ne parle pas au nom du Groupe hollandais, mais seulement en mon nom personnel, comme d'ailleurs M. van Kol l'a fait aussi.

J'avais tout d'abord l'intention de proposer un amendement à la résolution, spécialement à la seconde partie ; mais il y en a déjà un si grand nombre, que je crois préférable d'y renoncer et de dire simplement que, autant que je puis en juger maintenant, je me rallie à l'amendement de M. Procopé. Le texte que nous avons sous les yeux, et surtout la seconde partie de la résolution, présente ce grand désavantage que, si nous l'adoptions, ce ne serait, pour une grande partie des parlements, que de simples paroles. Nous savons déjà que, dans plusieurs parlements, on n'a pas voulu ratifier les conventions de Washington et que, dans d'autres, on fait des réserves plus ou moins graves. Dans notre pays, en Hollande, il existe un projet de ratification des conventions de Washington, mais avec cette réserve que le Gouvernement pourra suspendre la ratification jusqu'à ce qu'il ait le sentiment que la ratification sera quasi générale. Chez nous, nous n'avons pas seulement anticipé sur les conventions de Washington quant à la journée de huit heures, mais nous avons été plus royalistes que le roi, c'est-à-dire que nous n'avons pas seulement la journée de 8 heures, mais aussi la semaine de 45 heures. Or, je ne dis pas que la situation de notre industrie nous obligera d'abandonner ce principe, mais bien d'atténuer sensiblement la loi actuelle. La situation économique de la Hollande, et je suis sûr qu'il en est de même dans la plupart des pays de l'Europe, ne permet pas, à l'heure actuelle, d'aller aussi loin et surtout de contraindre, non seulement les patrons, mais aussi les ouvriers eux-mêmes, à ne travailler que 8 heures par jour ou 45 heures par semaine, lorsque les travailleurs et les directeurs d'usines sont d'accord pour travailler plus longtemps.

Prenons l'Allemagne comme exemple. La situation économique en Allemagne permet-elle de travailler seulement 8 heures ? Est-ce que, en réalité, on n'y travaille pas bien plus ? Si donc, dans beaucoup de cas, comme je viens de le dire, les ouvriers et les directeurs d'usines sont d'accord que, pour relever la situation économique du pays, il faut travailler 9 heures, faut-il quand même les forcer à y renoncer et à travailler seulement 8 heures ? Et cela quand, pour le moment, je tiens à le dire, — quoique je n'oublie pas qu'en disant une chose pareille, on passe pour réactionnaire et conservateur — l'obligation dans la situation actuelle, de restreindre la durée du travail à 8 heures dans les pays comme l'Allemagne, la Hongrie, l'Autriche et bien d'autres, est un luxe dans le domaine de la production. Nous n'avons pas le droit de faire du luxe, ni dans le domaine de la consommation ni, non plus, dans celui du travail.

C'est pour ces motifs qu'il me semble que, non seulement il ne faut pas, au moyen d'une résolution, vouloir mettre, pour ainsi dire, une cuirasse aux parlements des différents pays, mais qu'il ne faut pas non plus prononcer des paroles qui n'auraient pas d'effet. Si nous adoptons une résolution qui lie trop fortement les parlements, qu'arrivera-t-il ? Les parlements ne s'y tiendront pas. Les travailleurs des différents pays se diront alors : « Du moment que l'Union interparlementaire a adopté une résolution telle que celle qui est maintenant proposée, on peut être certain que les parlements représentés à Stockholm s'y rallieront et que, dans tous les pays représentés par notre Union, on ratifiera bientôt toutes les conventions de Washington ». Or, il n'en est rien, Nous pouvons décider ce que nous voulons, mais ce but ne sera pas atteint. Les travailleurs, que nous aurons induits dans l'erreur que nos décisions seront ratifiées par les divers parlements dans un court laps de temps, diront lorsqu'ils verront qu'ils se sont trompés : « Ce n'étaient que des paroles, et rien n'a été fait ». Ce serait donc créer une déception qui ne serait pas sans péril.

Voilà pourquoi je vous conseille de ne pas accepter la résolution, telle qu'elle est rédigée maintenant. Je ne sais pas encore quelle est la rédaction exacte de la proposition de M. Procopé, mais il me semble cependant, que son amendement pourrait être accepté sans danger par l'honorable Assemblée. (*Applaudissements.*)

M. Munch (Danemark). — Si nous supprimons le paragraphe 2 de ce projet de résolution, je crains bien que nous n'ayons l'air d'approuver la fâcheuse tendance à ne pas ratifier les conventions votées dans les conférences internationales. Nous avons constaté cette tendance après les Conférences de La Haye ; nous la constatons maintenant, après les Conférences internationales du travail. Si cette tendance prend le dessus, elle compromettra gravement tout le travail de ces Conférences et, par là même, tout le travail de la Société des Nations. D'autres part, je reconnais que les expressions employées dans le paragraphe 2 sont trop absolues. Dans les conférences internationales, on vote surtout sur le principe et on ne peut pas être lié par un tel vote en ce qui concerne les détails. De plus, je comprends qu'il peut être difficile de faire des promesses pour l'avenir tout entier.

Cependant j'estime que nous pouvons tenir compte de ces objections, en modifiant les expressions de la résolution, sans supprimer tout le paragraphe et, à mon avis, sans donner par là notre appui aux adversaires des principes contenus dans les conventions, surtout aux adversaires du grand principe de la semaine de 48 heures, qui a été déjà proclamé par le traité de Versailles.

C'est pourquoi je propose l'amendement suivant : mettre, au lieu des mots « promet » etc., les mots suivants : « et engage ses groupes à soutenir dans les divers parlements affiliés à l'Union, la réalisation des principes contenus dans les conventions et les recommandations élaborées par les Conférences internationales du Travail de Washington et de Gênes. »

De cette façon, on reconnaît le principe et l'on parle seulement des conventions votées dans les deux Conférences qui ont déjà eu lieu. (*Applaudissements.*)

Herr Lœbe (Deutschland). — Auch ich möchte mir einige Worte erlauben zu dem Antrag Hildebrand auf Streichung des Satzes der Resolution, welcher die Anerkennung der Beschlüsse der Internationalen Arbeitskonferenz durch die einzelnen Landesparlamente verlangt. Im Gegensatz zum Herrn Kollegen Procopé, erblicken wir darin eine bedenkliche Abschwächung. Durch diesen Antrag wird der Resolution gewissermassen das Kernstück ausgebrochen, weshalb wir uns aus sachlichen und auch aus taktischen Gründen dagegen wenden möchten.

Auch in den vom Krieg heimgesuchten Ländern wird jetzt oft die Meinung geäussert, dass der Arbeiterschutz abgebaut werden müsse, weil die Wirtschaft des Landes ihn nicht zu ertragen vermöge. Wir erblicken darin einen Fehlschluss und sagen im Gegenteil : jetzt erst recht Arbeiterschutz. Der Krieg hat nicht nur eine unendliche Zahl von Menschenleben hinweggerafft, sondern er hat auch eine so grosse Zahl von Menschen in ihren geistigen und körperlichen Kräften geschwächt, nicht nur durch äussere Verletzungen, sondern auch durch den Ruin ihrer innern Konstitution, er hat so viele Kinder unter Entbehrungen heranwachsen lassen und dadurch für den Kampf um die Existenz minder tauglich gemacht, dass wir sagen müssen : jetzt erst recht Schutz der Arbeitskraft, Schutz des Menschenlebens, jetzt müssen wir erst recht Menschenökonomie statt Warenökonomie betreiben. Ich glaube, diese Bestrebungen liegen auf der ethischen Linie der Bestrebungen der Interparlamentarischen Union.

Wir müssen sie aber auch aus politisch- taktischen Grundsätzen vertreten, denn gerade hier soll auf einem Spezialgebiet ein Stück internationaler Gesetzgebung wirksam werden, wie wir das auch für die grossen politischen Entscheidungen verlangen, und wir können auf einem Spezialgebiet den einzelnen Nationen klar machen, dass ohne Druck, ohne Zwang, eine freiwillige Einordnung in eine internationale Gesetzgebung möglich ist.

Ich glaube sodann auch, dass die Befürchtungen die hier geäussert worden sind, und zwar meist von Rednern der vom Kriege verschont gebliebenen Länder, nicht zutreffen. Denn die betreffenden Artikeln des Versailler Friedensvertrages (387-427), welche die internationale Arbeitsorganisation schaffen, nehmen ausdrücklich Rücksicht auf besondere Verhältnisse einzelner Länder und Nationen. Es war besonders den Vorschlägen Japans zu verdanken, dass gesagt wurde, dass bei allen Vorschlägen und Entwürfen besondere Zusatzbestimmungen vorzusehen sind für diejenigen Länder, in denen das Klima, also die besondere Art des landwirtschaftlichen Betriebes, von der ein Redner gesprochen hat, oder die etwa vorhandene unvollkommene Entwicklung der gewerblichen Organisation oder andere Sonderumstände eine Rolle spielen. Alle diese Dinge sind also bereits berücksichtigt.

Namens der deutschen Delegation möchte ich daher der Meinung Ausdruck geben, dass wir in unserem Lande den Versuch machen werden, den Beschlüssen der internationalen Arbeitsorganisation Anerkennung und Nachachtung zu verschaffen. Wir würden also am liebsten der Resolution in der Fassung zustimmen, wie sie unser hochverehrter Herr Kollege van Kol vorgeschlagen hat. Wir würden aber auch der abgeschwächten Form der Herren Kollegen Engberg und Munch nicht widersprechen. Wir begrüssen es, dass die Publikationen des Internationalen Arbeitsamtes auch in deutscher Sprache erfolgen und treten mit dafür ein, dass es auch in italienischer und spanischer Sprache geschehen möge. Wir sind der Meinung, dass auch

hier Schutz des Menschenlebens der Leitstern unserer Arbeit sein
soll. (*Beifall.*)

Traduction française du discours de M. Lœbe

M. Lœbe (Allemagne). — Je voudrais me permettre quelques remarques au sujet de la proposition Hildebrand, tendant à biffer la
phrase de la résolution qui a trait à la reconnaissance des décisions
du Bureau International du Travail par les parlements nationaux.
Contrairement à notre collègue M. Procopé, nous estimons que cette
proposition affaiblit sensiblement la résolution. Elle en brise, pour
ainsi dire, le noyau central. C'est pourquoi, nous nous y opposons pour
des motifs aussi bien politiques que techniques.

Même dans les pays qui ont été visités par la guerre, on entend
actuellement prétendre souvent qu'il faut mettre fin à la protection
ouvrière, parce que la situation économique ne permet plus d'en supporter le poids. C'est là un raisonnement erroné. Nous nous plaçons
à un point de vue opposé, et nous déclarons : ayons maintenant une
vraie protection ouvrière. La guerre n'a pas seulement détruit un
bon nombre de vies humaines ; elle a aussi affaibli les forces morales
et physiques d'un aussi grand nombre d'hommes, les atteignant, non
seulement par des blessures apparentes, mais aussi par la ruine de leur
constitution interne. C'est à cause de la guerre que tant d'enfants ont
grandi au milieu des privations et qu'ils ont été mis en état d'infério-
rité dans la lutte pour l'existence. C'est pour cela que nous devons
déclarer : maintenant protégeons vraiment les forces du travail
et la vie humaine, maintenant faisons une politique économique en
faveur des hommes et non en faveur des marchandises. Je crois
que ces vœux répondent aux aspirations morales de l'Union interparlementaire.

Mais nous devons aussi défendre notre point de vue pour des motifs
de tactique politique. C'est, en effet, dans ce domaine spécial qu'un
fragment de la législation internationale doit devenir efficace, de même
que nous le demandons aussi en ce qui concerne les grandes décisions
politiques. Nous voulons ainsi prouver qu'il est possible que, sans pression et sans contrainte, les états particuliers donnent leur adhésion
volontaire à une législation internationale ayant trait à un problème
délimité.

Je crois même aussi que les craintes, qui ont été plus particulièrement exprimées par les orateurs des pays épargnés par la guerre, ne

sont pas justifiées. En effet, les articles du Traité de Versailles (387-427), qui établissent l'Organisation internationale du Travail, prennent expressément en considération les conditions spéciales de certains pays et de certaines nations. Grâce aux propositions du Japon, il a été décidé de prévoir des dispositions additionnelles dans toutes les propositions et recommandations. Ces dispositions s'appliquent aux pays dont le climat, c'est-à-dire dont les conditions particulières de l'agriculture, dont un orateur précédent a fait mention, entrent en ligne de compte. Ces dispositions concernent aussi les états dont le développement industriel est encore incomplet, ou dans lesquels des conditions particulières entrent en jeu. Toutes ces questions ont été prises en considération.

Au nom de la délégation allemande, j'exprime le vœu que nous nous efforcions, chacun de nous dans sa propre patrie, de faire reconnaître et respecter les décisions du Bureau international du Travail. Nous préférerions donner notre assentiment à la résolution telle qu'elle a été proposée par notre très respecté collègue van Kol. Cependant, nous ne nous opposerions pas à la résolution, dans la rédaction affaiblie de MM. Engberg et Munch. Nous espérons que les publications du Bureau international du Travail seront aussi publiées en allemand, et nous proposons qu'elles soient également traduites en italien et en espagnol. Nous estimons que dans ces questions, la protection de la vie humaine doit aussi être le guide de notre travail. (*Applaudissements*).

Mr S. Roberts, M. P. (Great Britain). -- Mr President, ladies and gentlemen, I desire to make it quite clear that although the few remarks I am going to take the liberty of addressing to the Conference are not made in the name of the British group, but on my own responsibility, I know they have the accord and assent of some of the more conservative elements who have come from Great Britain. It is our proposal to vote for the amendment of Mr Procopé, as in my view it tends to improve a resolution which is not to me acceptable at all. Although nearly all the previous speakers have accepted the International Labour Bureau as a benefit, as something which has come for good, at the same time there is in the world a very strong feeling that it is not necessarily in the best interests of the world or of the workers themselves. Though I feel sure that to-day I am in a very small minority, as I am willing to give credit to the majority for their good intentions and for desiring by these International Labour Bureaux to improve labour conditions, I hope they will give credit to us on the other hand, that it is not our desire, in opposing the Bureau, to make an attack in any way upon the labouring classes of the world. We start with the proposition that in the individual State the less interference there is with industry, the better. Industry itself will be better without this interference between masters and men, who together are the best arbiters of their own fate. We have had several instances in England in which this has been proved. At the end of the war we rather foolishly imagined that after all the terrible things we had gone through, we were going to have a happier world ; that after the squandering of millions in armaments and after all the terrible things which went to make up the war, we were going to have a happier and a wealthier land. We foolishly and wrongly began to get on to the rather slippery slope of semi-Socialism in the hope that this would lead to better conditions. But it has led to worse conditions. Three industries in particular may be mentioned. Laws had been passed for regulating the coal-mining industry ; and today that industry is in a deplorable state. Then we took over the regulation of railways ; and at the present moment the railways are unable to pay their way, and the country has to pay a large subsidy, about £ 51,000,000, in order to release itself from its obligations. The same attempt was made with regard to agriculture, hours of work and rates of pay for agricultural workers being fixed. You can make regulations for the farmers and their labourers, but not for the sun and the rain and the beasts of the field. We have had to go back to those principles of individualism and liberty which, as we believe, are the true principles of progress in the world. If with regard to an individual State we believe that interference is not desirable, or rather, that it is evil, how can we support a proposal which involves interference with the individual members of different States by an outside International Bureau, which does not know and cannot know the individual conditions of the various countries for which it has to legislate ? As we have already been told during the debate, exceptions have had to be made here and made there. The whole thing may well become a mass of exceptions, each country a law unto itself, with a tendency to create a system of espionage to see if neighbouring countries have or have not carried out their obligations. Instead of fostering international harmony, I feel that we shall be doing a great deal to undo international harmony. Let us leave our own domestic affairs to be arranged by our own domestic State. These things are domestic, and I cannot think they should be treated internationally. We hear in England that there is international labour solidarity, which I do not believe (*Hear, hear*). I speak not as an employer of labour but as a humble student of ecomics and politics. We are apt to forget that it is not the trade union, the State, or the employer that fixes wages. The wages and conditions of labour are fixed by the purchaser of the goods, by his willingness and ability to pay, and if you fix rates higher than he can pay, then all you do is to create unemployment for the large masses of the workers in industry. Well-meaning people seem to desire to make an assault upon economic law, but economic law is stronger than the strongest trade union, and those who fight against it are like waves attacking the everlasting rocks, and one by one they fall back broken into the abyss from which they came (*Applause.*)

Traduction française du discours de M. Roberts.

M. S. Roberts, M. P. (Grande-Bretagne). — M. le Président, Mesdames et Messieurs, je désire vous exposer clairement que les quelques remarques que je prends la liberté d'adresser à la Conférence ne sont pas faites au nom du Groupe britannique, mais bien sous ma propre responsabilité. Je sais, toutefois, qu'elles ont l'approbation de quelques-uns des membres venus avec moi de Grande-Bretagne, dont les tendances sont plus conservatrices, et qui partagent ma manière de voir. Nous avons l'intention de voter l'amendement de M. Procopé parce que, à mon avis, il améliore une résolution que je ne peux pas accepter du tout. Presque tous les orateurs précédents ont considéré le Bureau international du Travail comme un bienfait, comme une création profitable. Il y a cependant, dans le public, un courant très fort qui estime que cette institution n'est pas nécessairement pour le mieux des intérêts du monde ou des ouvriers eux-mêmes. Je me rends compte que je fais aujourd'hui partie d'une très petite minorité et je suis disposé à faire crédit aux bonnes intentions de la majorité qui espère voir améliorer les conditions du travail au moyen de ces Bureaux internationaux du Travail. J'espère, d'autre part, que l'on voudra bien croire que, lorsque nous nous opposons à ce Bureau, nous n'avons en aucune manière l'intention d'attaquer la classe ouvrière. Nous partons de l'idée que, dans chaque Etat, moins l'on s'immisce dans les affaires de l'industrie, mieux cela vaut. L'industrie elle-même sera dans une meilleure position sans cette ingérence entre les patrons et les ouvriers, qui sont conjointement les meilleurs arbitres de leur propre sort. Cela a été prouvé en Angleterre à plusieurs occasions. Lorsque la guerre fut terminée, nous nous imaginâmes assez inconsidérément, qu'après tout ce que nous avions traversé de terrible, nous nous acheminions vers un monde plus heureux ; qu'après le gaspillage des millions dépensés pour les armements et qu'après toutes les circonstances affreuses qui avaient provoqué la guerre, nous allions jouir d'une patrie plus heureuse et plus prospère. Nous commençâmes alors, imprudemment et à tort, à nous engager sur la pente glissante du semi-socialisme, dans l'espoir d'être ainsi amené à une situation meilleure. Mais, c'est à une situation plus mauvaise que nous avons été amenés. Je mentionne, en particulier, trois industries. Des lois, régissant l'industrie des mines de charbons, avaient été édictées ; et aujourd'hui cette industrie est dans un état déplorable. Nous nous chargeâmes ensuite de régler le régime des chemins de fer ; et, actuellement, les chemins de fer sont incapables de subvenir à leurs dépenses et le pays doit leur accorder un gros subside de 51,000,000 livres sterling afin qu'ils puissent satisfaire à leurs obligations. Le même essai fut tenté avec l'agriculture, en fixant les heures de travail et les taux des salaires. Vous pouvez faire des règlements pour les fermiers et leurs laboureurs, mais vous ne pouvez pas en faire pour le soleil, la pluie et les animaux dans les champs. Nous avons dû revenir à ces principes d'individualisme et de liberté qui, je le crois, sont les vrais principes du progrès en ce monde. Si nous estimons que cette ingérence à l'égard d'un Etat particulier n'est pas souhaitable, ou plutôt que c'est un mal, comment pourrions-nous soutenir une proposition qui implique l'ingérence d'un Bureau international, placé à l'étranger, dont les membres sont ressortissants de différents états, Bureau qui ne connaît pas et ne peut pas connaître les conditions particulières des divers pays pour lesquels il doit légiférer ? Ainsi qu'on nous l'a dit au cours de ce débat, des exceptions ont dû être faites de ci, de là. Tout cet ensemble peut donc bien devenir une masse d'exceptions, chaque pays ayant sa législation propre au sein de la législation générale, avec la tendance de créer un système d'espionnage pour se rendre compte si les pays voisins ont satisfait ou non à leurs obligations. Au lieu d'amplifier l'harmonie internationale, j'ai le sentiment que nous serons en train de faire beaucoup pour détruire cette harmonie. Laissez-nous arranger nos affaires domestiques par le moyen de notre propre Etat. Ces questions ont un caractère domestique et je ne puis croire que l'on puisse les traiter par une méthode internationale. Nous entendons dire, en Angleterre, qu'il existe une solidarité internationale du travail, à laquelle je ne crois pas. (*Très bien.*) Je ne parle pas en qualité de patron, mais comme un modeste observateur des problèmes économiques et politiques. Nous sommes enclins à oublier que les salaires ne sont pas fixés par les syndicats, l'Etat ou l'employeur. Les salaires et les conditions du travail sont établis par le consommateur de marchandises, par sa volonté et sa capacité de payer, et si vous fixez des prix qui dépassent sa capacité de payer, vous ne faites rien d'autre que créer du chômage pour les grandes masses des travailleurs de l'industrie. Il y a des gens bien intentionnés qui paraissent désirer donner l'assaut aux lois économiques, mais les lois économiques sont plus fortes que le plus fort syndicat, et ceux qui combattent contre elles sont semblables aux vagues qui battent des rochers éternels et qui, une à une, retombent brisées dans l'abîme d'où elles étaient montées. (*Applaudissements.*)

Mr. Eliel Lœfgren (Sweden). — I will try to do what I can to shorten what I have to say, because our time is short. Although in many respects I may accept the views of the last speaker about State control, I must say I cannot follow him in other respects, and I am a little surprised to hear his views put forward in this way at *this* Conference. I think that Mr Roberts and all of us must agree that certain rules and regulations are needed as to the hours and conditions of labour — rules which make State control necessary in each nation : but, if this is granted, I think also that we must agree that it is the best thing for industry, and for all of us in the development of the world, that the rules should be universal and should be decided in an international treaty. I think we must try to come to an agreement on what basis these should be made, though also in this respect there are different opinions. At least, I hope that we all think that, by legislation, we have made progress and must make more progress as to the conditions of labour. Most of us certainly also agree that the International Labour Office has been a good thing and has done excellent work during the short time of its existence, and I think the majority in this Conference is willing to give that Office continued encouragement in its efforts to unify labour laws and regulations. We understand also that the International Labour Office is anxious to secure the support of this Union, and I think that those of our members who belong to countries which are in the League of Nations, are bound by our own undertakings to give such support (*Hear, hear.*) I call attention to the fact that Article 23 of the Pact of the League of Nations expressly said that the members of the League undertake to « endeavour to secure and maintain fair and humane conditions of labour for men, women, and children ». We must try to fulfil this engagement. (*Applause.*)

On the other hand I must also for my part express the same

doubts and objections regarding the form in which this proposed resolution has been drawn up by the Council. First, from a practical point of view. Even they who are now prepared to ratify the decisions come to in the previous conferences at Washington and later, would hardly be willing to say beforehand that they are prepared to accept everything which comes from these conferences. Their decisions have been reached by official representatives in consultation with labour, but in future the methods for electing such representatives and then also the decisions of the conferences might be contrary. We should not accept a resolution which completely binds us for the future. (*Hear, hear.*) My chief objection is, however, from the point of view of pure principle. The fact is that the League of Nations is based on the principle that all the members of the League are independent ; they have the right to come to their own decisions in their own affairs. To a certain degree we should be denouncing our right of free decisions if we now endorsed in blank everything which in future the Labour Office might desire. I will finish by expressing the wish that the Conference will accept the former proposal made by Mr Engberg in so far that the decision of the Conference on this question should be come to after this discussion, but that before the decision is reached the Council shall have the opportunity to take into consideration all the proposals which have come from different members of the Conference, to guide them in preparing a final draft of the resolution to be arrived at. (*Applause.*)

Traduction française du discours de M. Lœfgren.

M. Eliel Lœfgren (Suède). — Notre temps étant compté, j'abrégerai ce que j'ai à dire. Sous bien des rapports, j'accepte la manière de voir du dernier orateur à l'égard du contrôle de l'Etat. Cependant, je dois dire que je ne puis accepter d'autres de ses assertions, et que je suis quelque peu surpris de le voir exprimer, ainsi qu'il l'a fait, son opinion à cette Conférence. J'estime que nous devons tous convenir, M. Roberts et nous tous, que la réglementation de la durée et des conditions du travail exige certains principes et certaines méthodes. Ces principes rendent nécessaire le contrôle de l'Etat dans chaque pays. Cela une fois admis, je suis d'avis que nous devons tous aussi convenir que ces principes devraient être universels et établis dans une convention internationale, pour le mieux de l'industrie et de ceux d'entre nous qui s'intéressent au développement mondial. Nous devons essayer d'aboutir à un accord sur la base duquel ces conceptions devront être réalisées, bien qu'à l'égard de cet accord les opinions diffèrent. Enfin, j'espère que nous estimons tous que, grâce à la législation, nous avons fait des progrès et devons en faire davantage en faveur des conditions du travail. Certainement la plupart d'entre nous sont aussi d'avis que le Bureau international du Travail a été une création utile et qu'il a accompli un travail excellent durant sa courte existence. Je pense donc que la majorité de cette Conférence désire encourager ce Bureau dans ses efforts pour l'unification des lois et des règlements du travail. Nous savons aussi que le Bureau international du Travail désire vivement s'assurer l'appui de notre Union et j'estime que ceux d'entre nous qui appartiennent à un Etat membre de la Ligue des Nations sont engagés par nos travaux à lui donner leur appui. (*Très bien.*) J'attire votre attention sur le fait que l'Article 23 du Pacte de la Ligue des Nations déclare, en propres termes, que les membres de la Ligue « s'efforceront d'assurer et de maintenir des condition de travail équitables et humaines pour l'homme, la femme et l'enfant ». Nous devons essayer de tenir cet engagement. (*Applaudissements.*)

D'autre part, je dois aussi exprimer les mêmes doutes et faire les mêmes objections quant à la forme dans laquelle la résolution proposée a été rédigée par le Conseil. Je me place tout d'abord à un point de vue pratique. Ceux même qui, dès à présent, sont prêts à ratifier les décisions prises aux précédentes Conférences, à Washington et plus tard, consentiront difficilement à déclarer qu'ils sont prêts à accepter d'avance tout ce qui sera fait dans ces Conférences. Les décisions prises l'ont été jusqu'à présent après que les milieux ouvriers eussent été consultés ; mais ne pourrait-il pas arriver qu'à l'avenir une méthode inverse soit adoptée pour le choix de ces représentants et qu'ainsi, les décisions soient prises dans un esprit contraire ? Nous ne devrions pas accepter une résolution qui nous lie les mains pour l'avenir. (*Très bien.*) Toutefois, ma principale objection est de pur principe. La Société des Nations repose sur l'idée fondamentale que tous les membres de la Ligue sont indépendants. Ils ont donc le droit de prendre leurs propres décisions sur leurs propres affaires. Nous abandonnerions dans une certaine mesure notre droit de libre décision, si nous endossions en blanc tout ce que le Bureau du Travail pourra vouloir faire plus tard. Je termine en exprimant le vœu que la Conférence accepte la première proposition faite pas M. Engberg, dans le cas où nous prendrions une décision sur cette question à la fin de cette discussion. Cependant, je propose qu'avant que nous passions au vote, le Conseil puisse examiner toutes les propositions qui ont été faites par différents membres et qu'il les amène à s'entendre sur un texte définitif de la résolution. (*Applaudissements.*)

Dr Mataja (Deutschösterreich). — Wir müssen uns die Frage vorlegen, was wir mit einer Resolution in Sachen des Internationalen Arbeitsamtes zum Ausdruck bringen wollen. Selbstverständlich kann sich keiner von uns dazu verpflichten, Anträge und Anregungen des Arbeitsamtes unbesehen in seinem Parlament zu vertreten ; vielmehr wird jeder von uns jeden einzelnen Antrag oder jede einzelne Anregung unter dem Gesichtspunkte der Interessen seines Heimatlandes prüfen müssen. Es ist aber unzweifelhaft, dass eine Uebereinstimmung der Gesetzgebung von Land zu Land in Angelegenheiten von internationaler Tragweite einen Vorteil für die Allgemeinheit und daher auch für das eigene Vaterland bedeutet. Es dürften daher nur sehr gewichtige Gründe uns veranlassen, einem Antrag oder einer Anregung des Internationalen Arbeitsamtes Widerstand zu leisten. Mehr will keiner von uns, auch der überzeugteste nicht, durch eine Resolution zum Ausdruck bringen. Ich werde jenem Text zustimmen, der dieser Ansicht am nächsten kommt. Vorläufig kann ich nicht leugnen, dass der vom Rate vorgelegte und vom Herrn Referenten unterstützte Antrag mir der beste zu sein scheint ; ein endgültiges Urteil muss allerdings vorbehalten bleiben bis alle Texte vorliegen ; nur würde ich die Worte « et celui de ses groupes » ersetzen durch die Worte « auprès de ses groupes. »

Dass Anträge und Anregungen des Arbeitsamtes in wiederholten Fällen bei den Parlamenten verschiedener Länder auf Widerstand gestossen sind, das erklärt sich vielfach daraus, dass die Stosskraft derjenigen Schichten, die sociale Reformen anstreben, erfahrungsgemäss und natürlicherweise in jenen Zeiten am stärksten ist, die sich nach der wirtschaftlichen Lage am wenigsten zur Vornahme sozialer Reformen eignen ; ein Uebelstand, dem man begegnen könnte, wenn man diese sozialen Reformen in Zeiten des wirtschaftlichen Aufstieges freiwillig vornehmen würde, also in Zeiten wo eine Menge von Gegengründen wegfallen, die jetzt vielleicht gegen eine Anerkennung der Vorlagen des Internationalen Arbeitsamtes sprechen.

Traduction française du discours de M. Mataja.

M. le Dr Mataja (Autriche allemande). — Nous devons nous demander ce que nous voulons exprimer, en prenant une résolution à l'égard du Bureau international du Travail. Bien entendu, aucun d'entre nous ne peut s'engager à défendre sans examen, au sein de son parlement, les propositions et les recommandations du Bureau du Travail. Au contraire, chacun de nous envisagera chaque proposition et chaque vœu sous l'angle des intérêts de sa patrie. Il n'est pas douteux, cependant, qu'une concordance des législations d'un pays à l'autre, dans les questions de portée internationale, ne soit avantageuse pour la collectivité des états et, par là même, pour la patrie de chacun. Ce ne sont que des motifs très graves qui doivent nous mettre dans l'obligation de nous opposer à une proposition ou à un vœu du Bureau international du Travail. Aucun de nous, même le plus convaincu, n'a l'intention de prendre une résolution qui en dise davantage. Je donnerai ma voix au texte qui s'approchera le plus de ce point de vue. Pour l'instant, je ne nierai pas que le texte proposé par le Conseil et défendu par le rapporteur, me semble être le meilleur. Toutefois, je réserve mon opinion définitive jusqu'au dépôt de tous les textes. Je désirerais seulement que l'on remplace les mots « et celui de ses groupes » par les mots « auprès de ses groupes ».

La résistance à laquelle certaines propositions et recommandations du Bureau du Travail se sont heurtées au sein des parlements de différentes nations, provient du fait que la force des classes qui poussent aux réformes sociales est à son point culminant aux époques où la situation économique se prête le moins à l'adoption de telles réformes. Le fait est naturel et l'expérience l'a constaté. Ces inconvénients pourraient être évités si l'on adoptait spontanément ces réformes sociales au moment de la prospérité économique, c'est-à-dire au moment où tombent une foule d'objections qui, actuellement, s'élèvent peut-être contre l'adoption des propositions du Bureau du Travail.

Mr F. Maddison (Great Britain). — Mr President, my only reason for intervening in this discussion is that some wrong impression may have been created by the speech of my friend Mr Roberts in the minds of the delegates of this Conference. I want first of all to say that I, like him, am of course speaking for myself and not for the group, for which I have no authority to speak. We have differences of opinion on these great questions which we do not allow to interfere in the slightest degree with our private friendship, nor do we think it necessary to impute bad motives even to those whom we might in our angry moments call reactionaries. But I would point out, Sir, to you, that opposition to the Labour Office is by no means the united policy of any party in the British House of Commons. Perhaps the most distinguished champion of the policy of the International Labour Office is Lord Robert Cecil, a distinguished son of the most distinguished Conservative statesman of his generation, and he resolutely has always advocated fair-play to the Internatio-

nal Labour Office. (*Applause.*) Moreover I would remind this Conference and my friend that the International Labour Office is not
a proposal of this Conference. It is an institution which is now in existence, and which has the full support of the Government of Great
Britain. Now, I think a good deal of the difficulty is due to a miscon-
ception on the part of some as to what the International Labour
Office is, and what it wants to do. It does not attempt, I submit,
to bring about uniform conditions of labour. Such a proposal would
be futile. But what it does, as I apprehend it, is to get a common
minimum, to get some level below which the workers of the world shall
not be depressed. Now, that is a very different thing. (*Hear, hear.*)
In no sense can it strictly be called a Labour Office. It is as much an
employers' as a Labour institution. Both sections along with Governments are represented, and to try to persuade this Conference that
the motion now before it is some attempt to affirm the principle of
State interference, and, sa my friend called it, semi-Socialism, is really
grotesque. There is nothing in it of that nature at all. It so happens
that I agree with my friend Mr Roberts in much of his objection to
State interference, but the International Labour Office in no sort
of way can fairly come under his strictures in this respect. I quite
agree that there is great need for care and moderation in adminis-
tering the International Labour Office. I believe it would be very
unwise to force the pace in order to endeavour to get some of the
more backward nations to act more quickly than it is possible for
them to do, but it is the small nations and not the large nations which
have anything to fear in this connection. Finally I would say, in the
most serious way I can command, we must remember that war not
only kills men, wounds them, mars them, destroys property, decreases
wealth, but it leaves behind it a seething anarchy amongst the workers.
In the delirium of war their judgment does not remain cool and steadfast and calm, and in their despair, aye, in their agony, they turn
to methods which every right thinking man knows to be erroneous.
Is this Conference at such a time as this to say it has no interest in
this great effort to get a common minimum level of labour conditions ?
Are we in this Conference prepared to say that the Versailles Treaty
was wrong, that the Covenant of the League was wrong — both
of which declared that labour peace is a factor in international peace ?
I feel sure that the Conference will not do so, and of all those who
ought not to take this hostile action against the Labour Office are
the very people whom my friend Mr Roberts represents. Who are
the enemies of the International Labour Office ? They come from

the Right and the Left. They come from the unfair capitalists — and there are unfair capitalists, as there are unfair workers — who are jealous of the level of labour being raised. They come from the Left, men who see in the Labour Office some sound, moderate way of attaining social reforms.

I should have been better disposed towards the resolution if it had been simpler, and I favour a simple affirmation, expressed in sympathetic language. The Conference would be unwise to complicate itself in the least with details of labour conditions. All I want the Conference to do is to ensure that in our desire for a war-less world we do something through the International Labour Office for the toiling masses of the world to provide them with some foundation upon which international peace can more firmly rest. (*Applause.*)

Traduction française du discours de M. Maddison.

M. F. Maddison (Grande-Bretagne). — Monsieur le Président, un seul motif me pousse à intervenir dans cette discussion, c'est le malentendu que peut avoir créé dans l'esprit des membres de cette Conférence le discours de mon ami, M. Roberts. Suivant son exemple, je tiens tout d'abord à déclarer que je ne prends la parole qu'en mon nom personnel, et non pas au nom de mon Groupe, qui ne m'en a pas donné mandat. Nous ne permettrons pas que les divergences d'opinion, qui peuvent exister entre nous sur ces grandes questions, jettent l'ombre la plus légère sur nos amitiés personnelles. Nous ne croyons pas non plus nécessaire de prêter de mauvaises intentions à ceux que, dans un moment de mauvaise humeur, nous qualifions de « réactionnaires ». Cependant, Messieurs, je voudrais vous faire remarquer que l'opposition contre le Bureau international du Travail n'est inscrite dans le programme politique d'aucun des partis représentés à la Chambre britannique des Communes. Le plus distingué champion de l'activité du Bureau International du Travail est peut-être bien Lord Robert Cecil, le fils du plus distingué homme d'Etat conservateur de sa génération. Lord Robert Cecil a toujours plaidé en faveur d'une attitude loyale à l'égard de ce Bureau. (*Applaudissements.*) Je rappelle d'ailleurs à la Conférence et à mon ami, que le Bureau International du Travail n'est pas une création de cette Conférence ; il est une institution qui existe maintenant et qui jouit de l'appui entier du Gouvernement britannique. A vrai dire, la plupart des objections qui sont soulevées, proviennent de la conception erronée que certaines personnes se font du Bureau

International du Travail et de son but. A mon avis, ce Bureau ne cherche pas à uniformiser les conditions de travail ; un tel objet serait
frivole. Mais, à ce que je crois, il s'efforce de fixer un minimum commun,
un niveau au-dessous duquel les masses ouvrières ne doivent pas être
abaissées. Cela, c'est quelque chose de tout différent. (*Très bien.*)
Sous aucun rapport, ce Bureau ne peut être appelé strictement un
bureau ouvrier. Il est aussi bien une organisation patronale qu'une
organisation ouvrière. Ces deux catégories y sont représentées de même
que les gouvernements, et il est vraiment absurde d'essayer de faire
croire à cette Conférence que la résolution qui lui est présentée soit
une tentative d'affirmer le principe de l'interventionisme et du semi-
socialisme, ainsi que mon ami l'a appelé. Il n'y a rien de semblable
dans la conception de ce Bureau. J'approuve bien des objections que
mon ami a faites à l'égard de l'interventionisme, mais le Bureau International du Travail ne peut, à aucun égard, être englobé dans les rai-
sonnements qu'il a émis à ce propos. J'admets parfaitement que l'administration du Bureau International du Travail exige une grande
prudence et une grande modération. Il serait imprudent de forcer
le pas afin de contraindre quelques-unes des nations les plus arrié-
rées à agir plus vite qu'il ne leur est possible de le faire. Cependant, à
cet égard, ce sont les petits pays, et non les grands qui ont à craindre
quelque chose. Enfin, je le dis avec tout le sérieux possible, nous devons nous rappeler que la guerre n'a pas seulement tué, blessé et estro-
pié des hommes, détruit des biens et diminué la prospérité, mais aussi
qu'elle a laissé derrière elle un ferment d'anarchie répandu parmi les
ouvriers. Dans le délire de la guerre, le jugement des ouvriers n'a pas
pu rester froid, solide et calme et, dans leur détresse, leur souffrances
et leur agonie, ils se tournent vers les procédés que tout homme de
bon sens considère comme erronés. A une époque telle que celle-ci,
cette Conférence peut-elle déclarer que ce grand effort qui tend à
obtenir un niveau minimum, commun à tous les ouvriers, ne l'intéresse
pas ? Sommes-nous donc prêts, au sein de cette Conférence, à déclarer que le Traité de Versailles a commis une erreur et que le Pacte de
la Société des Nations en a aussi commis une ? Ne déclarent-ils pas,
en effet, tous deux que la pacification ouvrière est un des facteurs de la
paix internationale ? Je suis sûr que cette Conférence ne veut pas
faire une telle déclaration, et ce sont ceux que mon ami Roberts représente, qui devraient être le moins disposés à entreprendre cette campagne hostile au Bureau du Travail. Quels sont les ennemis du Bureau
International du Travail ? Ils viennent de la droite et de la gauche ;
ils se rangent parmi les capitalistes déloyaux — et il y a des capita-

listes déloyaux, comme il y a des ouvriers déloyaux — capitalistes qui voient avec jalousie l'élévation du niveau des ouvriers. Ses ennemis viennent aussi de la gauche : ce sont ceux qui voient dans le Bureau international du Travail un moyen sûr et modéré d'obtenir des réformes sociales.

J'aurais été plus favorablement disposé envers la résolution, si elle avait été rédigée plus simplement. Je suis partisan d'une simple affirmation exprimée en termes sympathiques. La Conférence aurait tort de s'embarrasser le moins du monde avec des détails concernant les conditions de la classe ouvrière. Voici ce que je désire que la Conférence déclare : dans notre désir d'un monde débarassé de la guerre, nous voulons, grâce au Bureau International du Travail, faire quelque chose pour les masses travailleuses. Nous donnerons ainsi à ces dernières une base sur laquelle reposera plus fermement la paix internationale. (*Applaudissements.*)

M. Jean Sigg. (Suisse). — Comme rapporteur de la résolution, je me permets d'ajouter quelques très brèves considérations et vous dire de quelle façon nous comptons procéder.

Il est évident que, si l'on prend le projet de résolution tel qu'il vous est soumis et tel qu'il est imprimé, certains délégués peuvent croire qu'on veut leur imposer un mandat impératif. Cependant, sans qu'il y ait de mandat impératif, il y a une chose qu'il faut reconnaître ouvertement et franchement, pour qu'aucune équivoque ne subsiste, c'est que ceux qui voteront la résolution, qu'elle soit plus souple, plus élastique, ou un peu sèche comme ici, sont partisans des recommandations et résolutions votées aux Conférences internationales de Washington et de Gênes. Si nous nous tenons dans de trop vagues généralités, nous risquons de tourner à l'« académie parlementaire ». Or j'estime qu'actuellement nous avons suffisamment d'académies parlementaires en Europe, et qu'il ne faut pas en augmenter encore le nombre aujourd'hui. Il faut donc faire de la besogne pratique et positive. Celle-ci a déjà commencé puisque, le 5 juin dernier, 25 lois nouvelles du travail avaient été adoptées dans différents pays pour donner suite aux conventions de Washington. 53 projets sont maintenant en route et je crois que ce nombre a encore augmenté, mais, malheureusement, je n'ai pas les chiffres ici.

M. Treub a dit que, si nous acceptons la résolution, nous risquons de faire croire à la classe ouvrière que, dès que nous serons rentrés chez nous, nous allons immédiatement nous mettre à l'œuvre et réaliser ce que nous avons demandé. Mais, si nous n'acceptons pas la réso-

lution ou si nous lui donnons une forme trop édulcorée, nous courrons
le danger que la classe ouvrière se détache de plus en plus du parle-
mentarisme et dise ce que disent des collègues de langue allemande :
« Parlamentarismus gleich Schwindel ». Or, nous ne voulons pas faire
du « Schwindel » ici, mais nous grouper résolument derrière le Bureau
international du Travail.

C'est pourquoi, je vous propose que nous prenions, comme point
de départ, l'amendement présenté par M. Engberg, que nous prions
notre collègue M. Munch de se joindre au rapporteur et que nous
amalgamions ces deux amendements, que nous fondions tous les
deux en un seul, qui prendra la place de la seconde partie de notre
résolution. Nous aurons alors, à ce moment, d'un côté les partisans des amendements Munch et Engberg et, de l'autre côté, les partisans de M. Procopé. Il n'y aura plus qu'à dire oui ou non sans se
perdre dans une foule de détails. Je ne sais pas si nous pourrons examiner ces amendements après la séance du Conseil pour revenir cet
après-midi avec un texte absolument uniforme.

M. le Président. — Personne ne demande plus la parole. On a
proposé d'ajourner le vote, afin que les auteurs des différentes propositions puissent peut-être se mettre d'accord et présenter une proposition commune. C'est aussi la proposition que vient de faire
M. Sigg. Je considère cette proposition comme acceptée. La décision
sera ajournée jusqu'à ce que nous ayons eu le temps d'imprimer les
propositions qui seront présentées.

La séance est levée à 12 h. 30.

SÉANCE DU JEUDI 18 AOUT
APRÈS-MIDI

Présidence de **M. le baron Adelswärd.**

La séance est ouverte à 3 heures.

ORDRE DU JOUR N° 6

Réduction des armements.

M. le Président. — Il a été nécessaire, pour différentes raisons, de modifier un peu l'ordre du jour. Si vous le permettez, nous commencerons par la question N° 6 : Réduction des armements. Je donne la parole au rapporteur, M. Hjalmar Branting.

M. Branting (Suède), — La guerre mondiale, qui a occasionné la longue interruption des travaux de l'Union interparlementaire, et qui, aujourd'hui encore, laisse ses traces dans la représentation incomplète de notre Conférence, a eu cependant une autre conséquence. Nous avons maintenant à compter, non seulement avec *une*, mais avec *deux* organisations émanant des centres politiques de pays différents, toutes les deux tendant au même but : *plus de guerre, jamais !*

A côté de l'Union interparlementaire qui, lentement, s'est développée grâce au rapprochement des petits groupes pacifiques existant dans les divers Parlements, a été établie la *Société des Nations*, dont la mission est d'organiser la collaboration des nations pour la sauvegarde de la Paix et de la sécurité mutuelle des états, ainsi que de créer une organisation inspirant de la confiance pour le règlement des litiges internationaux sans recourir à la guerre.

L'Union interparlementaire veut coordonner les efforts pour la paix et pour une organisation de droit entre les peuples dans les divers *Parlements* au sein desquels chaque Groupe a son rayon naturel d'action pour tenter de créer une atmosphère de sympathie pour ses principes et pour son travail. Aux assemblées annuelles de la Société des Nations se rencontrent des représentants des *Gouvernements*, dans le but de trouver des moyens propres à développer la tendance vers la solidarité et la collaboration internationales, tendance qui, malgré tous les conflits et tout l'égoïsme national, constitue cependant de nos jours la promesse d'un avenir meilleur. La physionomie des temps que nous traversons ne saurait, en effet, être caractérisée seulement par la lutte brutale entre les intérêts divergents de différentes nations et de différentes classes d'une même nation. Il y a aussi des intérêts communs qui nous unissent tous et qui placent, côte à côte, des classes hostiles, pour le bien-être commun des peuples, et qui contraignent des nations concurrentes à prendre part à la solution de problèmes communs. Voici que maintenant la détresse des malheureuses populations de la Russie a impérieusement provoqué, au-dessus de toutes les distinctions de nationalités ou de partis politiques, une action mondiale au nom de l'humanité ! C'est sur ce profond sentiment de solidarité, qui, malgré tout, s'élève au milieu même des déchirements du jour et qui, comme principal soutien, peut compter sur les masses ouvrières, que nous fondons le flamboyant espoir d'un avenir meilleur pour le genre humain.

Donc, entre l'Union interparlementaire et la Société des Nations, il n'y a aucune concurrence lorsqu'il s'agit de travailler pour la paix et pour la justice ; au contraire, l'Union interparlementaire pourra-t-elle devenir à la fois un puissant soutien et, grâce à sa position plus indépendante, un facteur stimulant et encourageant de l'activité de la Société des Nations. Or, en général, les gouvernements s'appuient sur les parlements, et s'ils savent que ceux-ci les soutiennent, ils ont les moyens de faire cesser l'hésitation et la lenteur, qui caractérisent maintenant la Société des Nations. Le développement radical de la Société est nécessaire pour qu'elle réponde à peu près à l'idéal promis, lors de sa constitution, aux peuples souffrant de la guerre, idéal, qui, à cette époque, fut salué avec tant de confiance.

L'Union interparlementaire doit pouvoir tout particulièrement agir d'une manière active sur une grande question, qui est d'un intérêt vital, non seulement pour la Société des Nations, mais pour l'avenir de l'humanité toute entière, je parle de la question qui se trouve aujourd'hui à notre ordre du jour, *la réduction des armements*. C'est là l'idée dominante du projet de résolution qui nous a été soumis et dont je me permets d'exposer ici très rapidement les motifs.

L'Union interparlementaire doit s'associer expressément et énergiquement aux lignes directrices tracées à la première Assemblée de Genève, et qui tendent à aboutir, aussitôt que possible, « from sounds to things » au sujet de la réduction des armements.

On se rappelle quelles étaient ces lignes directrices. Une première résolution visait le commerce d'armes et de munitions avec des peuples non civilisés. La Convention de St-Germain du 10 septembre 1919 est signée par un grand nombre d'états, mais elle n'a pas encore été rati.ée par plusieurs des plus considérables d'entre eux, notamment les Etats-Unis d'Amérique. On aurait eu l'intention de porter cette question de ratification à l'ordre du jour de la Conférence de Washington, et je ne puis qu'exprimer le vif espoir que quelque chose soit fait dans ce sens. Nous avons été informés qu'une vingtaine de gouvernements se sont déclarés prêts à ratifier la Convention en question, mais que tout dépend du Gouvernement de Washington. Il incombe à l'Union interparlementaire, qui compte aussi des représentants d'états qui ne sont pas encore membres de la Société des Nations, de renouveler cette résolution de Genève, laquelle prévoit également l'établissement d'un Bureau international de Contrôle.

Dans une deuxième résolution on a souligné, en se rapportant à l'art. 8 du Pacte, que « la fabrication privée des munitions et de matériel de guerre soulève de graves objections », et le vœu a été exprimé que cette question fasse l'objet des délibérations de tous les deux comités qui s'occupent de la question de la réduction des armements, à savoir le Comité permanent, prévu par l'art. 9 du Pacte, et le Comité temporaire mixte, institué plus tard. La question a été abordée de nouveau, au cours de la dernière session du Comité mixte à Paris, par M. Jouhaux. On est tombé d'accord qu'elle ne doit pas être résolue uniquement du point de vue militaire ; elle se trouve maintenant renvoyée à l'une des trois sous-commissions nommées par la Commission temporaire.

Finalement, une troisième résolution plus détaillée traite le fond même de la question des réductions des armements, telle qu'elle a été fixée, en principe, par l'art. 8 du Pacte. Cette résolution rappelle que le désarmement de certaines puissances belligérantes a été formellement désigné comme point de départ pour « rendre possible la préparation d'une limitation générale des armements de toutes les nations ». Elle relève la nécessité économique du désarmement, si énergiquement soulignée par la Conférence financière de Bruxelles. D'autre part, elle n'ignore pas certaines conditions : exécution complète de la réduction des armements de certaines puissances, surveillance du maintien de cette réduction et collaboration des grands états militaires restés encore en dehors dé la Société. La résolution recommande pour ce motif l'institution de la Commission temporaire, nommée plus tard avec quelques modifications de constitution par le Conseil — j'ai déjà dit que cette Commission a commencé ses travaux — ainsi que l'établissement, comme section du Secrétariat général de la Société des Nations, d'un service de documentation et d'intermédiaire pour l'échange des renseignements et pour leur publicité. Un service de ce genre a été établi et fonctionne déjà. Enfin il est recommandé de mettre à l'étude la vérification mutuelle des informations militaires, en attendant qu'un amendement du texte du Pacte permette l'établissement d'une semblable vérification.

Ce dernier vœu est d'ailleurs conforme à l'opinion, émise par M. Léon Bourgeois à la Conférence de la Paix, sur l'utilité « d'une commission, chargée de constatations officielles nécessaires ». On n'a pas cru pouvoir inscrire ce vœu dans le Pacte, vu qu'il fut considéré comme trop contraire à cette opinion qui considère que les ressources militaires d'un Etat dépendent de sa propre souveraineté. Or, cette opinion est, au point de vue international, fausse et dangereuse. Il n'est pas indifférent, ni pour ses voisins ni pour le reste du monde, si une Puissance se procure en secret des forces militaires supérieures à ce minimum qu'exigent la sécurité du pays et l'exécution de ses obligations internationales. L'art. 8 du Pacte proclame aussi son opposition à l'ancien système secret, système funeste qui, lorsqu'il s'agissait de conventions militaires, donnait à son tour naissance à l'espionnage militaire avec toute sa démoralisation et ses incidents dangereux qui menacent la paix et les bonnes relations internationales.

« Echanger tous renseignements de la manière la plus franche et la plus complète », ce devoir, qui n'est encore que moral, pourrait pour son accomplissement trouver, sous les auspices d'une puissante Société des Nations, une garantie dans cette Commission de contrôle.

La Commission temporaire, dont je viens de parler, a été attaquée sous le prétexte qu'elle se serait mise à l'œuvre trop tardivement. Il est vrai que le Conseil l'avait nommée au mois de février et que sa première session devait avoir lieu le 16 juillet. La Commission étant composée de membres appartenant à des corporations différentes, il a fallu attendre les réunions des conseils de ces corporations, ce qui a occasionné un retard. D'ailleurs, croyez-vous qu'une séance de cette Commission aurait pu, en réalité, accélérer les démarches visant au désarmement général, si elle avait eu lieu quelques mois plus tôt, lorsque la situation en Europe était si tendue, et avant que le Gouvernement allemand actuel n'eût encore eu l'occasion de démontrer clai-

rement sa bonne volonté d'accomplir ses obligations quant au désarmement et aux réparations ? La Commission n'aurait-elle pas commencé ses travaux dans des conditions moins favorables que maintenant ?

On a lu dans la presse des appréciations plutôt pessimistes sur les
résultats de la première séance de la Commission. Empêché d'assister
personnellement à la première séance, j'ai cependant vu les procès-
verbaux sténographiques de ses travaux, et je profite de cette occasion
pour déclarer, en me basant sur l'image donnée par le protocole, que,
pour ma part, je n'en ai pas eu une impression qui permette de désespérer. Il a été possible, au contraire, de discuter avec assez de détails
le meilleur plan pour le travail qui s'impose, et bien des idées dévelop-
pées de différents côtés pendant les débats, se confirmeront certainement comme heureuses. Sur l'initiative de M. Schanzer (Italie), on
s'efforcera d'obtenir un aperçu comparatif des dépenses militaires et
de l'« échelle d'armement » des différents états, de 1913 et de 1921 ;
le questionnaire à ce sujet est déjà distribué. M. Jouhaux a souligné
énergiquement que la confiance fort ébranlée des masses dans la Société
des Nations, ne pourrait être reconquise que par des actes, contribuant
puissamment à amener le désarmement qu'elles exigent dans le plus
bref délai possible. Il attira spécialement l'attention sur la nécessité de
mesures à l'égard de l'industrie privée, occupée à la fabrication du matériel de guerre.

Un fait mérite d'être rapporté : Un délégué militaire, le général
Marietti (Italie), a proposé que la fabrication privée de matériel de
guerre ne devrait être permise que comme une branche tout acces-
soire d'une entreprise industrielle consacrée à des buts pacifiques.
On diminuerait ainsi le danger que présentent les énormes intérêts
privés engagés dans l'industrie de matériel de guerre.

D'après ce que j'ai appris, cette critique de la presse — pour autant
qu'elle a fait son apparition dans les journaux scandinaves — repose
sur un malentendu. Les remarques qui ont été faites ont moins visé
le résultat et le succès futur des travaux de la Commission, que l'impression qu'on a eue que les délégués des petites puissances ne furent
pas appelés à prendre part — comme il était à souhaiter — aux délibérations décisives des délégués des grandes puissances. Mais tout
cela est en connexion avec la situation qu'occupent actuellement
les grandes puissances dans la Société des Nations ; je n'insisterai pas
ici sur ce point délicat.

Ainsi, si j'ose espérer que les trois résolutions, qui furent adoptées
à l'unanimité à Genève, seront également soutenues par l'Union

interparlementaire, il n'est cependant pas impossible qu'on répète ici les objections faites contre le « vœu » qui fut accepté par toutes les voix contre sept. Par ce vœu, les états membres de la Société des Nations s'engageraient à ne pas dépasser, pendant les deux années suivantes, le chiffre global des dépenses militaires, navales et aériennes de l'année courante, avec réserve, toutefois, des obligations militaires que la Société des Nations pourra, éventuellement, imposer à un Etat, ou des « circonstances exceptionnelles », dont, le cas échéant, on informera le Conseil de la Société.

Parmi les réponses publiées dans le Journal officiel de la Société des Nations du mois de juin, on retrouve celle du Gouvernement français, qui donne comme motifs de son attitude évasive à peu près les mêmes arguments qu'a exposés à Genève M. Léon Bourgeois. Cette réponse conteste que les budgets en général constituent une base véritable pour l'appréciation du degré d'armement d'un Etat. Les budgets sont rédigés de différentes manières, le matériel ainsi que les prix peuvent subir des changements; la possibilité de transformer l'industrie de paix en industrie de guerre peut être toute différente et constituer un facteur de la plus grande importance qui passe inaperçu dans le budget. Tout Etat doit se réserver le droit de décider lui-même s'il se trouve dans des « circonstances exceptionnelles ». Cette décision ne peut pas être laissée au Conseil. Mais le Gouvernement français, malgré ce refus, désire agir conformément à l'esprit du Pacte, en donnant comme preuve de sa bonne volonté qu'il a proposé une diminution importante de la durée du service militaire.

Cela est vrai, et le projet de résolution que je vais vous soumettre relève cette attitude comme un indice riche en promesses. Malheureusement, il s'agit là plutôt de l'avenir que d'aujourd'hui. Mais les arguments qui nient que l'augmentation ou la diminution du budget soit une mesure de l'augmentation ou de la diminution des armements, ne sont nullement convainquants, je dois le dire. J'avoue volontiers que ceux qui s'occupent de telles comparaisons sont tentés d'aller plus loin que la citation des chiffres globaux, et il est à espérer que la sous-commission qui, sous la présidence de M. Schanzer, mettra en lumière, par des rapports statistiques, les armements des états, saura prendre en due considération les dits arguments, quoiqu'il ne s'agisse évidemment que de corrections des grandes lignes de la puissance militaire d'un Etat. En effet, si on désapprouvait, à cause de ces corrections, toute comparaison entre les budgets militaires comme étant sans valeur à ce sujet, on agirait comme un astronome qui omettrait en étudiant les mouvements de deux planètes, de comparer leurs orbites elliptiques, puisque des perturbations par d'autres planètes ont eu pour effet des déviations parfois assez importantes !

Parmi les états représentés à la première Assemblée, la Belgique, le Danemark et la Chine ont accepté l'obligation de ne pas dépasser leur budget militaire actuel, alors que le Japon l'a déclinée en attendant que les plans d'une réduction générale des armements soient tracés. La Yougo-Slavie se réfère à l'incertitude de la situation internationale, la Finlande se réserve à cause de sa situation géographique et la nécessité de se procurer une marine et du matériel de guerre, et le général Smuts, tout en adoptant l'idée avec une entière sympathie, mentionne les conditions toutes spéciales de l'Afrique du Sud qu'il représente. A ce qu'on dit, un certain nombre d'états, dont la Norvège et pour le moins deux grandes puissances, auraient donné plus tard leur adhésion à cette obligation.

Je n'ai pas besoin de signaler la valeur qu'aurait, à cette première étape de la réduction des armements, l'intérêt que voudraient manifester pour cette cause les nombreux groupes interparlementaires représentés ici. Il semble que l'obligation de ne pas augmenter les dépenses militaires, sauf pour le cas où des circonstances à un tel point exceptionnelles se présenteraient, qu'elles pourraient, en toute confiance, être signalées au Conseil de la Société des Nations, ne dépasse pas ce qu'on peut exiger maintenant, trois ans après cette paix qui devrait mettre un terme à la « dernière guerre » !

Or, la remarque faite du côté français que le droit de statuer sur l'existence d'une situation exceptionnelle ne peut être enlevé à un Etat souverain pour être confié à autrui, ne touche pas au « vœu » exprimé à Genève. Afin d'obtenir plus d'adhérents, on s'est contenté de ne pas demander d'autre garantie contre l'abus de cette exception que la garantie morale que comporte la notification au Conseil, laquelle sera rendue publique.

Cependant on a cru devoir relever, dans le présent projet de résolution, l'idée déjà discutée à Genève au sein de la Commission de confier réellement au Conseil le droit de statuer sur l'existence d'une « situation exceptionnelle ». Quiconque connait un peu les opinions et le fonctionnement du Conseil ne pourra craindre qu'une nation, qui se trouve vraiment menacée par un danger nouveau et imprévu et qui explique ouvertement ses motifs d'une augmentation temporaire de ses moyens de défense, risque de se voir refuser une demande si légitime. L'objection a plutôt ses racines dans l'opinion encore solidement assise de la *souveraineté absolue* de chaque Etat ou, comme on préfère souvent le formuler, dans *l'aversion* de tout ce qui aurait le caractère d'un

« *super-state* », d'une autorité placée au-dessus des états. Même en risquant de me trouver en petite minorité, j'ose cependant exprimer la conviction que c'est dans cette direction que l'humanité progressera enfin.

Une association d'états presque complètement libres et autonomes, sans autres institutions centrales et communes que, par exemple, un tribunal international, n'est qu'une étape transitoire quoique peut-être nécessaire et inévitable. Mais le progrès ne s'arrêtera certainement pas là. En même temps que le droit des nations de disposer librement de leur propre sort triomphera sur la violence et l'oppression d'autres nations, ce même droit rencontrera une délimitation nécessaire d'un autre côté. Nous vivons dans un siècle qui appartient aux nationalités, mais, en même temps, à la communauté internationale, à l'économie internationale naissante et au mouvement ouvrier international. Ces puissantes tendances internationales, qui ont leurs profondes racines dans tout le développement matériel et technique de notre temps, se refléteront nécessairement sur certaines institutions qui revêtiront ainsi un caractère international et seront douées de pouvoirs importants. Pour devenir quelque chose de plus qu'une organisation platonique restant sur le papier, la Société des Nations a trouvé — et avec raison — qu'il lui faut des sanctions dont l'emploi soit confié à son Conseil. L'idée de conférer aussi à ce Conseil le pouvoir d'accorder des exceptions au programme général de la Société concernant la réduction des armements ne me semble vraiment pas, dans ces circonstances, trop effrayante. Dans tous les cas on ne saurait tuer cette idée par la seule objection qu'elle serait un pas vers la création d'un « super-state ».

La résolution que nous proposons ici fait aussi honneur à l'initiative américaine ayant pour but d'ouvrir, en dehors de la Société des Nations, une discussion entre les grandes puissances navales sur la possibilité de réduire leurs flottes de guerre et, en même temps, sur les sphères d'intérêts dans l'Océan Pacifique. Nous constatons cependant, avec regret, que l'adhésion à cette Conférence a été suivie, tant en Amérique qu'en Angleterre, de déclarations disant que cette nouvelle perspective de maintenir de bonnes et stables relations entre les états ne doit pas influer sur l'énorme programme naval, actuellement en exécution ! Et il m'est impossible de ne pas profiter de cette occasion pour dire franchement ce que beaucoup d'autres sans doute pensent tacitement, qu'un arrangement en vue d'arrêter les armements sera plus difficile à obtenir par les grandes puissances seulement, sans le concours des petits états dont l'aversion très nette contre cette forme de « civilisation », qui s'exprime dans la construction d'engins de guerre, pourrait servir utilement la bonne cause commune.

Si, cependant, l'avenir venait à prouver que ces doutes sont mal fondés, et si on aboutissait à un arrangement qui rende moins lourd pour ces grandes puissances le terrible fardeau de la course aux armements navals ; si, par conséquent, cette tentative était couronnée de plus de succès que celle qui, avant la guerre, fut entamée par l'Angleterre à l'égard de l'Allemagne, eh bien, Messieurs, je suis convaincu qu'alors l'Union interparlementaire, par un vote unanime, témoignerait sa sincère satisfaction à ces hommes d'Etat qui ont pris une si excellente initiative et qui ont su la mener à un résultat si heureux. Dans ce cas, les Etats-Unis, quoique restant en dehors de la Société des Nations, auront gagné, par leur action parallèle, dans l'esprit même de la Société, un triomphe qui doit stimuler celle-ci à de nouvelles et plus énergiques entreprises. L'humanité ne peut que profiter d'une telle concurrence, alors que la concurrence que nous connaissons trop bien pour armer les peuples jusqu'aux dents les uns contre les autres, paraît après la grande guerre comme un suicide économique et comme la préparation, les yeux ouverts, de la ruine de notre civilisation.

En effet, sans nul doute, même le tableau peignant sous des couleurs si sombres la misère économique, tracé, il y a un an, par la Conférence de Bruxelles pour engager à une réduction générale de la charge des armements, ne donnerait pas une idée assez terrifiante de la réalité au devant de laquelle nous irions si, une deuxième fois, nous nous laissions pousser dans la voie qui a mené à la guerre mondiale. Un éminent auteur militaire anglais a appelé celle-ci « la première guerre mondiale ». Des millions d'hommes sont allés avec résignation à la mort dans l'espoir que cette guerre, à cause de ses horreurs, serait au moins la dernière. Et, cependant, nous voyons déjà distinctement que les horreurs de la destruction dont nous venons d'être les témoins ne seront que le pâle reflet de celles qui nous attendront si ces furies, encore seulement à moitié terrassées, étaient de nouveau déchaînées sur une humanité civilisée et mûre pour l'abîme.

Or, la science n'est pas restée immobile dans le service de la destruction et de l'anéantissement, après avoir enseigné le meilleur moyen de couler des navires géants en un clin d'œil et de pulvériser, par une seule explosion, grâce à la pyrotechnie moderne, des chefs d'œuvre d'architecture qui avaient résisté pendant des siècles. Par hasard, j'ai lu tout dernièrement dans un journal allemand le compte-rendu d'une conférence sur « la guerre chimique », tenue à l'Académie de guerre de Washington par un général américain nommé Fries. Je relève les passages suivants : « La marine se servira de gaz aussi bien pour ses projectiles que pour former des nuages de fumée ou des flambeaux flottants. Un gaz qui pénètre dans le système de ventilation d'un navire devient maître du navire. On étudie maintenant comment éloigner les gaz de ses propres navires et l'introduire dans ceux de l'ennemi. Les gaz asphyxiants peuvent être jetés d'un hydroplane ou lancés au dessous de l'eau par des sous-marins. Dans les deux cas, de grandes zones, que les navires doivent traverser, deviennent saturées de gaz. Le phosphore blanc, qui brûle sans pouvoir être éteint ni en état humide ni en état sec, pleuvra sur les navires. Le gaz est tout spécialement à recommander contre des essais de débarquement. Nous pouvons choisir des gaz en état liquide ou solide, qui ne font que pleurer les yeux, ou bien des gaz extrêmement toxiques, visibles ou invisibles, qui restent répandus sur une place des jours durant, ou des gaz que le vent emporte immédiatement. Mais il faut qu'ils soient utilisés méthodiquement, il faut que nous construisions nos industries avec tant de prévoyance que nous puissions instantanément faire rouler toutes les roues de la paix au service de la guerre ».

L'esprit qui caractérise une telle perspective est le même que nous avons une fois rencontré, dans le fameux mot d'ordre d'un représentant d'un militarisme maintenant abattu, que la guerre brutale est la plus humaine, puisqu'elle écrase l'ennemi plus rapidement. Qui ne voit pas que cet esprit, n'importe où il lève la tête, est un ennemi de l'humanité, plus dangereux que les épidémies et que la disette, contre lesquelles nous unissons nos forces pour les combattre, pendant que le « perfectionnement » de la destruction militaire est considéré comme un progrès ou, en tout cas, comme un service précieux rendu à la patrie. En vérité, ce n'est pas une fausse alarme ou une folle exagération si des voix se lèvent qui prédisent la débâcle de notre civilisation comme une conséquence de l'usage criminel que nous nous permettons, nous peuples civilisés, de faire de notre connaissance rapidement croissante des forces de la nature...

Cependant, ceux qui ont lutté et qui sont tombés pour la « dernière guerre » n'ont pas versé leur sang en vain. Plus profondément, plus universellement que jamais pénètre maintenant le mot d'ordre : *plus de guerre, jamais !*

Ce fut cependant un jour mémorable, permettant de croire à un avenir plus heureux, que cet anniversaire du début du grand crime, lorsque des masses immenses d'ouvriers traversèrent Berlin et défilèrent devant les statues équestres élevées à la gloire maintenant disparue des empereurs guerriers, tous suivant ce même mot d'ordre : « plus de guerre, jamais ». Pendant ce temps, d'autres masses dans le pays ci-devant ennemi, l'Angleterre, se réunissaient dans la même pensée et avec les mêmes intentions.

Malgré toutes ses faiblesses, la Société des Nations nous donne tout de même des promesses pour l'avenir, promesses qu'il s'agit de ne pas laisser s'évanouir. Nous voyons que les idées fondamentales de la Société ont déjà dépassé les frontières du groupement des états actuellement représentés à Genève.

L'étendue même de la calamité sans nom dans laquelle une nouvelle guerre jeterait l'humanité doit nous servir d'élan pour sauvegarder de toutes nos forces la paix encore fragile, en empêchant la résurrection de l'ancienne politique des armements qui, vous en êtes tous témoins, a été le pire fléau de l'humanité. (*Applaudissements prolongés.*)

M. le Président. — Au nom de l'Assemblée, je remercie M. Branting du très intéressant rapport qu'il vient de nous présenter. Les questions qu'il a traitées ont toujours vivement intéressé l'Union interparlementaire. Il y a là des idées qui ne sont pas nouvelles, mais qui maintenant sont plus actuelles que jamais. (*Applaudissements.*)

Mr Takeo Tanaka, M. P. (Japan). — Gentlemen, I feel it is a great honour to take part in this Conference as representing the House of Representatives in Japan, and I take this opportunity to express my delight in and hearty gratitude for the revival of this Union after the partial suspense of its operations during the war. The darkness which covered the earth has cleared away, and the peoples are all awakened to the need for securing the permanent peace of the world. The League of Nations was established, the arrangements for the Pacific Conference are proceeding, and all the officials are endeavouring to achieve their best. But from the standpoint of the people, rather than from that of Governments, the Conference we are holding is a most necessary thing, because the members who are taking their share in it are in direct touch with the people as their representatives. May its deliberations be fruitful ! Let us endeavour to accomplish our purpose, which is to enable all the peoples of the earth to enjoy that peace which God bestowed upon us when this mortal world was created. From this moment we have to make a fresh start in this responsible work. (*Hear, hear.*) The agenda before us is divided into eleven parts, all relating to matters of pressing importance, but for a few minutes I would particularly refer to No 6, in order to express the hearty desire of the Japanese people for a reduction of armaments. People everywhere feel that the projected conference of the British Empire, the Uni ed States, and Japan, in Washington, is taking its normal way, and I would like to assure you of the good feeling of the Japanese people towards it and of their faith in a solution of this great problem being found. We are all hoping that an opportunity to apply that solution will present itself as soon as possible. The Japanese people are quite aware of the cruelty of war. They know how righteousness overcame mighty power, protected by weapons. Now they are endeavouring to step forward, with the other Powers, along the right road to peace. Besides, they are groaning under the heavy burden imposed upon them by the expenditure fixed under their existing armaments schedule. Let me compare the average of the burdens borne by these three Powers. The American people are responsible for £ 316,000,000 for their army and navy ; the British Empire owes about 24 per cent of all its revenue for the same purpose ; but the Japanese people have a burden of nearly 50 per cent of the entire revenue. Really the necessity for disarmement is more pressing for Japan than for either of the other countries. (*Hear, hear.*) Facts, and not ideas only, are what tell in the progress of the world, and I can assure you that the happiness of our nation, as well as that of the rest of the world, is involved in the attainment by the Conference of a fruitful result of its labours in regard to this problem. Believing this as I do, I am grateful and delighted that the Council has put forward this proposal to our Conference, and I heartily desire and hope that our friends here will approach the consideration of the problem with a clear understanding of all that is involved in it, and will feel that they have all the same interest in its happy solution. In conclusion, I would again express, on behalf of the people of Japan, my earnest desire for the success of this great movement for a reduction of armaments among the great nations of the world. (*Applause.*)

Traduction française du discours de M. Tanaka.

M. Takeo Tanaka. (Japon). — Messieurs, c'est pour moi un grand honneur de participer à cette Conférence en qualité de délégué de la Chambre japonaise des Représentants, et j'exprime ma joie et ma sincère gratitude d'assister au réveil de cette Union qui avait dû interrompre en partie ses travaux pendant la guerre. L'obscurité qui couvrait le monde s'est dissipée et les peuples sont tous persuadés de la nécessité de l'établissement d'une paix durable.

La Société des Nations a été créée, les préparatifs de la Conférence du Pacifique sont en bonne voie et tous les hommes d'Etat y travaillent de leur mieux. A considérer l'intérêt des peuples plutôt que celui des gouvernements, notre Conférence est une nécessité, parce que ceux qui y prennent part sont en contact direct avec le peuple et ses représentants. Puissent ses délibérations être fructueuses! Faisons tous nos efforts pour atteindre notre but, qui est de permettre à tous les peuples de la terre de jouir de la paix que Dieu leur a donnée quand il a créé le monde. Dès maintenant, mettonsnous à ce travail si plein de responsabilités. (*Très bien!*) L'ordre du jour que nous avons devant les yeux est divisé en onze paragraphes ayant tous trait à des sujets d'une importance immédiate. Je ne voudrais cependant consacrer quelques minutes qu'au 6me paragraphe, afin d'exprimer le sincère désir du peuple japonais de voir réduire les armements. Partout l'on approuve la voie choisie par cette conférence où l'Empire britannique et les Etats-Unis seront représentés à Washington ; je vous donne l'assurance que le peuple japonais est animé de sentiments favorables à son égard, et qu'il a confiance dans la solution de ce grand problème. Nous espérons tous que l'occasion de trouver cette solution se présentera d'elle-même, aussitôt que possible. Le peuple japonais connaît bien les cruautés de la guerre. Il sait comment l'idée du droit a terrassé une puissance redoutable, appuyée sur la force des armes. Il veut maintenant aller de l'avant et s'avancer avec les autres nations sur le droit chemin qui mène à la paix. Mais, d'autre part, il gémit sous le lourd fardeau des dépenses que lui imposent ses armements actuels. Laissez-moi comparer les taux des charges supportées par les trois grandes puissances en question. Le peuple américain dépense 316,000,000 livres sterling pour son armée et sa flotte, l'Empire britannique le 24% de tous ses revenus, tandis que le peuple japonais dépense près de 50% de son revenu total dans le même but. En vérité, le désarmement est une nécessité plus pressante pour le Japon que pour aucune des autres nations. (*Très bien !*) Ce ne sont pas les idées seulement, mais les faits aussi qui influent sur les destinées du monde. Je puis vous assurer que le bonheur de ma patrie, ainsi que celui du monde entier, dépend du résultat fructueux des travaux de cette Conférence à propos de ce problème. Animé de tels sentiments, je suis heureux et reconnaissant au Conseil de nous avoir soumis cette résolution, et je fais des vœux sincères pour que tous nos amis ici présents s'attachent à l'étude de ce problème avec une claire notion de tout ce qu'il contient et en se rendant compte que nous sommes tous également intéressés à son heureuse solution. En terminant, j'exprime à nouveau, au nom du peuple japonais, mes vœux les plus sincères en faveur de ce grand mouvement qui a pour but la réduction des armements des grandes puissances de ce monde. (*Applaudissements.*)

Mr Thomas J. Walsh (United States of America). — Mr President, I desire on behalf of the American group to signify the appreciation we have of the compliment paid our country by Lord Weardale in the course of his remarks of yesterday, and by other speakers, first in respect of the aid extended by our country in the alleviation of suffering in the regions devastated by war, and, second, as implied in the earnest desire of the speakers referred to, that the United States should become a member of the League of Nations. I take the floor to address myself to one of the arguments put forward by a distinguished representative of Sweden, but I feel obliged to say a word in response to these earnest appeals which have been voiced that the United States might become a member of the League. I wish I were able to hold out to the members of this organization and of its Conference the hope that their expectations, their desires in that matter, might be realised. Unfortunately I do not find it possible to do so. As I view the situation from the point of view of a very earnest and devoted friend of the League of Nations and a continued supporter of it, I am obliged to say to you that the prospect is not at all bright. We have already really exhausted all the powers of persuasion that we possess in that direction. To indicate to you how little chance there is in that particular direction I might refer to this feature of the discussion in our country. The United States and the people there have a wholesome and abiding horror of war. Only recently we have passed an Act by which our army is reduced from 275,000 men to 115,000, which we consider adequate for a great people numbering 110,000,000 souls, who occupy a territory 3,500,000 square miles in area ; and yet when an invitation was extended by the League of Nations to the President of the United States to send representatives to sit in a merely consultative capacity with the Commission appointed by the League to draft a plan of disarmament — a project which is popular throughout out country, as evidenced by the recent call of our President — then the President of the United States, recognising the strength of sentiment in that country, felt obliged to decline the invitation. Feeling a representation ought to be made I introduced a resolution in the Senate asking the President to accept the invitation. That was defeated, not only in the Committee on Foreign Relations but also in the Senate, and not altogether by a party vote, although almost so. The Republican side voted solidly against it. Our people have long been identified with the effort to establish a World Court, as those who have followed the history of the Hague Conferences must be aware. We have been desirous of the establishment of an international tribunal for the settlement of justiciable matters, and it might have been thought that to join the Court of the League would have met with a great response. Moreover, one of our foremost lawyers, Mr Elihu Root, had participated in the proceedings which led to the Court being brought into being. Yet the work of that Court has no apparent interest in our country. I say this with most profound regret, for I was one of the foremost in favour of accepting the formation of the League when it came from the Versailles Conference. I voted against accepting it with the reservations in November 1919, but when it came before the Senate again in the following March, and it seemed impossible for it to go through without the reservations, I voted for it with reservations, hoping that the League would become a going concern. I say this to give you some kind of an idea of the difficulties we have had. We carried on the contest for some eighteen months. The discussion went on for some eight months prior to the taking of the original vote in November, 1919 ; we resumed the controversy shortly afterwards and continued it without interruption till the next March. Then came the Presidential Election, and the subject was very much to the front in that campaign. The Democratic Party so far as its platform was concerned was in favour of the League, but the Republican Party was divided on the matter : some were willing to accept with reservations, others were against the Covenant and against any Covenant that could be passed. It has to be regretted that the United States has repudiated the League after having helped to create it. If then we are to make any progress, as it seems to the American group, it will be necessary to take some other course for the present. To those of us who are in harmony with your views it is doubtful whether a declaration would be helpful — and it might be hurtful — in the United States. It is unfortunate that the matter should be involved in political complications in the United States of America, but I would not have you understand that the opposition has a political basis or a partizan foundation only. It could have no real substantial force in our country if there were not a solid opposition to the League among the great body of the people, founded on a substantial basis, and if you reflect upon our country and the political policies of the past you will realise how wedded our country has been to the policy of isolation. We have been adjured to beware of the controversies in Europe and the wars coming out of them. This became a cardinal principle with our people, and though the world has travelled a long distance since then, these ideas are in the minds of the people and it will take time before their policy can be modified in any material particular. You must be patient with us. I realise how difficult it is for your people to understand our attitude. You are all living here in a comparatively limited area, using different tongues it is true, but because of your close proximity to each other you are obliged to canvass these questions. But I travel 2,500 miles from my home to the seat of our Government, almost as far as from New York to London, and a greater distance perhaps than it is from one of the remotest parts of Europe to another ; and in that vast stretch of country we have one language, one people, who in their main political ideas cannot be distinguished one from the other. We find it so rarely necessary, except in Governmental affairs, to come into contact with other peoples that the study of modern languages is not prosecuted as many of us would like to see it. As a consequence I may say that there are upon this delegation, consisting of members of both Houses of Congress, not any who speak the language of this Conference, or perhaps any language, with any particular fluency — one member alone excepted — other than English. So you must recognise that our situation is essentially different from yours. We tried to minimise this objection, we tried as much as we could to remove these arguments against the acceptance of the League, but we failed, and I wish, as I have said, I might hold out any hope of some speedy change in the attitude of our people in the matter ; but I do not feel justified in holding out any encouragement in that direction.

However, I am able to offer some hope, and I think a very lively hope, of achieving exactly the same and by possibly a little different route. You will recall that one of the main ideas in the mind of the great monarch who originated the Hague Conference was an agreement for disarmament or a reduction of armaments, which even then bore heavily upon the world, although the burden was nothing to be compared with what it is to-day. The President of the United States has recently issued an invitation, as you have been apprised, to some of the leading nations of the earth, speaking from a military point of view only, to assemble in Washington through their representatives during the ensuing winter, presumably from November 11th next, for the purpose of devising a plan for the reduction of armaments. (*Hear, hear.*) That invitation has been accepted — formal acceptances, we are advised, have been received from all the nations invited, — and the conference is to assemble, for the purpose of accomplishing one of the main objects for which, as I understand it, this Union exists. But it is also to consider related subjects. I gather that an impression has gained ground that that conference is to consider a reduction in naval armaments alone, but that is an error. A resolution was adopted by both Houses of Congress requesting the President of the United States to invite the Governments of Great Britain and Japan to send representatives to a conference with the representatives of the United States to consider a reduction in naval armaments, but the invitation which was extended went further than that, and was extended to other Powers, including France and Italy, and was stated to be for the purpose of devising a plan for a general reduction in armaments as well as for the consideration of related questions. Now, in the course of the campaign, President Harding, on several occasions at least, while indicating his opposition to the Covenant of the League of Nations as it then existed, expressed his desire, yea, his hope, that some kind of an association of nations should be organised so that concerted action for the prevention of war could be attained, and I think it is not at all unlikely that before the Conference assembles he will have matured his ideas on that matter. I sincerely trust that the conference in Washington will have the earnest support of all members of this Union, and that it will bear fruit not only in a plan for the general reduction of armaments but in some plan for the settlement of international controversies otherwise than by brute force (*applause*). Accordingly, Mr President, I call the attention of the members of this Conference to Article 4 of the resolutions offered by Mr Branting, page 31 of the Preliminary Documents, which reads as follows :

« The Conference greets with profound satisfaction the efforts made by American statesmen in order to promote a discussion between the great naval powers, with reference to the possibility of effecting reductions in their naval forces, and sincerely trusts that these efforts will meet success in the near future. »

I assume this resolution was drafted after action was taken by Congress, but before the invitations had been extended by President Harding to which I have referred. It would seem, accordingly, that it would be wise to substitute for Article 4 a commendation of the invitation extended by President Harding rather than of the action of the Congress referred to in the article. Accordingly, Mr President, I tender as a substitute the following :

« In view of the forth-coming conference to assemble in the City of
Washington upon the invitation of the President of the United States,
to consider the question of limitation of armaments and related subjects,
the members of the Inter-Parliamentary Union are urgently requested
to foster, in all ways open to them in their respective countries a
spirit of willingness to make all reasonable concessions necessary to a
successful issue of such conference, and any plan it may propose for
the limitation of national armaments being just and equitable, to labor
for the acceptance of the same by the Government of their various
countries. »

I am authorised to say that the alteration in the resolution is ten-
dered by the American group (*Applause*).

Traduction française du discours de M. Walsh.

M. Thomas J. Walsh (Etats-Unis d'Amérique). — M. le Président,
Au nom du Groupe américain, je désire exprimer combien nous avons
apprécié l'hommage qu'ont rendu à notre patrie plusieurs orateurs,
entre autres Lord Weardale, dans le discours qu'il a prononcé hier. Cet
hommage s'adresse tout d'abord à l'aide que notre pays a prêté au sou-
lagement des souffrances des régions dévastées par la guerre ; il est, en
outre, contenu dans le très vif désir manifesté par ces orateurs de voir les
Etats-Unis devenir un membre de la Société des Nations. Je prends
la parole pour répondre à l'un des arguments qui ont été avancés par
un distingué représentant de la Suède. Toutefois, je me sens tenu de
dire un mot en réponse aux pressants appels qui ont été faits en faveur
de l'entrée des Etats-Unis dans la Société des Nations. Je voudrais être
à même de soutenir les membres de cette institution et de cette Conférence dans leur espérance de voir se réaliser leur attente et leurs
vœux. Malheureusement, je ne crois pas que cela soit possible. A considérer la situation du point de vue d'un très sincère et très fidèle
ami, en même temps que partisan persévérant de la Société des Nations, je suis contraint de déclarer que cette espérance n'a rien du tout
de brillant. Dans le but de faire entrer les Etats-Unis dans la Société,
nous avons vraiment épuisé déjà tous les moyens de persuasion en
notre pouvoir. Pour vous montrer combien minces sont les chances à cet
égard, je me permettrai de m'en rapporter à la physionomie qu'ont
revêtu les débats dans notre pays. Le Gouvernement et le peuple des
Etats-Unis ont une salutaire et immuable horreur de la guerre. Il y
a peu de temps, nous avons voté une loi qui réduit notre armée de
275,000 à 115,000 hommes, que nous estimons suffisants pour un grand

peuple comptant 110 millions d'âmes et qui occupe un territoire de 3,500,000 milles carrés. Lorsque la Société des Nations invita le Président des Etats-Unis à déléguer, à titre plutôt consultatif, des représentants au sein de la Commission chargée par la Société d'élaborer un plan de désarmement — un projet qui est populaire dans tout notre pays, ainsi que le récent appel de M. Harding en fait foi —, notre Président se sentit dans la nécessité de refuser cette invitation, se rendant compte de la force du sentiment qui anime notre peuple. Estimant qu'on aurait dû envoyer une délégation, je déposais au Sénat une résolution demandant au Président d'accepter cette invitation. Ma résolution fut repoussée, non seulement par le Comité pour les Relations étrangères, mais aussi par le Sénat lui-même. Si ce ne fut pas tout à fait un vote de parti, ce fut presque la même chose. Le parti républicain émit un vote compact contre la résolution. Notre peuple a été longtemps considéré comme ayant fait siens les efforts tendant à la création d'une cour de justice mondiale ; ceux qui ont suivi l'histoire des Conférences de La Haye sont renseignés à cet égard. Nous avons désiré l'établissement d'un tribunal international pour l'aplanissement des conflits susceptibles d'une solution judiciaire, et l'on aurait pu croire que le projet de se joindre à la Cour créée par la Société aurait trouvé chez nous un écho très favorable. En outre, l'un de nos premiers jurisconsultes, M. Elihu Root, participa aux travaux qui eurent pour résultat la création de cette Cour. A l'heure qu'il est, les travaux de cette Cour ne rencontrent plus aucun intérêt apparent dans notre pays. Je le déclare avec le plus profond regret, car je fus l'un des premiers partisans de l'acceptation de la création de la Société, lorsque le projet nous arriva de Versailles. En novembre 1919, je votais contre l'acceptation avec les réserves, mais lorsque, au mois de mars suivant, le projet revint devant le Sénat et qu'il apparût qu'il serait impossible de le faire accepter sans les réserves, je votais en sa faveur avec celles-ci, dans l'espoir que la Société deviendrait une institution viable. La votation eut lieu il y a à peu près dix-huit mois. La discussion avait commencé près de huit mois avant le premier vote du mois de novembre 1919 ; peu après, nous la reprîmes pour la continuer sans interruption jusqu'au mois de mars suivant. Puis vint l'élection présidentielle et la question fut mise au premier plan de la campagne électorale. Le parti démocratique était partisan de la Société et plaça cette question sur sa plate-forme électorale ; mais le parti républicain était divisé à ce sujet. Quelques-uns de ses adhérents étaient partisans de l'acceptation avec les réserves, tandis que d'autres se déclaraient contre le Pacte et contre tout Pacte qui pourrait être voté. Il est regrettable que les Etats-Unis aient répudié la Société, après avoir contribué à la créer. Si nous voulons faire quelque progrès, il sera nécessaire, à l'avis du Groupe américain, de choisir à présent une autre méthode. Il paraît douteux à ceux d'entre nous qui partagent votre point de vue, qu'une déclaration ait un effet utile aux Etats-Unis. Elle pourrait bien être, au contraire, nuisible. Il est malheureux que la question soit, aux Etats-Unis, mêlée aux compétitions politiques, mais je ne voudrais pas non plus que vous croyiez que l'opposition à la Société n'a qu'une base politique ou n'est qu'une affaire de parti. Cette opposition n'aurait pas une force véritable, s'il n'existait dans la plus grande partie de notre peuple une solide opposition contre la Société, fondée sur une base ferme. Si vous considérez notre pays et sa ligne politique dans le passé, vous comprendrez à quel point il est attaché à sa politique d'isolement. Nous avons été conjurés de prendre garde aux controverses européennes et aux guerres qui en résultent. Cela est devenu un principe fondamental de notre peuple et bien que de nombreuses années se soient écoulées depuis lors, ces idées sont gravées dans l'esprit de notre peuple et il faudra beaucoup de temps jusqu'à ce qu'il puisse modifier sa ligne de conduite dans un cas particulier. Vous devez prendre patience avec nous. Je me rends compte combien il est difficile pour vos concitoyens de comprendre notre attitude. En Europe, tous les peuples vivent dans un territoire relativement petit et bien que vous parliez différentes langues, vous êtes obligés, de par votre proximité réciproque, à examiner ces questions. Quant à moi, j'ai à faire un voyage de 2,500 milles pour me rendre de mon domicile au siège du Gouvernement, une distance presque aussi grande que celle de New-York à Londres et peut-être plus grande que celle d'une extrémité de l'Europe à l'autre. Dans cette grande étendue, il n'y a qu'une seule langue et qu'un seul peuple, chez lequel les principales idées politiques d'un individu ne peuvent être distinguées de celles d'un autre. Nous sentons si rarement la nécessité d'entrer en contact avec d'autres nations, excepté pour les affaires gouvernementales, que l'étude des langues modernes n'est pas poursuivie ainsi que beaucoup d'entre nous le voudraient. C'est ainsi que je puis dire que parmi les membres de la délégation américaine, composée de représentants des deux Chambres du Congrès, il n'y en a point, à l'exception d'un seul, qui parlent couramment la langue dont se sert cette Conférence, ou même une autre langue étrangère quelconque. Vous devez constater ainsi que notre situation est essentiellement différente de la vôtre. Nous avons essayé de diminuer le plus possible cette objection et d'écarter autant que nous pûmes ces arguments dirigés contre la Société des Nations. Nous échouâmes et, ainsi que je l'ai dit, j'espère que je vous ai enlevé tout espoir d'un revirement rapide dans l'attitude de notre peuple à cet égard, quoique je ne croie pas qu'il serait juste de se décourager tout à fait.

Je puis vous apporter quelque espoir, un espoir à mon avis réjouissant, propre à conduire au même but quoique par un chemin un peu différent. Rappelez-vous que l'une des idées principales du grand monarque qui conçut le plan de la Conférence de La Haye était un accord pour le désarmement, ou une réduction des armements qui pesaient déjà lourdement sur le monde, bien que leur fardeau ne fût rien en comparaison de celui de maintenant. Ainsi que vous en avez été informés, le Président des Etats-Unis d'Amérique a adressé une invitation à quelques-unes des nations dirigeantes de ce monde — dirigeantes du point de vue militaire — afin que, par l'intermédiaire de leurs représentants, elles se rencontrent à Washington au commencement de l'hiver prochain, probablement à partir du 11 novembre, pour discuter un plan de réduction des armements. (*Très bien.*) Cette invitation a été acceptée. A teneur des renseignements que nous avons reçus, toutes les nations invitées ont envoyé leurs acceptations formelles. La conférence se réunira donc dans le but d'accomplir ce qui est, à mon avis, l'un des motifs de l'existence de l'Union. A ce que j'ai entendu dire, l'idée se propage que cette Conférence ne doit étudier que la seule réduction des armements navals. C'est une erreur. Les deux Chambres du Congrès ont adopté une résolution demandant au Président des Etats-Unis d'inviter les Gouvernements de Grande-Bretagne et du Japon à envoyer des représentants qui étudieraient avec les représentants des Etats-Unis une réduction des armements navals. Cependant, cette invitation a été étendue bien au delà et adressée à d'autres puissances, parmi lesquelles la France et l'Italie. Il a été décidé qu'elle aurait pour but l'étude d'un plan d'une réduction générale des armements tout autant que de l'étude des questions dont je viens de parler. D'autre part, au cours de sa campagne, le Président Harding, tout en exprimant son opposition à la Société des Nations telle qu'elle existe, a cependant exprimé le désir, l'espoir même que quelque association des nations puisse être organisée afin d'en arriver à une action concertée pour prévenir la guerre. Je pense qu'il n'est pas improbable qu'il mûrisse ses idées sur cette question avant la réunion de la Conférence. Je crois sincèrement que la Conférence de Washington aura le plus sérieux appui de tous les membres de cette Union et qu'elle portera des fruits, non seulement pour une réduction générale des armements, mais aussi pour un plan de réglement des conflits internationaux par un autre moyen que par la force brutale. (*Applaudissements*.) C'est pourquoi, M. le Président, j'attire l'attention des membres de cette Conférence sur le paragraphe IV de la résolution présentée par M. Branting, à la page 31 des « Documents préliminaires» et qui est ainsi conçu :

« La Conférence salue avec une profonde satisfaction les efforts poursuivis par des hommes politiques américains, en vue d'ouvrir une discussion entre les grandes puissances navales sur la possibilité de réduire leurs marines de guerre, et exprime l'espoir de voir aboutir rapidement ces efforts. »

Je suppose que cette résolution a été imprimée après l'action entreprise par le Congrès, mais avant que le Président Harding ait, comme je l'ai dit, étendu son invitation. Dans ces conditions, il me semble qu'il serait préférable de remplacer à ce paragraphe la recommandation en faveur de la démarche du Congrès par une recommandation en faveur de l'invitation du Président Harding.

Je propose donc, M. le Président, d'apporter la modification suivante :

« Considérant qu'une conférence, convoquée par le Président des Etats-Unis, se réunira dans la ville de Washington afin de discuter la question de la limitation des armements et des problèmes connexes, les membres de l'Union interparlementaire sont instamment invités à faire créer dans leurs pays respectifs, par tous les moyens à leur disposition, une bonne volonté réciproque de faire des concessions raisonnables, nécessaires pour un heureux résultat de la Conférence. Tout plan juste et équitable proposé par la Conférence sur la base des délibérations au sujet de la limitation des armements nationaux, doit former l'objet d'un intérêt soutenu de la part des groupes interparlementaires, en vue de le faire accepter par les gouvernements de leurs pays respectifs. »

Je suis autorisé à déclarer que cette modification de la résolution est proposée par le Groupe américain. (*Applaudissements.*)

M. le Président. — Je donne la parole à M. Branting qui désire lire quelques amendements à son projet de résolution.

M. Branting (Suède). — Ce projet de résolution, on l'a déjà dit, date de quelques mois. Il y a quelques petites corrections que je voudrais vous recommander. Il n'est pas nécessaire, je pense, de perdre du temps à lire tout le projet de résolution que vous avez tous lu dans les « Documents préliminaires ».

A la page 7, au troisième alinéa du premier paragraphe, il est dit que « la Russie commence à rentrer dans la vie économique mondiale. » Mais il est survenu, vous le savez tous, un grand désastre économique en Russie. C'est pourquoi je vous propose de dire que « la Russie, quoique menacée d'une famine qui demande impérieusement l'aide de tous les peuples civilisés, commence à rentrer dans la vie économique mondiale ». C'est un fait qui s'est produit après que la résolution a été rédigée, mais dont il doit être tenu compte.

A la page 8, paragraphe III, il est dit : « En attendant que la Société des Nations devienne assez forte pour assumer le rôle de l'instance finale quant à la décision de l'échelle des armements etc. ». On nous a proposé et je suis d'accord de nous exprimer d'une manière un peu plus générale, en supprimant les mots « décision de l'échelle » et en les remplaçant par celui de « réduction », de sorte que la phrase serait ainsi rédigée : « En attendant que la Société des Nations devienne assez forte pour assumer le rôle de l'instance finale quant à la réduction des armements des divers états, etc. ».

Vous avez entendu, il y a quelques instants, l'honorable délégué américain proposer, au lieu du paragraphe IV, une autre formule. J'ai eu l'occasion de lui parler et je puis me rallier à sa proposition. Il n'y a qu'une seule partie qui ne me semble pas du tout nécessaire dans cette résolution. On dit qu'on doit encourager la confiance en le succès de telles conférences, mais il me semble qu'il serait tout à fait suffisant de dire qu'on doit encourager la volonté : « all reasonable concessions ». Je pense donc qu'on doit supprimer quelques mots. Cette Conférence nous permet d'avoir des espérances, mais on ne sait pas encore ce qu'elle donnera, si l'on obtiendra un résultat ou non. C'est pourquoi, il me semble plus prudent d'insister seulement sur la volonté, sur tout ce qui est raisonnable pour faire accepter les propositions équitables qui pourront sortir de cette Conférence. Je retire donc ma proposition IV et me rallie au projet américain, seulement avec une petite modification qui le rende plus conforme à la réalité. Nous tenons au succès de notre œuvre, mais ce n'est pas demain que nous parviendrons à notre but et nous continuerons à lutter jusqu'à ce que nous puissions y parvenir.

M. le comte **Hamilton** (Suède). — Nous nous flattons, nous autres Suédois, d'appartenir à une nation qui a prouvé qu'elle était la plus pacifiste du monde, une nation ayant le pouvoir de résoudre sans armes les conflits les plus graves, telle la séparation entre la Norvège et la Suède.

Nous avons joui des bienfaits de la paix pendant plus de cent ans et nous désirons que les autres peuples en jouissent également. Que la paix soit triomphante et que les conflits entre les nations se règlent d'une manière juste et pacifique.

Mais nous ne parviendrons à ce but que le jour ou le désarmement sera devenu une question actuelle. La paix armée n'est qu'une théorie morte et les efforts faits pour rendre la guerre moins cruelle, en supprimant sous-marins et aéroplanes, ne sont qu'enfantillage.

La condition primordiale pour établir la paix à venir, c'est le désarmement universel et le premier pas vers cet objectif, c'est la suppression du service militaire obligatoire. Dans la mesure exacte où le nombre des hommes disciplinés pour la guerre diminue, les chances pour conserver la paix augmentent. Chaque pas fait vers ce but aura notre appui et nous osons exprimer l'espoir que la Société des Nations attachera à cette question une attention plus grande qu'elle ne l'a fait jusqu'à présent.

La proposition présentée par M. Branting me semble assez passive, mais c'est un premier échelon et pour cette raison, je l'appuierai. (*Applaudissements.*)

M. Borgbjerg (Danemark). — A de nombreux points de vue, je suis tout à fait d'accord avec l'orateur distingué qui a parlé tout à l'heure et, je puis le dire, je suis encore plus d'accord avec lui qu'avec mon camarade de parti, l'honorable M. Branting.

Dans les milieux pacifistes, on a dit mille fois que l'ancien dicton : « si tu veux la paix, prépare la guerre » est faux et dangereux.

Eh bien, si l'on estime qu'une guerre est possible et dans certaines circonstances peut être nécessaire, il y a une force logique en ce raisonnement, qu'il faut se préparer aussi pour la guerre et la faire aussi fortement que possible, jusqu'à la limite de la ruine économique du pays et du peuple. Naturellement on ne peut pas aller si loin, car alors n'existent plus ni pays ni peuple à défendre.

Nous souhaitons de tout notre cœur que les grandes puissances veuillent s'unir pour une limitation des armements, et nous comprenons que la position d'une grande puissance dépende de celle des autres. Après le désarmement de l'Allemagne par le Traité de Versailles, on doit exiger pourtant que les autres puissances en tirent les conséquences, en suivant elles-mêmes la voie du désarmement. C'est ce que la résolution proposée par M. Branting recommande, dans une forme très modérée.

Cependant, dans un petit pays comme le Danemark, il y a beaucoup de gens, qui ne croient, ni à la possibilité d'une guerre effective, ni à à sa nécessité quant à notre propre pays. L'étendue restreinte de notre pays et sa situation géographique rendent selon nous sans espoir toute idée d'opérations militaires. Nous n'avons ni charbon, ni fer. Si nous voulions nous préparer à la guerre, un seul essai dans ce but ruinerait le pays, et pourtant cet essai serait tout à fait sans espoir. Soit que le Danemark dépense un demi-millard ou cent millions ou cinquante ou rien du tout, nous resterions dans la même situation, bonne ou mauvaise.

Nous ne pouvons pas nous défendre militairement. Voilà la vérité !

Depuis cinquante ans une série de politiciens danois bien connus ont défendu ce point de vue, même des hommes appartenant aux partis bourgeois. Toute notre démocratie socialiste danoise partage cette idée. Voilà un antimilitarisme, fait par nous-mêmes, dans un pays paysan et ouvrier et indépendant dans une certaine mesure du mouvement international en faveur de la paix et de l'arbitrage.

Mais naturellement notre position sera fortifiée, moralement et politiquement, pour autant que le mouvement pour la paix et l'arbitrage pourra conquérir l'opinion des pays prépondérants. Nous avons donc toujours appuyé ce mouvement. Nous voyons avec joie que nos camarades de parti en Allemagne se rallient maintenant à cette œuvre pacifique, et nous avons la conviction que les démocrates socialistes de tous les pays doivent faire la même chose.

Déjà nous avons l'audace de proposer à notre pays le *désarmement complet.* Nous avons vu avec satisfaction qu'un pays désarmé complètement comme le Luxembourg, ayant seulement une force de police, est accepté dans la Société des Nations. On ne peut être obligé à quelque chose au-dessus de ses facultés. Voilà aussi la vérité.

Pour nous, les armements ne sont pas une assurance, mais un danger, qui peut rendre notre neutralité suspecte et amener une grande puissance à se précipiter sur notre pays afin d'empêcher une autre de faire la même chose. Le désarmement est pour nous le risque le moins grand. En outre nous avons l'espoir que maintenant l'opinion des pays prépondérants — après la guerre mondiale — ne voudra pas tolérer qu'aucune puissance viole un petit pays sans armes et sans défense possible.

Nous avons le courage du désarmement. Nous n'avons pas d'autre espoir. Le désarmement complet est non seulement notre *programme,* c'est notre *politique.*

Si *tous* voulaient se rallier à cet exemple, alors l'idée de la Société des Nations serait réalisée, la paix mondiale — solide et durable — serait établie. (*Bravos et applaudissements.*)

M. Gjœstein (Norvège). — Le parti social-démocrate norvégien adopte les mêmes principes, dans la question du désarmement, que le parti social-démocrate danois.

Au nom du groupe social-démocrate norvégien, je peux donc affirmer que nous nous associons entièrement aux déclarations de M. Borgbjerg, qui expriment parfaitement le point de vue norvégien.

M. Rutgers (Pays-Bas). — La Hollande, Gouvernement et peuple, n'est pas militariste. C'est un pays pacifiste, tant par tradition que par conviction. Chez nous, l'opinion populaire et la politique gouvernementale se rencontrent. Si on en doutait, les chiffres de notre budget militaire, comparés à ceux des budgets des autres pays du monde, pourraient le démontrer. Il est donc tout naturel que les principes dont s'inspirent les résolutions, qui sont devant nous et qui sont proposées par M. Branting soient l'expression de l'opinion générale en Hollande, à l'exception des partisans du désarmement total.

Ce n'est pas sur ces principes que je voudrais vous parler ; je voudrais présenter quelques observations de détail au sujet des résolutions.

Je laisse de côté l'exactitude des faits que M. Branting constate à la fin de la première résolution où l'on indique des réductions qui ont été opérées dans les armements de plusieurs pays qui sont nommés dans le dernier alinéa. Lorsque je vois les chiffres inscrits dans les budgets de l'année courante dans la publication de la « *World Peace Foundation* », j'estime que l'on peut avoir des doutes, même en ce qui concerne les pays que M. Branting a nommés, et je ne crois guère qu'on puisse parler d'une réduction des armements de ces pays. Mais je laisse ce point de côté.

J'attire l'attention de la Conférence sur le fait que la résolution qui nous est proposée prend comme point de départ le vœu que l'Assemblée de Genève a émis sur la réduction des armements. Ce vœu est déjà mentionné au commencement du premier paragraphe du projet de résolution, puisqu'il est dit que la Conférence a pris connaissance des résolutions et du vœu votés par la première Assemblée de la Société des Nations, relativement au problème des armements. C'est plutôt le troisième paragraphe qui se rattache au vœu de la Société des Nations, car l'alinéa de cette partie des résolutions vise plus directement une réduction immédiate des armements. Je me demande alors si c'est une voie qui nous mènera au but. Quelle est l'accueil fait au vœu de l'Assemblée de la Société des Nations ? C'est l'alinéa 2 du paragraphe II de la résolution que nous avons sous les yeux qui nous en informe. Il y est dit : « Si peu d'états ont encore répondu favorablement au vœu de l'Assemblée quant à une limitation des budgets militaires, navals et aériens... » Le Général Smuts lui-même a soulevé de graves objections ou réserves, mentionnées par l'honorable rapporteur. Mais alors, ne peut-on pas se demander s'il est de bonne tactique d'attacher la réduction des armements à ce vœu de l'Assemblée et aux budgets de l'année courante, c'est-à-dire à un fait accidentel ? Est-il pratique de prendre comme mesure, pour constater si les armements dépassent ou non un degré raisonnable, les chiffres du budget de l'année 1921 ? Est-ce vraiment dans cette direction que le monde va trouver la solution du problème qui nous occupe, car c'est véritablement un problème ? Le budget de l'année 1921 est-il revêtu d'une autorité morale telle, qu'on puisse demander aux gouvernements futurs de s'y conformer ?

Il y a plus. Est-il conforme au Pacte de la Société des Nations d'aller encore plus loin que l'Assemblée de Genève dans la voie ouverte par le vœu de 1920 ? Que lisons-nous à l'article 8 du Pacte ? « Les membres de la Société des Nations reconnaissent que le maintien de la paix exige la réduction des armements nationaux au minimum compatible avec la sécurité nationale et avec l'exécution des obligations internationales imposées par une action commune.

« Le Conseil, tenant compte de la situation géographique et des conditions spéciales de chaque Etat, prépare les plans de cette réduction, en vue de l'examen et de la décision des divers gouvernements ».

Cet article 8 ne vise donc pas un fait accidentel comme le budget de l'année 1921, mais il contient un raisonnement vraiment logique, fondé sur des faits de signification durable et se rapportant au sujet.

Voilà pourquoi j'hésite beaucoup à donner ma voix aux résolutions telles qu'elles sont rédigées. Je demande à M. Branting s'il abandonne tout espoir de trouver une solution vraiment rationnelle de la question de la réduction des armements, telle qu'elle est prévue par l'article 8 du Pacte de la Société des Nations. Aller plus loin, avancer selon les lignes du vœu émis par l'Assemblée de Genève, c'est renoncer à l'exécution des prescriptions si sages et bien fondées de l'article 8 du Pacte de la Société des Nations. Comme solution définitive, il me semble que le vœu de l'Assemblée de Genève n'a que peu de chances. Les graves objections et réserves soulevées par différents gouvernements et mentionnées par l'honorable rapporteur, me semblent démontrer clairement qu'il ne faut pas attendre la solution par la voie ouverte par le vœu de l'Assemblée de Genève, mais qu'il faut en rester aux lignes tracées par l'article 8 du Pacte de la Société des Nations.

Pour donner à la Conférence l'occasion de faire le choix entre la méthode du Pacte de la Société des Nations et celle qui a été inaugurée par le vœu de l'Assemblée de Genève, je me permets de soumettre à la Conférence, en mon nom personnel, un amendement au troisième paragraphe des résolutions qui sont devant nous et qui est ainsi rédigé :

« La Conférence demande la mise en action de l'article 8 du Pacte de la Société des Nations dans le plus bref délai possible. » (*Applaudissements.*)

Mr Thomas J. Walsh (United States of America). — I have arranged to confer with Mr Branting as to the wording of the amendment, and I have no doubt that we can agree upon a draft. (*Hear, hear.*)

Traduction française.

M. Thomas J. Walsh (Etats-Unis d'Amérique). — Je me suis entendu avec M. Branting pour discuter la rédaction de l'amendement et je ne doute pas que nous puissions nous mettre d'accord au sujet d'un texte. (*Très bien !*)

M. le Président. — Personne ne demande plus la parole. Nous allons procéder au vote sur les résolutions qui nous sont proposées.

Comme vous venez de l'entendre, M. Walsh s'est rallié à la proposition de M. Branting en ce qui concerne le paragraphe IV. Par conséquent il n'y a qu'une seule proposition pour les 6 paragraphes, excepté pour le paragraphe III.

S'il n'est pas fait d'objection quant à ces cinq paragraphes, je les considérerai comme adoptés par la Conférence.

Quant au paragraphe III, M. Rutgers a proposé de substituer au texte de M. Branting un amendement ainsi conçu : « La Conférence demande la mise en action de l'article 8 du Pacte de la Société des Nations dans le plus bref délai possible ».

Il paraît que j'ai mal compris M. Walsh, de même que le traducteur. M. Walsh a dit qu'il demandait de renvoyer la décision à prendre sur le paragraphe IV à demain, afin de pouvoir s'entendre avec M. Branting. Est-ce bien cela ?

M. Walsh. (Etats-Unis d'Amérique). — Oui.

M. le Président — Je propose alors de renvoyer à demain matin la décision à prendre sur le paragraphe IV du projet de résolution. puisque MM. Walsh et Branting vont tâcher de se mettre d'accord à ce sujet.

Il reste le paragraphe III au sujet duquel M. Rutgers a fait la proposition que je viens de vous lire.

Je mets aux voix les deux propositions, celle qui est faite par M. Branting, telle qu'elle est imprimée dans les « Documents préliminaires », et celle de M. Rutgers dont il vient de vous être donné lecture.

La Conférence procède au vote. La proposition de M. Branting est adoptée par 42 voix contre 18 obtenues par l'amendement de M. Rutgers.

Ordre du jour no 7.

Le problème économique
et financier international et la Société des Nations

M. le Président. — L'heure est avancée, mais comme il nous reste très peu de temps et beaucoup d'objets à l'ordre du jour, je prie M. Treub de vouloir bien lire son rapport sur l'objet N° 7 : « Le problème économique et financier international et la Société des Nations. »

M. Treub (Pays-Bas). — Le problème dont nous avons à nous occuper dans cette séance est si vaste et il donne lieu à des considérations si multiples et si importantes pour l'avenir de l'Europe et même du monde entier que, si nous voulons aboutir à un résultat quelconque de nos délibérations, nous sommes obligés de nous contenter d'en tracer quelques grandes lignes et de laisser de côté toutes les questions de détail qui s'y rattachent. Il y a en plus une raison spéciale qui m'induit à être court. Le projet de résolution que je vous ai soumis démontre assez nettement la direction dans laquelle on doit, à mon avis, chercher la solution des problèmes devant lesquels la guerre a placé tous les pays du monde, les vainqueurs aussi bien que les vaincus, les neutres aussi bien que les belligérants. Il ne me semble donc aucunement nécessaire de vous faire un long discours dont vous sauriez d'avance la teneur et la conclusion.

Il sera certainement bien plus intéressant pour notre Assemblée d'entendre les observations des membres qui s'intéressent spécialement aux grands problèmes en question. Je me bornerai donc à paraphraser brièvement mes thèses. Celle dont je suis parti peut être considérée comme un point acquis ; elle ne rencontrera pas d'objections. Tout le monde est d'accord que ce qu'il faut en premier lieu en Europe, c'est une augmentation des articles de premier usage, donc de leur production. Malheureusement, l'accord ne s'étend guère au delà de ce point de départ. Aussitôt qu'on arrive à la mise en exécution de ce desideratum universel, on se heurte à la plus grande divergence d'opinions. Celle-ci trouve son origine, non seulement dans la méfiance réciproque entre les ci-devant belligérants, mais non moins aussi dans les conceptions sur la reconstruction de la société, très différentes dans les divers milieux de la population européenne.

Toutefois les expériences d'ingérence dans le commerce, que par la force des circonstances les gouvernements ont été obligés de faire pendant la guerre, n'ont pas contribué à augmenter la foi générale en les capacités gouvernementales dans le domaine commercial. Même les partisans de la socialisation ont dû reconnaître que cette intervention n'a été nulle part un succès. Ils attribuent cet insuccès à la façon peu systématique dont on a dû s'y prendre. Nous sortirions du cadre de notre sujet si nous entamions une discussion sur la question de la socialisation. Pour le moment, il nous suffit de constater que les mesures gouvernementales prises pendant la guerre dans le but très louable de mettre un frein à des manipulations au préjudice des consommateurs n'ont eu qu'un résultat très médiocre et ont abouti à entraver sérieusement l'industrie et le commerce licites et indispensables. Les circonstances actuelles varient tellement dans les différents pays qu'il ne serait pas possible d'indiquer une ligne de conduite à ce sujet, directement applicable partout ; mais la tendance doit être, à mon avis, qu'on abroge les entraves officielles mises au commerce intérieur, aussitôt que la situation économique le permet.

Cependant, les obstacles que le commerce intérieur trouve sur son chemin sont, dans la majorité des nations, moins graves que ceux que le commerce international doit surmonter. Presque partout celui-ci se heurte à une politique protectionniste de plus en plus prononcée. Souvent même, il se trouve devant une porte close par des prohibitions de marchandises considérées comme non désirables. Il y a une tendance de plus en plus nette des gouvernements à créer un bilan actif du commerce extérieur en diminuant les importations. Il est évident que, plus cette politique deviendra générale, moins elle sera à même d'atteindre son but.

Il y a eu des époques dans la vie des grandes nations dans lesquelles une politique protectionniste fut indiquée pour le développement de leur industrie et de leur force économique en général ; l'histoire est là pour le démontrer. Mais dans la situation actuelle des nations de l'Europe, une telle politique est contraire à ce que le raisonnement le plus simple enseigne.

Dans tous les pays de notre continent, quoique pour une nation dans une plus large mesure que pour une autre, il y a pour la grande majorité de la population une pénurie de plusieurs articles nécessaires à une vie tant soit peu confortable. En traitant cette question, on s'occupe généralement trop exclusivement des vivres. Il est évident qu'une provision suffisante de denrées est de toute première nécessité, mais cela n'empêche pas qu'il s'agit aussi d'autres articles indispensables : vêtements et habitations en premier lieu. Néanmoins on s'efforce d'augmenter les droits d'entrée sur toutes sortes de produits manufacturés ou même d'en prohiber l'importation comme mesure de protection de l'industrie nationale. Il n'est pas difficile de comprendre les motifs d'une telle politique économique, mais on s'étonne tout de même de la faiblesse du raisonnement sur lequel elle se base.

Les pays à change relativement élevé craignent la concurrence des nations à monnaie dépréciée, notamment celle de l'Allemagne. Cette crainte n'est certainement pas chimérique. Mais à quoi faut-il attribuer l'inégalité dans cette concurrence en faveur des pays à argent fortement déprécié ? En premier lieu à ce que le prix de revient des produits de leurs usines est considérablement plus bas que dans les pays qui, au point de vue du change, se trouvent dans une situation plus avantageuse. Et le remède des partisans d'une politique protectionniste à quoi mènerait-il ? à renchérir encore plus le coût de la vie dans leur propre pays, c'est-à-dire à élever encore le prix de revient de leurs produits à eux. C'est vouloir faire expulser le diable par Belzebuth. De cette façon-là, on tourne dans un cercle plus que vicieux.

Le résultat de cette politique à rebours sera inévitablement qu'on entourera l'Europe d'un réseau de murs chinois qui empêchera sérieusement le parcours nécessaire des marchandises entre les pays de production et les pays de consommation et qui, par ce fait, retardera considérablement le relèvement économique dont l'Europe tout entière a si éminemment besoin.

Je me permets d'ajouter deux questions à ce raisonnement. La première, je ne la pose pas sans hésitation, parce qu'elle m'amène sur un terrain que, comme représentant d'un pays neutre, je tiens à éviter autant que possible. Mais elle se pose, pour ainsi dire, de son propre chef. L'Allemagne ne pourra remplir les obligations que le traité de paix lui impose, si ce n'est en premier lieu par un excédent de son exportation sur son importation. Mais alors — voilà la question qui se pose aux nations victorieuses — où en seriez-vous si vous réussissiez dans votre politique de prohibition des produits de l'industrie allemande ? Qu'adviendrait-il, dans ce cas-là, des clauses financières du traité ?

Et d'autre part, si l'Allemagne continue à vouloir fermer ses frontières à différents produits étrangers, sous prétexte ou avec l'argument sérieux qu'il s'agit d'articles de luxe, comment peut-elle espérer qu'on ne la paie pas de la monnaie de son espèce ?

La seconde question est moins délicate et épineuse, mais elle n'est certainement pas moins importante pour le bien-être mondial. La Société des Nations, soit qu'elle garde sa forme actuelle, soit qu'il y soit apporté des modifications plus ou moins essentielles par l'initiative du Président Harding, se pose la grande tâche humanitaire de supprimer les guerres et d'assurer au monde une paix durable. Cette tâche grandiose est vraiment assez difficile en elle-même. Mais comment réussira-t-on jamais à la remplir, du moment que les peuples se font continuellement la guerre sur le terrain économique et commercial ? Est-ce que l'histoire n'a pas démontré suffisamment qu'au fond de toutes les guerres modernes, se trouvent des intérêts économiques, contradictoires entre les belligérants ? Est-ce que le but principal de la Société des Nations ne devient pas forcément illusoire, du moment que ses membres se plaisent à entasser jour par jour les combustibles pour un nouvel incendie mondial ? Car il ne faut pas s'y méprendre : tant dans ses conséquences politiques que dans ses conséquences économiques, une guerre commerciale soutenue systématiquement est à l'heure qu'il est bien plus dangereuse encore que l'antagonisme économique qui, à la fin, a éclaté dans la lutte gigantesque dont le monde subit actuellement les conséquences désastreuses. On se rappelle involontairement l'avertissement proverbial : *Quos Jupiter perdere vult, prius dementat.*

L'Europe ne réussira pas à se relever de son épuisement économique, si ce n'est par une coopération sans arrière-pensée entre ses peuples. Il est certain que la concurrence inégale sur le marché mondial en faveur des nations à monnaie dépréciée, notamment en faveur de l'Allemagne, est un des problèmes les plus difficiles à résoudre, mais du moment qu'on s'est rendu compte de l'origine du mal, on peut au moins espérer d'y trouver le remède indiqué.

Il ne me semble pas douteux que cette concurrence inégale résulte en premier lieu de ce que, dans les pays de l'Europe centrale, le «standard of life » est tombé, non seulement au dessous du niveau d'avant la guerre, mais aussi au-dessous du niveau de la vie de la population ouvrière dans les pays de l'Europe occidentale. La concurrence de l'Europe centrale est une concurrence d'indigence. Une fois qu'on s'est rendu compte de ce fait, on a trouvé le chemin par lequel on peut essayer d'y remédier.

La Conférence financière internationale de Bruxelles de l'année passée a pris une décision importante dans le sens indiqué, lorsqu'elle adopta le projet de crédit international de mon compatriote, M. ter Meulen. Il est très désirable que les membres de l'Union interparlementaire usent de leur influence dans leurs divers pays, pour qu'on arrive enfin à prendre les mesures nécessaires à l'exécution de ce projet. Toutefois, quoique M. ter Meulen se soit efforcé de limiter le concours officiel des gouvernements au plus strict minimum, il est à craindre que le seul fait de l'intervention directe des autorités gouvernementales dans les affaires de crédit ne contribuera pas à des solutions rapides et efficaces. Il est donc de grande importance que les gouvernements des différents pays créditeurs ou débiteurs ne mettent pas d'obstacles à l'initiative des commerçants qui, par l'intermédiaire de leurs banques, tâchent de s'entr'aider eux-mêmes sans un concours direct de l'Etat.

Seulement on conçoit que les gouvernements ne pourraient tolérer qu'on épuise le crédit du pays pour l'importation de marchandises pas ou peu nécessaires. Peut-être les gouvernements des pays créditeurs et exportateurs de céréales et d'autres produits de première nécessité se verront-ils forcés par les circonstances, d'instituer un bureau de distribution internationale de ces marchandises-là. Mais cela serait un pis-aller, et il faudrait en finir avec une telle ingérence, aussitôt que les circonstances ne demanderaient pas péremptoirement sa continuation. Les immixtions officielles dans le commerce mondial entraînent de si graves inconvénients qu'on doit les limiter au plus strict indispensable. Tant qu'on ne pourra pas se passer d'un tel bureau de distribution internationale, il semble indiqué que sa tâche sera attribuée à l'institution à créer pour la mise en exécution du projet ter Meulen.

Il me faut m'arrêter un moment encore à un autre côté du problème qui nous occupe. Tout à l'heure, j'indiquais le niveau abaissé de la vie des ouvriers dans l'Europe centrale comme la cause principale de la concurrence inégale sur le marché international de la part des nations de cette partie-là de notre continent. Il existe cependant une cause complémentaire s'y rattachant qui renforce, dans une large mesure, l'effet de la cause principale. Cet élément complémentaire, qui se trouve dans le domaine financier, plusieurs économistes l'attribuent à l'inflation presque fabuleuse de la monnaie en cours dans ces pays-là. Sans prétendre que leur argumentation soit erronée, il me semble que cette opinion est exagérée. Quoiqu'il y ait certainement des facteurs émanant du domaine financier qui aggravent le mal de l'inflation, ce phénomène n'est, dans son essence, que l'expression financière de l'état d'indigence dans lequel ces pays se trouvent. On ne saurait donc y remédier qu'en les relevant de leur état de pauvreté. En outre, je me range du côté de ceux qui prédisent qu'il y aurait danger à forcer une déflation systématique et rapide. Sur ce terrain-là on devra, à mon avis aussi, s'avancer lentement et avec la plus grande prudence.

Sans aller aussi loin que M. Cassel, qui professe une abstention complète de tentatives de déflation, je suis d'accord avec lui que, s'il fallait choisir entre la déflation des monnaies et la stabilisation des changes, on devrait opter pour la stabilisation.

Mais il se présente dans ce domaine un autre phénomène auquel on n'a pas assez fait attention, c'est-à-dire que, dans les pays où la monnaie est fortement dépréciée, la valeur de l'argent est néanmoins bien moins basse à l'intérieur que sur le marché financier international. On n'a pas absolument passé sous silence ce fait fort remarquable : un des rapports pour la Conférence financière de Bruxelles a même expressément attiré l'attention à son sujet, mais tout de même on ne s'y est pas suffisamment arrêté. Du moment qu'on s'en occupe sérieusement, on ne peut pas ne pas apercevoir qu'il y a dans ce fait un élément de première importance à l'égard des conditions dans lesquelles les nations concourent sur le marché international. Du moment qu'avec la même somme en *Reichsmark*, par exemple, on peut acheter en Allemagne deux ou trois fois autant de vivres d'une certaine qualité qu'en Angleterre, en Suisse, en Suède ou en Hollande, et même qu'en France ou en Belgique, après avoir changé les mark dans la monnaie de ces pays-ci, l'Allemagne pourrait relever le « standard of life » de ses ouvriers jusqu'au niveau de celui de ces autres pays sans arriver au même prix de revient des produits de son industrie, exprimé dans la monnaie de ses concurrents.

Il y a là un grand désavantage pour les pays à argent moins déprécié. Ce phénomène mérite donc la plus grande attention de la part de tous les pays qui ont à soutenir la concurrence avec les pays de l'Europe centrale sur le marché mondial. Si l'on réussit à en trouver le remède, on aura fait une œuvre bien plus efficace et bien moins critique qu'en essayant de se préserver de cette concurrence par des moyens qui — au cas où ils mèneraient au but que l'on se propose — feraient beaucoup plus de mal, non seulement à l'Europe en général, mais aussi aux nations elles-mêmes qui les mettent en pratique.

Je me rends parfaitement compte que les problèmes économiques et financiers que je viens d'effleurer sont à la fois si difficiles et si complexes, qu'on n'arrivera pas à les traiter à fond dans une seule séance de notre Union. Je me rallie donc au projet de résolution du Conseil. Une commission, telle que celle qui a été proposée, pourra collaborer sur le terrain économique avec la Société des Nations et prendre part au grand but humanitaire que celle-ci poursuit. (*Applaudissements.*)

M. le Président. — Nous ne saurions assez remercier M. Treub d'avoir bien voulu se charger de rapporter sur cette question et d'avoir fait pour cela un long et fatigant voyage. La Conférence a été très heureuse d'avoir un rapporteur si éminent sur une question d'une si grande importance. C'est le problème probablement le plus difficile à résoudre pour le moment. (*Applaudissements*).

Herr Müller (Deutschland). — Wir haben mit grossem Interesse die lehrreichen Ausführungen des Herrn Ministers Treub verfolgt. Sie betrafen ja die Probleme, die den deutschen Volkswirtschaftler, den deutschen Politiker und den Mann auf der Strasse täglich beschäftigen, weil es sich für uns darum handelt, die drückenden Verpflichtungen zu erfüllen, die der Versailler Vertrag uns auferlegt.

Nach den Richtlinien, die uns der Herr Berichterstatter vorgelegt hat, will er einen radikalen Ausweg suchen, indem er die volle Freiheit wieder herstellen will. Es wird nur zu untersuchen sein, ob wir nach diesem Kriege noch die volle Freiheit haben, diesen radikalen Weg zu gehen. Nach den Erfahrungen, die sich uns täglich aufdrängen, wird sich diese einfache Lösung für alle Gebiete nicht finden lassen.

Da möchte ich nur auf eines hinweisen. Wir sind durchaus einverstanden mit einem möglichst raschen Abbau der Zwangswirtschaft, insbesondere wir Sozialisten sind dieser Meinung, weil uns die Zwangswirtschaft, die uns der Krieg gebracht hat, so oft fälschlich als Sozialismus präsentiert wird, während sie in Wirklichkeit damit nichts zu tun hat. Wie sollen wir aber auf der andern Seite augenblicklich die im Interesse der ökonomischen Wiederaufrichtung Europa's so dringend notwendige Behebung der Inflation erreichen, wenn wir unsere Grenzen völlig aufmachen für alle diejenigen Artikel, die nur von einer an Zahl geringen Oberschicht gebraucht werden ? Oder ein anderes Beispiel. Auf Grund des Londoner Ultimatums wird von uns verlangt, dass wir die Verpflichtungen, die uns auferlegt sind, in kurzer Zeit durch Beschaffung von Devisen abtragen. Wir haben in Deutschland zunächst den Versuch gemacht, uns diese Devisen auf dem freien Markt zu verschaffen. Ob das auf die Dauer auch in den nächsten Jahren möglich ist, ist für mich vorderhand noch ausserordentlich zweifelhaft.

Aus allen diesen Gründen sind wir der Ueberzeugung, dass es ein grosser Fehler war, den Weg zu verlassen, der in Brüssel seinerzeit betreten worden ist, dass es ein Fehler war, die Wissenschaftler und die Finanzmänner in den Hintergrund zu drängen, mehr als das uns im Interesse der Volkswirtschaft erforderlich zu sein scheint. Wir sind damit einverstanden, dass man die Probleme, um die es sich hier handelt, in der nächsten Zeit genau untersucht, damit, ehe ein Vorschlag für irgend einen wichtigen Schritt gemacht wird, auf Grund der Beratung von Sachverständigen, die nötwendiger sind als je, der Ausweg gesucht wird, der unserer Auffassung nach so bald als möglich gefunden werden muss, wenn nicht der Ruin der europäischen Volkswirtschaft sich einstellen soll. *(Beifall.)*

Traduction française du discours de M. Müller.

M. Müller (Allemagne). — Nous avons écouté avec le plus grand intérêt les explications pleines d'enseignements de M. le Ministre Treub. Elles concernent les problèmes qui préoccupent chaque jour le professeur allemand d'économie publique, l'homme politique allemand et le simple particulier. Il s'agit, en effet, pour nous, de remplir les lourdes obligations que nous impose le traité de Versailles.

A teneur des indications qu'il nous a fournies, le rapporteur cherche un moyen radical de rétablir la complète liberté. Reste à savoir si après cette guerre nous avons encore la complète liberté d'adopter ce moyen. Si nous nous basons sur les expériences que nous faisons chaque jour, nous ne trouverons pas cette solution dans tous les domaines.

Je voudrais vous le faire remarquer sur un point. Nous sommes absolument d'accord qu'il faut en finir aussi rapidement que possible avec l'organisation de contrainte économique (*Zwangswirtschaft*). Nous autres socialistes tout particulièrement, sommes de cet avis parce que cette organisation, souvent représentée à tort comme du socialisme, n'a rien de commun avec lui. D'autre part, comment pourrons-nous arriver à trouver un remède contre l'inflation, remède actuellement si nécessaire pour le rétablissement économique de l'Europe, si nous ouvrons toutes grandes nos frontières aux articles qui ne peuvent être employés que par un petit nombre de personnes appartenant aux classes supérieures ? Laissez-moi vous donner un autre exemple. Aux termes de l'ultimatum de Londres, on nous demande de remplir rapidement les obligations qui nous sont imposées, en nous procurant des devises. Nous avons tout d'abord essayé de nous procurer ces devises sur le marché libre. Il me paraît dès l'abord très douteux que nous puissions continuer à employer ce moyen au cours des années prochaines.

Pour ces motifs, nous sommes persuadés qu'on a commis une grosse erreur en abandonnant la voie qui avait été choisie à Bruxelles, et en faisant passer à l'arrière-plan, plus que me paraît l'exiger les intérêts de l'économie politique, les savants et les financiers. Nous donnerons notre assentiment à l'examen approfondi et non différé des problèmes dont il s'agit, de telle manière qu'avant le dépôt d'un projet concernant une importante démarche, des experts, qui sont plus nécessaires que jamais, cherchent le moyen propre à aboutir. Ce moyen doit être cherché aussi rapidement que possible, si nous ne voulons pas assister à la ruine économique de l'Europe. (*Applaudissements*.)

M. le Président. — Personne ne demande plus la parole. Je déclare la discussion close.

Vous avez entendu le rapporteur déclarer lui-même qu'il approuve pour sa part la résolution proposée par le Conseil. Je me permets de vous la lire en français et en anglais.

« La XIX⁰ Conférence interparlementaire, entendu le rapport de M. Treub sur le « Problème économique et financier international et la Société des Nations », décide l'institution d'une *Commission interparlementaire économique et financière*, chargée d'étudier les problèmes soulevés par M. Treub ainsi que des questions connexes, et de soumettre des rapports à des conférences ultérieures.

Les groupes seront invités à désigner chacun un membre de cette Commission. Le Comité exécutif de l'Union est prié de nommer, au sein de la Commission, un Comité de rédaction de trois membres, chargé de préparer les travaux de la Commission par l'élaboration de questionnaires, etc. »

Cette résolution n'est pas celle des « Documents préliminaires »; elle a été distribuée à toutes les places et je pense que vous avez eu l'occasion d'en prendre connaissance.

Cette résolution est adoptée.

Nous allons lever la séance pour recommencer demain à 10 heures du matin.

Au début de la séance de demain, nous commencerons par la question de la Société des Nations. Lord Weardale proposera une nouvelle résolution sur cette question.

La séance est levée à 6 heures.

SÉANCE DU VENDREDI 19 AOUT
MATIN

___

Présidence de **M. le baron Adelswärd.**

La séance est ouverte à 10 h. 20.

M. le Président. — Nous avons reçu un télégramme de M. Baltazzi, Président du Groupe hellénique. Je prie M. le Secrétaire général de le lire.

M. le Secrétaire général. — Le télégramme de M. Baltazzi est ainsi conçu : « Regrettons vivement que les circonstances anormales créées par l'état de guerre aient empêché les représentants du Groupe hellénique de participer à la Conférence de Stockholm. Veuillez exprimer à la Conférence nos vifs regrets et nos meilleurs souhaits pour la réussite de ses travaux. »

ORDRE DU JOUR N° 4

L'Union interparlementaire
et l'organisation internationale du travail

Reprise de la discussion.

M. le Président. — Nous reprenons l'objet N° 4 de l'ordre du jour : l'Union interparlementaire et le Bureau international du Travail, pour prendre une décision sur la résolution.

Des propositions diverses ont été faites, celle de M. Procopé, puis celles de MM. Engberg, Munch et Sigg. Ces Messieurs devaient se réunir pour essayer de se mettre d'accord et d'arriver à une résolution unique. Ils ont pu s'entendre et ont rédigé une résolution. Nous ne nous trouvons donc plus en présence que de deux propositions, celle de MM. Engberg, Munch et Sigg et celle de M. Procopé.

Ces résolutions ont été distribuées en trois langues sur toutes les places ; vous les connaissez par conséquent.

M. Procopé (Finlande). — Puisque le projet élaboré par MM. Engberg, Munch et Sigg correspond entièrement, dans sa forme actuelle, à la proposition que j'ai faite hier, je me permets de retirer ma proposition, parce qu'il me semble très désirable que cette Assemblée puisse prendre à l'unanimité une décision sur une question d'une si grande importance. (*Applaudissements.*)

M. le Président. — M. Procopé retire sa proposition. Y a-t-il des membres qui tiennent à ce qu'il soit voté sur cette proposition ?

Mr F. Maddison (Great Britain). — Mr President, in the English translation there is an error in the first line of the last paragraph. It says « Labour Committee ». The French text simply says « a Committee », which I think meets our view, because we have no sectionalism in our group at all. Therefore, Mr President, I ask you to omit the word « Labour ».

Traduction française.

M. F. Maddison (Grande-Bretagne). — M. le Président, la première ligne du dernier paragraphe de la traduction anglaise contient une erreur. La traduction porte « Labour Committee », tandis que le texte français porte seulement « un Comité », terme qui, à mon avis, exprime notre intention, puisque notre Groupe n'est pas partagé en sections politiques. Je vous prie donc, M. le Président, de biffer le mot « Labour ».

M. le Président. — Il n'est pas fait d'opposition à la proposition de légère modification du texte anglais faite par M. Maddison.

M. le Secrétaire général. — Il s'agit tout simplement d'une correction de traduction.

M. le Président. — Il n'y a donc pas d'opposition à ce que M. Procopé retire sa proposition. Il ne reste qu'une proposition, celle de MM. Engberg, Munch et Sigg. Je vais vous en donner lecture en français.

« La XIXᵉ Conférence interparlementaire salue avec satisfaction la création de la Conférence et du Bureau international du Travail dont elle apprécie les travaux, appelés à rendre les plus grands services à l'amélioration du sort des masses laborieuses de tous les pays et, en contribuant au progrès de la paix sociale, à assurer la paix dans le monde. ·

« Elle constate avec satisfaction aussi que de nombreuses conventions et recommandations élaborées par la Conférence internationale du Travail ont déjà été ratifiées par plusieurs parlements affiliés à l'Union.

« Elle exprime sa conviction profonde de l'intérêt qu'aura celle-ci . à continuer sa coopération dans les parlements en faveur de cette œuvre de pacification et promet son appui et celui de ses groupes pour assurer dans les parlements une étude approfondie des conventions et des recommandations sus-nommées. Elle prie ses groupes de soutenir dans les parlements la réalisation législative la plus large possible des principes consacrés par les conventions et les recommandations élaborées par les Conférences internationales de Washington et de Gênes, et de seconder l'œuvre du Bureau international du Travail.

« Elle engage chacun de ses Groupes nationaux à instituer un *Comité du Travail*, qui sera chargé de diriger les travaux du Groupe dans ce sens et qui veillera à l'exécution de l'engagement pris par l'Union conformément au paragraphe précédent de la présente résolution. »

Cette résolution ayant été distribuée en anglais et en allemand, il n'y a pas besoin de la lire maintenant dans ces deux langues.

S'il n'y a pas d'objection, je constate que la Conférence accepte ce projet de résolution. (*Applaudissements.*)

ORDRE DU JOUR N° 6.

Réduction des Armements

Reprise de la discussion.

M. le Président. — Nous reprenons maintenant l'objet N° 6 de l'ordre du jour : Réduction des armements.

Vous vous rappelez que nous nous sommes arrêtés au § 4 de la résolution proposée par M. Branting, au sujet de laquelle ont été faites différentes propositions. MM. Branting et Walsh ont travaillé ensemble et ont fini par se mettre d'accord sur un texte commun. Je vais vous le lire en français :

« Considérant qu'une conférence, convoquée par le Président des Etats-Unis, se réunira dans la ville de Washington afin de discuter la question de la limitation des armements et des problèmes connexes, les membres de l'Union interparlementaire sont instamment invités à faire créer dans leurs pays respectifs, par tous les moyens à leur disposition, une bonne volonté réciproque de faire des concessions raisonnables, nécessaires pour un heureux résultat de la Conférence. Tout plan juste et équitable proposé par la Conférence sur la base des délibérations au sujet de la limitation des armements nationaux, doit former l'objet d'un intérèt soutenu de la part des groupes interparlementaires, en vue de le faire accepter par les gouvernements de leurs pays respectifs. »

Cette nouvelle rédaction a été distribuée sur toutes les places.

Sir Douglas B. Hall, Bart., M. P. (Great Britain). — May we have it translated into English ?

Traduction française.

Sir Douglas B. Hall, Bart, M. P. (Grande-Bretagne). — Pouvons-nous avoir la traduction anglaise de ce texte ?

M. le Secrétaire général. — Les textes français et anglais ont été distribués sur toutes les places. Malheureusement nous n'avons pas eu le temps de faire une traduction allemande.

M. le Président. — Il n'y a pas d'opposition ; je constate que la Conférence approuve cette résolution. (*Applaudissements.*)

ORDRE DU JOUR N° 3.

L'Union interparlementaire
et la Société des Nations

Reprise de la discussion.

M. le Président. — Nous reprenons maintenant l'objet N° 3 de l'ordre du jour. Nous devons là aussi prendre une décision sur la résolution. Il s'agit de la question suivante : « L'Union interparlementaire et la Société des Nations. »

Le Conseil vous propose le texte suivant :

1.

« La dix-neuvième Conférence interparlementaire accueille, de ses vœux les plus cordiaux, le principe d'une association de nations, avec l'objet d'organiser le monde pour le maintien de la paix, œuvre que la Conférence est en droit de considérer comme un résultat important des ·efforts déployés assidûment par l'Union pendant une longue suite d'années. Elle constate que jusqu'à présent quarante-huit différents Etats se sont affiliés à la Société des Nations actuelle, et tient à déclarer qu'il est, à son avis, nécessaire et urgent que semblable Association revête ce caractère universel et compréhensif qui lui permettra encore mieux de s'acquitter de la mission élevée qui lui sera confiée. »

2.

« Toujours soucieuse de s'adonner à des œuvres utiles et pratiques, la Conférence déclare que l'Union interparlementaire doit augmenter et intensifier son activité dans le domaine de la coopération internationale en vue d'obtenir la réduction des armements et d'assurer la paix du monde. »

Lord Weardale. (Great Britain). — Ladies and gentlemen, as you are aware, there were at the beginning of the debate on this question certain hesitations, I will not call them differences of opinion, but certain hesitations on the part of some of our American friends to the acceptance of the resolution which the Council had proposed. I am glad to say that as a consequence of very considerable discussion with the American delegation, whose courtesy and kindness in considering every possible objection that might be raised I cannot too emphatically recognise (*hear, hear*), we have been enabled to arrive at a unanimous conclusion with regard to the resolution which I am about to propose to you. It is one which satisfies, I think, all reasonable requirements in view of the present situation. We all know that the immediate step which is being taken in America, the summoning by President Harding of a special conference to consider the question of disarmament, is a very great advance, and we believe that it will ultimately end in an approximation of views in America and in Europe towards the realization of an association of nations (*applause*), and therefore we welcome it — I do, and I am sure the conference does — we welcome this happy solution as giving us grounds for hope of the ultimate creation of an all-embracing society of nations. The English text has already been distributed. I will not, therefore, read it, but perhaps I may be permitted to say in French a little of what I have already said in English. (*Applause.*)

Traduction française du discours de Lord Weardale
*(faite par lui-même, immédiatement après avoir prononcé son discours
en anglais).*

Lord Weardale. (Grande-Bretagne). — Mesdames et Messieurs,
comme vous le savez, nos amis américains, au début de ce débat,
hésitaient quelque peu, je ne veux pas dire avaient une opinion différente, mais hésitaient à accepter la résolution proposée par le Conseil. Je suis heureux de déclarer que nous avons pu arriver à une conclusion unanime à l'égard de la résolution que je vous propose. Nous
devons ce résultat à une discussion approfondie avec la délégation américaine, dont je ne puis assez expressément reconnaître la courtoisie et
l'obligeance. (*Très bien.*) C'est dans cet esprit qu'elle a examiné toutes
les objections qui lui ont été faites. A mon avis, cette résolution satisfait à toutes les exigences de la situation actuelle. Nous savons tous
que l'initiative que le Président Harding a prise, de réunir en Amérique
une conférence spéciale destinée à étudier la question du désarmement,
est un très grand progrès. Nous croyons que cette conférence aboutira,
en Amérique et en Europe, à un échange de vues définitif, tendant à
la réalisation d'une association de nations. Nous la saluons donc —
je la salue et je suis sûr que vous le faites tous avec moi — nous saluons cette heureuse initiative qui nous donne sujet d'espérer en la
création définitive d'une société universelle des nations.

Je crois que d'autres explications ne vous seront pas nécessaires,
et je prie M. le Président de vouloir bien mettre aux voix la résolution que je viens d'indiquer. (*Applaudissements.*)

Mr Joseph T. Robinson (United States of America). — Mr President, I am happy to say on behalf of the American delegation that
the resolution as modified and now presented by Lord Weardale
meets with the unanimous approval of our delegation. (*Hear, hear.*)

Traduction française.

M. Joseph T. Robinson (Etats-Unis d'Amérique). — M. le Président, je suis heureux de déclarer, au nom de la délégation américaine,
que, telle qu'elle a été modifiée et présentée maintenant par lord
Weardale, la résolution a l'approbation unanime de notre délégation. (*Très bien.*)

M. di Stefano (Italie). — Je souscris de tout cœur aux idées de

Lord Weardale, et je ne peux que louer les propositions qu'il a formulées et soumises à l'acceptation de la XIXe Conférence. Je pense que l'Union interparlementaire ne pourrait en aucune façon s'abstenir d'émettre un vœu et d'adopter la résolution que Lord Weardale a présentée à l'Assemblée avec tant de compétence. Je pense aussi que ce n'est pas le moment de discuter dans cette Assemblée toute l'organisation de la Société des Nations. Mais je suis d'avis que la Conférence doit faire connaître sa pensée au sujet de la question principale : celle des moyens et des pouvoirs nécessaires à la Société des Nations pour faire respecter ses décisions. Lord Weardale, dans le rapport fait à propos des résolutions qu'il a présentées à l'Assemblée a dit, à juste titre, qu'il voudrait que la Société des Nations fût munie des pouvoirs nécessaires pour faire respecter ses décisions ; cependant il n'a présenté aucune résolution à ce sujet.

Je reconnais que cette question a soulevé beaucoup d'objections. La Conférence sait que, sur ce point, trois opinions différentes ont été émises : la théorie française, la théorie anglaise et la théorie américaine. Mais je pense — et, en cela, je n'exprime que mon opinion personnelle, — que l'Union interparlementaire devrait accepter la théorie la plus large, celle qui accorde à la Société des Nations l'autorité, les moyens et les pouvoirs nécessaires pour faire exécuter les décisions qu'elle croit devoir émettre sur les questions qui lui sont soumises. Si la Société des Nations n'obtenait pas ces moyens, elle serait un aréopage de personne très savantes et faisant preuve de bonne volonté, mais elle n'aurait jamais la possibilité d'assurer la paix dans le monde. Si nous voulons assurer cette paix, si avec elle nous voulons assurer le progrès des nations et le bonheur des peuples, nous devons ici formuler la proposition que la Société des Nations ait le pouvoir de faire exécuter ses décisions. L'Union interparlementaire, à mon avis, n'accomplirait pas sa tâche si, au moment de voter les propositions de Lord Weardale, il ne partait pas de son sein une voix affirmant cette idée, afin de rendre la Société des Nations vraiment utile et capable de maintenir et d'assurer la paix du monde, le progrès des nations et le bonheur de l'humanité. (*Applaudissements.*)

M. le Président. — Si personne ne demande plus la parole, la discussion est close.

Il n'y a pas d'opposition. La Conférence accepte la proposition de Lord Weardale. (*Applaudissements.*)

Permettez-moi de vous faire une communication d'un certain intérêt. A la demande du Conseil, le Ministère des Affaires Etrangères a eu l'obligeance de télégraphier à Genève pour obtenir des renseignements certains sur la ratification du Statut de la Cour de Justice. La réponse est arrivée, indiquant que dix-sept états ou gouvernements ont ratifié ou déposé leurs ratifications, que sept autres ont signé et que leurs ratifications sont en route, enfin que deux autres ont procédé au vote, de sorte que cela fait un total de vingt-six états. C'est dire que la ratification de la Cour de Justice est ainsi assurée, ce qui est une grande satisfaction. (*Vifs applaudissements.*)

ORDRE DU JOUR N° 5.

Revision des Statuts
Système d'une délégation des Groupes aux Conférences interparlementaires

Lord Weardale prend la présidence.

M. le Président, Lord Weardale. — Nous passons maintenant à l'objet N° 5 de l'ordre du jour : « Revision des Statuts. Système d'une délégation des groupes aux Conférences interparlementaires. » Je donne la parole à notre Président, M. le baron Adelswaerd.

M. le baron Adelswaerd. (Suède). — Je dois commencer par vous demander toute votre indulgence, car je vais rapporter sur une question que je n'ai pas eu l'occasion d'examiner de près depuis bien longtemps. Comme vous le savez, M. La Fontaine avait promis de présenter le rapport sur cet objet. Il n'est pas venu, et le Conseil m'a prié de le remplacer. Je le ferai tant bien que mal et, puisque le temps presse, je serai aussi bref que possible.

Les modifications proposées aux Statuts de l'Union touchent à cinq points différents ; je les prendrai les uns après les autres.

Le premier point concerne l'article 1er, le but de l'Union. La situation s'étant modifiée après la constitution de la Société des Nations, il est tout naturel que les termes de l'article 1er des Statuts soient également changés.

Je crois qu'il serait trop long de lire tous les articles du texte actuel des Statuts et du projet de revision. Je pense que vous les connaissez. Le nouveau texte proposé à l'article 1er par la Commission d'organisation est le suivant :

« L'Union interparlementaire a pour but de réunir, dans une action commune, les membres de tous les parlements constitués en groupes nationaux, à l'effet de faire coopérer leurs états respectifs à l'affermissement et au développement démocratique de la Société des Nations. Elle a aussi pour but d'étudier tous les problèmes d'ordre international susceptibles de recevoir une solution par voie parlementaire et de contribuer ainsi au développement des relations pacifiques entre les peuples. »

Le projet de la Commission contient les mots : « développement démocratique de la Société des Nations. » Mais, après la résolution que nous venons de prendre ici, il y a un instant, il est naturel de changer cette rédaction et de mettre : « développement démocratique d'une association des nations. »

L'article 2 est relatif au siège de l'Union. Vous vous le rappelez, le siège de l'Union a été, depuis sa création, à Bruxelles. Mais la Société des Nations ayant fixé son siège à Genève, et ce siège étant devenu le centre des travaux internationaux et de commissions de toutes sortes, il est bien naturel que notre Bureau soit installé à Genève, afin qu'il soit placé au centre de la vie internationale. C'est pourquoi le Conseil a déjà, depuis près d'un an, transféré provisoirement son Bureau à Genève. Pendant la guerre, alors que le Bureau ne pouvait pas rester à Bruxelles, il s'était transporté, comme vous le savez, à Christiania.

L'article 2 doit donc être modifié de la façon suivante : « Le siège de l'Union interparlementaire est à Genève. »

Vient ensuite l'article 4. Il s'agit de l'admission des anciens parlementaires au sein des groupes nationaux. Il n'est fait dans cet article qu'une petite modification, de forme plutôt. Le texte proposé est ainsi conçu :

« Sont admis à faire partie d'un Groupe national :

a) Les membres du Parlement national du pays ;
b) Les anciens membres du Parlement, étant ou ayant été membres du Conseil interparlementaire, ou qui, ayant rendu d'autres services marquants à l'Union, sont admis à ce titre par le Conseil, sur la proposition de leur Groupe, comme membres honoraires de celui-ci. »

J'en viens à l'article 5, qui est quelque peu changé, mais cette modification n'a pas une très grande importance. Nous proposons pour cet article la rédaction suivante :

« Un Groupe national a le devoir de saisir, autant que possible, son Parlement, par l'intermédiaire de son Bureau ou de l'un de ses membres individuels, des décisions des Conférences comportant une action nationale.

« L'Union interparlementaire attend de ses membres qu'ils pourvoient, autant que faire se peut, à ce que l'activité de l'Union soit
connue dans les différents pays en vue de lui assurer le plus large
appui possible. Elle les invite à concourir de tout leur pouvoir au maintien de la paix entre les nations. »

Au sein du Conseil, toutefois, on s'est opposé à l'introduction du
membre de phrase « autant que possible ». Ces mots pourraient servir
de subterfuge aux groupes peu énergiques. Le Conseil vous propose
d'assimiler cet article à ceux dont je vais vous parler à présent.

Vient enfin l'essentiel, la question de la représentation aux Conférences. Il s'agit des articles 7, 10 et 10 *bis*. Ainsi que vous le savez,
les Conférences ont été constituées jusqu'à présent par les membres
des différents groupes nationaux qui ont pu y prendre part avec le
nombre de membres qu'ils désiraient ; la liberté la plus complète leur
était laissée, de même que pour le vote au sein des Conférences où les
voix étaient comptées par tête.

Maintenant, le but et la situation de l'Union ont un peu changé.
Jusqu'ici notre travail a été surtout un travail de propagande. Désormais il est tout naturel et désirable que le travail de propagande de
la Conférence et le but de l'Union soient un peu modifiés. Les Conférences doivent prendre leurs résolutions avec peut-être plus de responsabilité encore qu'autrefois, lorsqu'il s'agissait plutôt d'une propagande générale. Certaines décisions auront une importance plus
immédiate, des résolutions seront adressées à la Société des Nations ou
aux gouvernements respectifs, etc. Les travaux de la Commission
d'organisation ayant trait à la représentation des groupes se sont
inspirés de cette nouvelle situation. Un autre motif nous oblige
à accepter un autre système, c'est que, aux réunions de la Conférence dans telle ou telle capitale, les groupes qui géographiquement
sont le plus proches du lieu de la réunion, ont plus de facilité à s'y
rendre et sont représentés en beaucoup plus grand nombre. Cela crée
une injustice. S'il y a trois ou quatre groupes situés très près de l'endroit
où se tient la Conférence, ils peuvent arriver avec des centaines de
membres, alors que d'autres groupes très éloignés ne pourront envoyer,
à cause de la perte de temps et pour des raisons pécuniaires, qu'un
nombre très restreint de délégués. Nous voulons tâcher de corriger
cette injustice, en fixant le nombre de membres que chaque Groupe
aura le droit d'envoyer aux Conférences.

Je vous lirai seulement la proposition de la Commission d'organisation concernant les articles 7, 10 et 10 *bis*.

Article 7. « La Conférence est composée des membres du Conseil, désignés par les Groupes (Art. 12) et en outre d'un nombre d'autres délégués de ceux-ci, fixé d'après les règles suivantes :

a) Les groupes désignent un délégué par deux millions ou fraction de deux millions d'habitants de leur pays, jusqu'à 30 millions ; et un délégué par dix millions ou par fraction de dix millions d'habitants au-dessus de 30 millions ;

La population des colonies est assimilée à celle de la métropole lorsque les colonies sont représentées au Parlement de la métropole,

b) Les groupes des pays possédant un commerce extérieur d'une valeur de plus de 100 francs-or par tête d'habitant désignent en outre des délégués supplémentaires d'après l'échelle suivante :

de 100 à   300 francs-or par tête 1 délégué
de 300 à   600   »   »   2 délégués.
de 600 à 1000   »   »   3   »
au-dessus de 1000   »   »   4   »

c) Enfin le nombre de délégués d'un Groupe est augmenté ou diminué d'après le nombre des membres de la Chambre populaire inscrits au Groupe au commencement de l'année, conformément à l'échelle suivante :

Plus de 80% donne droit à 2 délégués supplémentaires ;
Entre 60% et 80% donne droit à 1 délégué supplémentaire ;
Entre 40% et 20% cause une diminution d'un du nombre de délégués ; et moins de 20% une diminution de deux.

Le Conseil, en convoquant la Conférence, communique en même temps à chaque Groupe le nombre de délégués auquel il aura droit.

Les groupes désignent leurs délégués par élection proportionnelle. Ils ne peuvent désigner plus d'un cinquième de leurs délégués parmi les anciens parlementaires appartenant au Groupe. »

Article 10. « Chaque délégué émet une voix aux votes qui ont lieu publiquement par appel nominal et sont consignés au procès-verbal. Un membre empêché peut autoriser un membre présent à exprimer son vote. L'autorisation aura lieu par écrit et sera annexée au procès-verbal. Toutefois aucun membre ne peut exprimer plus de cinq voix.

Pour les élections, le vote a lieu au scrutin secret, si vingt membres au moins le demandent. »

Article 10 *bis*. « Le Conseil interparlementaire peut convoquer des

Congrès interparlementaires auxquels ont droit de participer tous les membres des groupes nationaux. Aux congrès les votes ont lieu par mains levées. »

Ainsi nous conservons la possibilité de convoquer des Conférences organisées suivant l'ancienne méthode.

On peut avoir des opinions différentes sur ces propositions et sur la manière de fixer le nombre des membres de chaque Groupe. Vous vous rendrez compte immédiatement que le système proposé ici a pour base principale le nombre d'habitants des pays respectifs. Cela crée naturellement une certaine injustice envers les petits pays qui ont peu d'habitants et qui pourraient cependant avoir le droit de faire entendre leurs voix dans la Conférence aussi bien que ceux qui ont quelques millions d'habitants de plus. C'est pourquoi le Groupe suédois a proposé un amendement concernant la manière dont on pourrait fixer le nombre des délégués. Il est très court. (Voir « *Documents préliminaires* », pp. 29-31).

Avec ces deux amendements, nous avons un peu atténué l'effet du facteur relatif au nombre d'habitants des pays et nous avons augmenté l'influence du facteur relatif à la proportion entre le nombre des membres du Groupe national et le nombre des membres du Parlement.

Avant de vous soumettre la résolution que vous recommande le Conseil, je dois appeler votre attention sur une circonstance particulière. Vous savez que la Conférence actuelle n'est pas tout à fait conforme à nos Statuts. L'on a trouvé nécessaire, après tant d'années pendant lesquelles nous n'avons pas pu nous rencontrer et pour les mêmes raisons que celles qui nous engagent maintenant à changer les Statuts dans l'esprit que je vous ai indiqué, de ne pas réunir la Conférence d'aujourd'hui conformément aux Statuts, ce qui aurait porté notre nombre à peut-être 3 ou 400 membres. La présente Conférence n'est donc pas strictement statutaire et, par conséquent, nous ne pouvons pas modifier les Statuts. Il faut que la décision en soit remise à une Assemblée convoquée conformément aux Statuts. La prochaine Conférence sera, je pense, nécessairement convoquée d'après l'ancien système et conformément aux Statuts. La Conférence actuelle ressemble plutôt à celles que nous aurons peut-être à l'avenir.

C'est pourquoi le Conseil vous propose d'accepter la résolution suivante :

« La Conférence approuve provisoirement le projet de revision des Statuts soumis par la Commission d'organisation, sous réserve

de l'approbation définitive de la prochaine Conférence, conformément
à l'article 18 des Statuts, à l'exception toutefois des modifications
proposées aux articles 5, 7, 10 et 10 *bis*.

« Ces propositions sont renvoyées, y compris l'amendement proposé
par le Groupe suédois, à la Commission d'organisation qui, après avoir
été complétée par le Comité exécutif, soumettra un rapport à leur sujet
à la prochaine Conférence.

Je lirai également cette résolution en anglais et en allemand :   (Voir
« *Résolutions de la Conférence.* »)

Monsieur le Président, je vous demande de vouloir bien demander
à la Conférence d'accepter le projet de résolution que je viens de lire
dans les trois langues. (*Applaudissements.*)

M. le Président. — M. le Président de la Conférence vient de faire
un rapport extrêmement lucide sur les modifications qui doivent·
être apportées aux Statuts de l'Union et nous l'en remercions vivement. Il vous demande d'accepter la résolution qu'il vient de vous lire.

Quelqu'un demande-t-il la parole ?

Prof. Dr Quidde (Deutschland). — Bei der Revision der Statuten ist das schwierigste Problem offenbar das, wie wir künftig das
Recht der Vertretung und das Stimmrecht ordnen sollen. Ich habe
mich vor zehn Jahren mit dieser Frage beschäftigt, und in dem kleinen
Literaturverzeichnis, das den Vorschlägen des Rates beigegeben ist,
finden Sie unter den wenigen vorhandenen Schriften auch meine
Arbeit aufgeführt, deutsch und in französischer Uebersetzung. Sie
brauchen nicht zu fürchten, dass ich Ihnen die Vorschläge empfehle,
die ich damals gemacht habe. Wenn Sie diese Schrift benutzen, bitte
ich, das erste Kapitel überhaupt beiseite zu lassen, denn das ist
vollständig veraltet. Ich bin ausgegangen von der Frage der Berechti-
gung der Vertreter deutscher Landtage, an den Beratungen unserer
Union teilzunehmen. Die Frage ist erledigt durch die deutsche Revolu-
tion.

Es scheint mir selbstverständlich, dass wir für die Abstimmungen
auf den Konferenzen irgend ein System der Stimmenverteilung brauchen. Es kann nicht dabei bleiben, dass jeder, der zufällig anwesend
ist, ein Stimmrecht hat, weil das dazu führen könnte, dass die Vertreter weniger Länder diejenigen aller andern überstimmen. Es ist
absolut nötig, das zu verhindern.

Nun ist das Problem der Stimmenverteilung natürlich ein schwie-
riges Problem, das sich nicht zur Erörterung in einer grossen Versammlung eignet. Die Fragen sind so kompliziert, dass sie nur im kleinen

Kreise besprochen werden können. Lassen Sie mich nur das Eine sagen : Wenn jemand glaubt, dass dieses Problem durch einen einfachen Schlüssel zu lösen sei, dann irrt er sich, denn nach meiner Ueberzeugung führt jedes einfache System zu Ungerechtigkeiten. Will man also eine gerechte Verteilung haben, so wird sie kompliziert sein müssen ; das ist unvermeidlich. Die Folge davon ist, dass auch in dem Vorschlag, der uns unterbreitet wird, ziemlich komplizierte Bestimmungen enthalten sind. Wer das nicht glauben sollte, dem empfehle ich die Lektüre meiner kleinen Schrift, deren Stärke, wie ich glaube, mehr im Negativen, in der Kritik liegt.

Mir scheint, dass der Vorschlag, der uns unterbreitet wird, einen Fehler begeht. Aus diesem Grunde allein möchte ich mir einige Worte erlauben. Dieser Vorschlag fällt von einem Extrem ins andere. Bisher hatte jedes Mitglied der Interparlamentarischen Union das Recht, an der Konferenz zu erscheinen und seine Stimme abzugeben. Jetzt will man nicht nur das Stimmrecht einschränken, sondern man will auch das Recht der Teilnahme an den Verhandlungen der Konferenz beschränken. Das scheint mir ein Fehler zu sein.

Dafür, dass das Stimmrecht von dem Recht der Teilnahme an den Beratungen der Konferenzen getrennt wird, sind meiner Ueberzeugung nach entscheidende Gründe vorzubringen. Wenn wir jeder nationalen Gruppe sagen, sie habe eine beschränkte Zahl von Stimmen und sie habe auch nur das Recht, eine beschränkte Zahl von Delegierten zu schicken, dann werden beinahe unvermeidlich die einzelnen Gruppen dazu kommen, auf die Zusammensetzung dieser Delegation aus den verschiedenen politischen Parteien Rücksicht zu nehmen ; sie werden auch gezwungen sein, auf alte Verdienste Rücksicht zu nehmen. Es werden vielleicht auch persönliche Gesichtspunkte wirksam werden. So besteht eine gewisse Gefahr, dass man uns vorzugsweise die Veteranen schickt. Darüber kann ich offen sprechen, weil ich selbst zu den Veteranen, wenn nicht der Interparlamentarischen Union, so doch der Friedensbewegung gehöre. Die Interparlamentarische Union darf und soll nicht eine Versammlung von Veteranen werden, sondern wir brauchen immer neue junge und frische Kräfte, wir brauchen auch diejenigen in unsern Reihen, die sich in ihren Gruppen noch nicht hervorgetan haben. Diese werden uns vielleicht die besten Ideen bringen. Die neuen Ideen gehen in der Regel nicht von den Alten, sondern von den Jungen aus. Die interparlamentarische Union aber soll frisch und jung bleiben.

Nun hat unser Interparlamentarischer Rat auch gefühlt, dass man die Mitglieder nicht alle einfach ausschliessen kann. Darum sollen

neben diesen « Konferenzen », an denen nur die stimmberechtigten
Mitglieder sollen teilnehmen können, auch noch « Kongresse » stattfinden können. Das scheint mir ein schlechtes Kompromiss zu sein, denn
diese Kongresse, an denen jeder stimmen kann, der erscheint, sind
doch vom Uebel, wie wir nun wohl bestens erkannt haben. Und dieses
Uebel soll man nicht beibehalten ; auch nicht theoretisch. Praktisch
würden ja solche Kongresse niemals stattfinden, weil deren Veranstal-
tung eine ungeheure Last wäre.

Meine Meinung ist daher die, dass man das Recht, an den Konferenzen teilzunehmen und sich an den Beratungen zu beteiligen, jedem
Mitgliede lassen sollte. Dagegen kann höchstens eine Einwendung
erhoben werden : Man könnte meinen, dann würden unsere Konferenzen
zu gross, weil zu viele Mitglieder kämen. Dieser Fall wird sich aber
nicht einstellen, sobald die Mitglieder wissen, dass sie sich wohl
an den Beratungen beteiligen können, aber kein Stimmrecht haben.
Der Besuch der Konferenzen wird sich nicht über ein erträgliches
Mass hinaus vermehren, wenn wir eines tun : Wenn wir die Festlichkeiten nicht mehr so überwuchern lassen, wie es in der Vorkriegszeit
der Fall war. Ich brauche nur an die Konferenz von Brüssel zu erinnern,
wo wir vielleicht mit Bezug auf die Festlichkeiten einen Höhepunkt
erreicht haben. Diese konnten uns vielleicht als äusseres Zeichen einer
sehr warmen Aufnahme willkommen sein, haben aber doch zur Folge
gehabt, dass manche Kollegen kamen, die sich um die Arbeiten überhaupt nicht gekümmert haben, sondern die nur durch die Festlichkeiten
angelockt worden sind. Wenn wir diese Festlichkeiten immer in einem
vernünftigen Rahmen halten, so wird diese Art von Konferenzteil-
nehmern sich nicht vermehren. Die Zahl derer aber, die rein nur
deswegen kommen, weil sie an den Beratungen teilnehmen wollen,
ohne ein Stimmrecht zu haben, wird niemals so gross sein, dass sie
ein ernstliches Hindernis für diese Beratungen bilden kann.

Wenn daher der Interparlamentarische Rat an die Beratung der
Frage herantritt, welche Vorschläge er nächstes Jahr der Konferenz
unterbreiten will, so bitte ich ihn, diesen Gedanken zu erwägen,
dass zwar das Stimmrecht jeder Gruppe nach irgend einem System
der Stimmenverteilung beschränkt wird, dass aber das Recht zur Teilnahme an den Beratungen der Konferenzen allen Mitgliedern verbleibt.
Das ist von wesentlichem Einfluss auch auf die Rekrutierung der
Gruppen in den einzelnen Parlamenten, denn wenn man den neu
hinzukommenden Kollegen sagen müsste, sie hätten kein Recht
zu den interparlamentarischen Konferenzen zu kommen, ausser wenn
sie zu Delegierten ihrer Gruppe gewählt werden, dann wird mancher

sagen, dazu werde er nicht Mitglied einer Gruppe. Er wird sich sagen, als Neuling werde er einstweilen keine Aussicht haben, als Delegierter gewählt zu werden, und er wird uns fern bleiben.

Ich bitte den Rat, die Gedanken, die ich hier ausgesprochen habe, erwägen zu wollen. Sie sollen dazu führen, dass die Union jung und frisch bleibt und uns immer neues Blut zuströmt. (*Beifall.*) .

Traduction française du discours de M. Quidde.

M. le Professeur Dr Quidde (Allemagne). — Le problème le plus difficile qui se présente à l'occasion de la révision des Statuts, est la question de savoir comment nous devons régler à l'avenir le droit de représentation et le droit de suffrage. Je me suis occupé de cette question il y a dix ans. Vous trouverez mon étude en allemand et en traduction française parmi les quelques publications qui sont mentionnées dans la petite bibliographie jointe aux propositions du Conseil. Vous n'avez pas à craindre que je vous fasse les mêmes propositions qu'à cette époque. Si vous utilisez ma brochure, je vous prie de laisser de côté le premier chapitre qui est tout à fait vieilli. Je m'étais placé au point de vue du droit des représentants des Diètes allemandes (*Landtage*) de prendre part aux délibérations de notre Union. Cette question a été tranchée par la révolution allemande.

Il me paraît tout naturel que nous utilisions un système quelconque de répartition des suffrages pour les votes de la Conférence. Nous ne pouvons pas nous contenter d'accorder une voix à tous ceux qui, par hasard, sont présents. De cette façon, les représentants de quelques états pourraient majoriser ceux de tous les autres. Il nous faut absolument empêcher un tel résultat.

Le problème de la répartition des voix est en lui-même un problème difficile, qui ne se prête pas à la discussion dans une grande assemblée. Les questions qu'il pose sont si compliquées qu'elles ne peuvent être discutées que dans un cercle restreint. Laissez-moi seulement vous dire ceci : c'est commettre une erreur que de croire qu'il n'y a qu'un seul et simple moyen de résoudre ce problème. Car je suis persuadé qu'un système simpliste ne conduit qu'à des injustices. Si donc, nous voulons établir une répartition équitable, elle sera nécessairement compliquée ; c'est inévitable. Il en résulte que le projet qui nous a été soumis contient, lui aussi, des dispositions assez compliquées. J'engage celui qui ne voudrait pas le croire à lire mon petit opuscule, dont la force de persuasion est plutôt négative et critique.

Je dirai quelques mots d'une erreur que le projet présenté me sem-

ble avoir commise. Ce projet tombe en effet d'une erreur dans une
autre. Jusqu'à présent, chaque membre de l'Union interparlementaire
avait le droit de prendre part aux Conférences et d'y voter. Maintenant
le projet ne veut pas seulement limiter le droit de suffrage, mais aussi
restreindre le droit de participation aux délibérations de la Conférence.
A mon avis, c'est une faute.

Je suis persuadé que le droit de suffrage doit être distingué de celui
de participation aux délibérations des Conférences, et cela pour des
motifs décisifs. Si nous déclarons à chaque Groupe national qu'il n'a
qu'un nombre restreint de suffrages et qu'il n'a le droit d'envoyer à la
Conférence qu'un nombre restreint de délégués, les groupes en vien-
dront inévitablement à former leurs délégations en prenant en considération les différents partis politiques : ils seront aussi contraints à tenir
compte d'anciens services ; le point de vue personnel entrera peut-être
aussi en ligne de compte. C'est ainsi que nous courrons le risque que l'on
nous envoie de préférence des vétérans. Je puis en parler ouvertement,
car si je n'appartiens pas moi-même aux vétérans de l'Union interparlementaire, j'appartiens aux vétérans du mouvement pacifiste.
L'Union interparlementaire ne peut et ne doit pas devenir une assemblée de vétérans. Bien au contraire, nous avons toujours besoin de
forces jeunes et fraîches, de ceux aussi qui ne se sont pas encore mis en
vedette dans leurs groupes. Ceux-là nous apporteront peut-être les
idées les plus fécondes. En général, ce ne sont pas les vieillards, mais
les hommes jeunes, qui créent des idées nouvelles. L'Union interparlementaire doit rester alerte et jeune.

Notre Conseil interparlementaire a estimé qu'on ne pouvait exclure
tout bonnement une partie des membres. C'est pourquoi, à côté de
ces « Conférences », auxquelles seuls prendraient part ceux qui ont
le droit de voter, nous pourrions encore avoir des « Congrès ». Cela me
semble un compromis défectueux, car ces Congrès, dans lesquels tous
ceux qui se présentent peuvent voter, ont des inconvénients que nous
avons très bien reconnus. Nous ne devons pas conserver ces inconvénients, même théoriquement. En pratique, ces Congrès n'auront jamais lieu, parce que leurs préparatifs constitueraient une charge écrasante.

Je suis donc d'avis que nous laissions à chaque membre le droit
de participer aux Conférences et de prendre part aux délibérations.
A cette solution, il n'y a tout au plus qu'une objection : nos Conférences pourraient devenir trop nombreuses parce que trop de membres
voudraient y prendre part. Cette éventualité ne se présentera pas
si nous prenons soin d'informer les membres que, s'ils pourront prendre

part aux délibérations, ils ne pourront cependant pas y voter. La participation aux Conférences ne dépasserait pas une moyenne supportable grâce au moyen suivant : ne nous laissons pas déborder par un surcroît de festivités, ainsi que tel était le cas avant la guerre. Je n'ai qu'à vous rappeler la Conférence de Bruxelles, où nous avons peut-être atteint le plus grand nombre de réjouissances. Ces fêtes pouvaient nous être agréables comme le signe extérieur d'un chaleureux accueil. Elles ont cependant eu pour conséquence qu'un bon nombre de nos collègues ne se préoccupaient pas de nos travaux, mais étaient seulement séduits par les festivités. Si nous ne laissons pas dépasser à ces fêtes un nombre raisonnable, cette sorte de congressistes ne s'augmentera pas. Par contre, le nombre de ceux qui, sans avoir le droit de voter, ne viennent que dans le but de prendre part à nos séances, ce nombre, dis-je, ne sera jamais assez grand pour constituer une entrave sérieuse à nos délibérations.

Je prie donc le Conseil interparlementaire, lorsqu'il discutera les propositions qui seront soumises l'année prochaine à la Conférence, d'examiner avec soin la limitation du droit de suffrage de chaque Groupe d'après un système quelconque de répartition des suffrages, système qui permettra cependant à tous les membres de conserver le droit de prendre part aux délibérations de la Conférence. Toutes ces considérations ont une grande influence sur le recrutement des groupes au sein des parlements particuliers. En effet, si nos nouveaux collègues devaient s'entendre dire, lorsqu'ils viennent nous donner leur adhésion, qu'ils n'ont pas le droit de prendre part aux Conférences interparlementaires, excepté s'ils sont désignés comme représentants de leur Groupe, plus d'un d'entre eux dira qu'il renonce dans ces conditions à devenir un membre du Groupe. Chacun d'eux se dira qu'en sa qualité de nouveau-venu, il n'a aucune chance d'être désigné comme délégué et il ne se joindra pas à nous.

Je prie le Conseil de prendre en considération les idées que j'ai présentées ici. Elles ont pour but le maintien d'une Union jeune et alerte qui nous infusera un sang nouveau. (*Applaudissements.*)

M. le Président. — Je demanderai à M. le Secrétaire général de vouloir bien donner quelques explications.

M. le Secrétaire général. — Deux lettres sont parvenues à la Conférence au sujet de la question que nous traitons maintenant.

Tout d'abord M. Lucien Le Foyer, ancien député français, a envoyé une longue lettre dans laquelle il expose son point de vue. Il estime que la présente Conférence est antistatutaire, puisque le Conseil, de son propre chef, a imposé une limitation à la participation à la Conférence et il proteste contre le fait qu'on apporte des modifications aux Statuts dans une telle réunion.

Satisfaction est donnée à M. Le Foyer par la proposition présentée par l'honorable rapporteur et approuvée par le Conseil. Je vous demande simplement la permission d'insérer la lettre de M. Le Foyer dans le procès-verbal de la Conférence. (*Annexe* 1).

D'autre part, M. Usteri, Conseiller aux Etats Suisses, qui a dû quitter Stockholm ce matin, nous envoie la lettre suivante :

« *Stockholm, le* 18 *août* 1921.

« *A l'Union Interparlementaire, XIXᵉ Conférence, à Stockholm,*

« Monsieur le Président et Messieurs,

« Etant rappelé en Suisse par l'exercice d'un mandat officiel, je ne puis, à mon grand regret, prendre part aux séances de demain. Ainsi je suis obligé de vous *recommander* par écrit ce que j'aurais voulu faire de vive voix au sein de la Conférence, *l'Union internationale des Associations nationales pour la Société des Nations*, et ces associations dont le nombre dépasse déjà le chiffre de vingt.

« Cette organisation, parallèle à la vôtre, comprend les amis de la Société des Nations, milieux scientifiques et intellectuels et hommes du peuple, tout prêts à porter les principes de la Société au sein des grandes masses des *peuples*, qui ignorent encore dans leur immense majorité ce que c'est que la Société des Nations.

« Je suis convaincu que le but commun des deux *Unions*, tant *parlementaire* que *populaire*, pourra en mainte occasion les réunir en une coopération utile pour telle ou telle action visant au développement de la Société.

« J'ose donc, en ma double qualité de membre de votre Union et de président d'une association nationale pour la Société des Nations, recommander l'*organisation populaire* pour la Société à l'Union interparlementaire et de prier cette dernière d'entretenir avec elle des relations favorables au progrès de la cause de la Société. Je n'ai aucun doute que l'organisation populaire n'aide l'Union interparlementaire, au moyen de ses forces morales et matérielles, toutes les fois où elle jugera propice à la cause commune la coopération des deux unions. Je prie en outre l'Union Interparlementaire d'engager vivement ses membres à donner aux associations nationales de leurs pays respectifs leur précieux concours.

« Veuillez agréer, Monsieur le Président et Messieurs, l'expression de ma haute considération.

« USTERI,

« Membre de l'Union Interparlementaire, 1ᵉʳ président de l'Association nationale suisse pour la Société des Nations. »

J'ajouterai seulement que le Bureau Interparlementaire entretient déjà des rapports suivis et très cordiaux avec l'Office central de l'Union dont parle M. Usteri, surtout après la nomination, comme Secrétaire général de cette association, de M. Ruyssen, qui est un ancien ami et collaborateur du Bureau interparlementaire.

Je crois donc que nous pouvons dire que satisfaction sera également donnée au vœu exprimé par M. Usteri.

The Acting President. — You have heard the explanations made by the President of the Conference with regard to the proposed changes in the Statutes, which it is proposed now to refer, with the other suggestions, to the next Conference. This, I think, meets the objections made in certain quarters. I have now pleasure in putting the resolution to the meeting.

Traduction française

M. le Président. — Vous avez entendu les explications qui ont été fournies par le Président de la Conférence à l'égard des modifications à apporter aux Statuts, modifications que l'on vous propose maintenant de renvoyer à la prochaine Conférence, ainsi que les autres suggestions qui sont présentées. A mon avis, cette procédure donne satisfaction aux objections qui ont été faites de certains côtés. J'ai maintenant le plaisir de soumettre cette résolution à l'Assemblée.

Le projet de résolution proposé par M. le baron Adelswärd est adopté à l'unanimité.

Organisation des procédés d'enquête et de conciliation devant la Société des Nations

M. le baron Adelswärd reprend la présidence.

M. le Président. — Nous arrivons maintenant à l'objet n° 8ᵃ : « Organisation des procédés d'enquête et de conciliation devant la Société des Nations. »

M. le Professeur Schücking. (Allemagne). — *Le rapport de M. le professeur Schücking ayant été imprimé en allemand et en français dans les « Documents préliminaires », pp. 119-141, son discours ne sera pas reproduit ici.*

M. Sitta. (Italie). — Au nom de la délégation italienne, je tiens à remercier M. Schücking des paroles très obligeantes qu'il a prononcées envers l'Italie et à lui exprimer toute mon admiraton pour son discours si profond. Je regrette que mes collègues d'Italie n'aient pas été présents. Mais je suis sûr d'interpréter leurs sentiments en lui exprimant, non seulement les remerciements de notre pays, mais la reconnaissance la plus vive pour les paroles qu'il a prononcées à l'égard de nos grands maîtres de droit international. Nous le remercions aussi et surtout d'avoir évoqué le souvenir de notre grand poête, le divin Dante, dont toute l'Italie, et non seulement l'Italie, mais le monde entier, va, cette année, fêter le sixième centenaire. (*Applaudissements.*)

M. le Président. — Je vous donnerai maintenant lecture des résolutions que le Conseil vous propose au sujet du rapport de M. Schücking. (Voir *Résolutions de la Conférence.*

Quelqu'un demande-t-il la parole ?

S'il n'y a pas d'opposition, les résolutions proposées sont adoptées. (*Applaudissements.*)

La salle commence à se vider. Je crois qu'il vaut mieux ajourner maintenant nos travaux et fixer la séance de clôture à 2 h. 30. Nous n'avons que quelques petites questions à résoudre encore et nous aurons bien le temps de le faire à la séance de clôture.

La séance est levée à 12 h. 30.

SÉANCE DU VENDRERI 19 AOUT 1921
APRÈS-MIDI

Présidence de **M. le baron Adelswärd.**

La séance est ouverte à 2 h. 45.

Ordre du jour no 86.

Passeports

M. le Président. — Il ne reste à l'ordre du jour de nos délibérations proprement dites qu'un projet de résolution de M. Thomas Lough.

The Right Hon. Thomas Lough (Great Britain). — Mr President, ladies and gentlemen, it has often struck me during an attendance, stretching over twenty years before the war, at meetings of this Conference, that if our very distinguished Council, and also the members of the Conference working in their spheres at home, would direct their attention to what might appear comparatively small points which would tend to the development of peace between the nations, they would perhaps be doing more to secure the great objects which the Conference has in view.

I have ventured to put down a small resolution, which I think ought to commend itself to every one present, with regard to the passports and visas which are such a nuisance to all members of one country who may desire to visit another. The object of the resolution is to have all these abolished as being a relic, not merely of war, but, I would venture to suggest, of barbarism. (*Laughter.*) The notion that one who wants to visit another country ought to be punished for it, that every difficulty should be put in his way, that he should be fined for it — why, it is like the theory of war itself. If you look at the principle on which these passports were founded, you see how ineffectual the whole thing is, and everybody must wonder that it should have been allowed to go on for these three years. In the first place everyone, good and bad alike, has got to have a passport. How ridiculous it is ! In every civilized State it is only those who do wrong who are punished, and, as far as we know about the next world, the good and the evil are not treated alike there. (*Laughter.*) It seems a ridiculous arrangement in itself to make everybody get a passport, but that is not all. If anyone is punished in a civilized country, the State pays the cost of the punishment ; but in the matter of passports you not only are worried and punished and distracted; but you have also to pay for the torture. (*Hear, hear, and laughter.*) A great many ridiculous questions are asked too, and a great many absurd forms have to be gone through. You are ordered to get your photograph taken. Now, I hate having my photograph taken (*laughter*) : it is a constant infliction to me. The only pleasure I ever feel in it is when I am supported by a group of friendly persons, as I was this morning, when the whole of us, all looking equally foolish, were taken together on the steps outside. (*Laughter.*) In the case of a passport, the thing is ridiculous and ghastly, for the picture you put on your passport is not a bit like you. Almost anybody's picture that you could buy in a shop would do. They also ask you the most absurd questions. They ask you your age, and if you bring a lady with you, she is subject to the same indignity : she is asked her age, simply because she wants to visit Sweden or France ! It is one of the most absurd things in the way of petty torture. And you have to give the date of your birth. Now, if I told the Conference the date of my birth the members would all feel bound to send me a little present. (*Laughter.*) If the information could be of any use for the passport, there would be some good in the requirement, but no one ever looks at these things : they are hurled into pigeon-holes, and at the end of a year or two, are simply thrown away. I may mention my own experience. I was obliged to absent myself from the Conference yesterday afternoon because of the great number of ladies and gentlemen coming to me under the impression that I had already abolished this nuisance. (*Laughter.*) One man said, could I get back for him the cost of a visa obtained in New York ? I need not tell you the nation he belonged to. (*Laughter.*) Another case mentioned was that of a gentleman travelling with a lady in Italy. He said that he had been told that he could go forty miles into Italy with a visa obtained in France, but that when they had got there, they were stopped and sent back for a fresh visa.

I have touched on a subject which appeals to everyone, and if we can do anything to ameliorate this nuisance we shall be doing something that everyone will appreciate. This is a practical question. Visas have been abolished between England and France, and between France and Belgium, and I cannot understand why independent States like Sweden should lag behind the Saxons and the Franks in this matter. (*Hear, hear.*) I appeal to you to see what you can do. I will not prolong the matter any further but will merely content myself by moving the resolution which has been circulated. (*Applause.*)

Traduction française du discours de M. Lough.

Le Très Honorable Thomas Lough (Grande-Bretagne). — Au cours des réunions de cette Conférence, auxquelles j'ai assisté depuis plus de vingt ans avant la guerre, il m'a souvent paru que si notre distingué Conseil et nos membres, lorsqu'ils travaillent chez eux dans leur sphère d'action, vouaient leur attention à des questions qui semblent comparativement petites, mais qui tendent à développer la paix parmi les nations, ils feraient peut-être davantage pour l'accomplissement des buts importants que la Conférence s'est proposée.

Je me suis risqué à vous présenter une petite résolution qui, je le pense, se recommande d'elle-même à chacun de nous ; elle concerne les passeports et les visas qui sont un fléau pour tous les habitants d'un pays qui veulent en visiter un autre. Ma résolution a pour but l'abolition de toutes ces formalités comme étant, non seulement un reste de la guerre, mais, si j'ose m'exprimer ainsi, un reste de barbarie. (*Rires.*) Que celui qui veut visiter un pays étranger soit puni pour ce motif, que toutes les difficultés soient mises sur sa route, qu'il soit mis à l'amende, tout cela n'est-ce pas une conception semblable à la guerre elle-même ? Si vous considérez la raison d'être de ces passeports, vous vous rendrez compte combien cette institution est inefficace et chacun de vous s'étonnera qu'on la laisse encore subsister, trois ans après la guerre. Tout d'abord un chacun, l'honnête homme aussi bien que le fripon, doit se procurer un passeport. Que c'est ridicule ! Dans tous les pays civilisés, seuls ceux qui ont mal agi sont punis et, pour autant que j'en suis informé, dans un monde meilleur, l'homme juste et le pécheur ne sont pas non plus traités de la même façon. (*Rires.*) C'est déjà une mesure ridicule en elle-même que de contraindre chaque individu à se procurer un passeport. Mais ce n'est pas tout. Si quelqu'un est puni dans un pays civilisé, l'Etat paie les frais entraînés par la peine. Pour les passeports, il en va autrement : non seulement vous êtes harcelé, puni, et rendu fou, mais vous devez

aussi payer les frais de la torture. (*Très bien ; rires.*) Un grand nombre
de questions ridicules vous sont aussi posées et vous devez remplir
une quantité de formalités ridicules. On vous invite à vous faire pho-
tographier. En ce qui me concerne, j'ai horreur de me faire photo-
graphier. (*Rires.*) C'est toujours pour moi un châtiment. Je n'y prends
seulement plaisir que lorsque je suis accompagné par un groupe
d'amis, ainsi qu'il nous est arrivé ce matin lorsque, sur les marches
de l'escalier, on nous a tous photographiés avec une expression égarée.
(*Rires.*) Quand il s'agit de la photographie d'un passeport, la chose
est ridicule et affreuse, parce que le cliché ne vous ressemble pas le
moins du monde. A peu près n'importe quelle photographie qu'on
pourrait acheter dans un magasin, pourrait tout aussi bien faire l'affaire. On vous pose aussi des questions ridicules. On vous demande
votre âge et, si une dame vous accompagne, elle est soumise à la même
humiliation : on lui demande son âge uniquement parce qu'elle veut
visiter la Suède ou la France. C'est un des plus absurdes moyen de
faire subir une torture mesquine. Vous devez aussi déclarer la date
de votre naissance. Eh bien ! si je faisais part de la date de ma naissance à la Conférence, tous les membres se croiraient obligés de m'envoyer un petit cadeau. (*Rires.*) Si cette information pouvait servir à
quelque chose, il y aurait quelque utilité à la demander. Mais personne
ne regarde jamais plus ces papiers. Il sont jetés dans des casiers et,
après un ou deux ans, mis tout simplement de côté. Je peux faire appel
à mon expérience personnelle. Hier après-midi, j'ai dû quitter la Conférence parce qu'un grand nombre de dames et de messieurs étaient
venus me voir dans l'espoir que j'avais déjà aboli cette incommodité.
Un monsieur m'a demandé si je ne pouvais pas lui faire retourner le
prix d'un visa qu'il avait obtenu à New-York. Je n'ai pas besoin de
vous dire à quelle nation il appartenait. (*Rires.*) Un autre, qui voulait
aller en Italie avec une dame, me fit part d'un autre cas. Il me préten-
dit qu'on lui avait dit qu'ils ne pourraient pas aller plus de quarante milles
à l'intérieur de l'Italie avec un visa obtenu en France et lorsqu'ils
eurent parcouru cette distance, ils furent arrêtés et renvoyés pour
aller chercher un nouveau visa.

J'ai touché à un sujet qui ne peut laisser indifférent aucun de nous,
et, si nous pouvons faire quelque chose pour porter remède à cette
incommodité, nous aurons fait quelque chose qui sera apprécié par
chacun. C'est une question pratique. Les visas ont été abolis entre
l'Angleterre et la France et entre la France et la Belgique, et je ne comprend pas pourquoi des états indépendants comme la Suède reste-
raient en cette matière, en arrière des Saxons et des Francs. (*Très*

bien !) Je m'adresse à vous, afin que vous examiniez ce que vous pouvez faire. Je ne veux pas m'étendre plus longtemps sur cette question et je me contente seulement de vous proposer la résolution qui a été distribuée. (*Applaudissements.*)

D **G. B. Clark** (Great Britain). — I want to move as an addendum that a copy of this resolution be sent to the Government of Sweden, and the reason for that is supplied by my own experience. I have been moving about a good deal and have suffered from the passport and the visa system, but I thought that in coming here most of the trouble would be obviated, and I got a new passport and went to the Swedish Consul to get his visa both for myself and my wife. The Swedish Consul informed me that he could not visa the passport : I must bring one passport for my wife and one for myself. I saw the Swedish Minister in London, Baron Palmstierna, whom I know, pointing out that the British Foreign Office had issued one passport for us both, and he at once arranged that the visa should be given on the joint passport and without the usual fee (*hear, hear.*) In addition to all this I had to find three new photographs — that is, two for my own country and three new ones for Sweden, — and to fill up three forms besides. In Norway it did not take five minutes. I had to fill in no form : the whole thing was done at once and the charge was one shilling. If Sweden wishes people to come and see her beautiful scenery she must not put so many difficulties in the way, and should see to it that one passport may serve for a man and his wife (*hear, hear.*)

Traduction française du discours de M. Clark.

D **G. B. Clark** (Grande-Bretagne). — Je propose comme adjonction à cette proposition, qu'une copie de la résolution soit envoyée au Gouvernement suédois. J'en puise les motifs dans ma propre expérience. J'ai beaucoup voyagé à l'étranger et j'ai beaucoup souffert du régime des passeports et des visas. J'avais cependant espéré que pour venir ici l'on m'épargnerait la plupart des ennuis. Je me suis donc muni d'un nouveau passeport et me suis rendu chez le consul de Suède, afin d'obtenir le visa pour ma femme et pour moi-même. Le consul de Suède m'a fait connaître qu'il ne pouvait viser mon passeport et que je devais lui présenter un passeport pour ma femme et un autre pour moi-même. J'allais voir le ministre de Suède à Londres, baron Palmstierna que j'ai l'honneur de connaître. Je lui ai fait observer que l'Office britannique pour les Affaires Etrangères m'avait délivré un

passeport pour nous deux. Il ordonna immédiatement qu'on nous ac-
cordât le visa sur notre passeport mutuel, sans que j'eusse à payer la
taxe habituelle. (*Très bien.*) En suite de cela, j'eus à me procurer trois
nouvelles photographies, ou plutôt deux pour mon propre pays et
trois pour la Suède et, en outre, j'eus à remplir trois formulaires. En
Norvège les formalités ne prennent pas cinq minutes ; je n'eus à y remplir aucun formulaire. Le tout fut terminé de suite et je n'eus à payer
qu'un shilling. Si la Suède désire que l'on vienne la visiter et con-
templer ses beaux aspects, elle ne doit pas y faire obstacle par tant
de difficultés et devrait faire en sorte qu'un passeport unique puisse
servir à un homme et à sa femme. (*Très bien.*)

M. le Président (*en anglais*). — I am very sorry to hear what Dʳ
Clark says about his experiences in getting the visa for his passport. I
know he is quite right, not by personal experience but by what I have
heard before, and I am very sorry the Foreign Minister was not here
himself to hear what Dʳ Clark has told us. But I consider it my duty
to report to him what Dʳ Clark has said, and I hope that this resolution, which will be communicated to him, will have a good effect in
changing these things. (*Applause.*)

(*En français.*) — Je viens de dire à M. Clark que je suis très attristé
d'entendre les remarques qu'il a faites au sujet de la manière dont les
passeports suédois sont visés. Je sais, non pas par ma propre expérience, mais par ce qu'on m'a raconté, que M. Clark n'est pas seul
à avoir été exposé à ces désagréments. Il me semble qu'on pourrait
remédier un peu à cet état de choses. Je regrette beaucoup que le
Ministre des Affaires Etrangères n'ait pas été présent pour entendre
les plaintes qui viennent de se faire jour, mais je les lui communi-
querai et je ferais en sorte que cette résolution ne passe pas inaperçue.

Je vais maintenant vous donner lecture du projet de résolution
agréé par le Conseil (Voir « *Documents préliminaires* », p. 38).

S'il n'y a pas d'opposition, et les applaudissements qui ont suivi
les discours de M. Lough et de M. Clark me prouvent qu'il n'y en a pas,
je considère cette résolution comme adoptée. (*Applaudissements.*)

COMMUNICATIONS

M. le Président. — Avant de prendre l'objet suivant de l'ordre du jour, j'ai une communication à vous faire. Je viens de recevoir la lettre suivante du Ministre du Portugal à Stockholm :

« Monsieur le Président,

« J'ai l'honneur de porter à votre connaissance que je viens de recevoir un télégramme de mon Ministre des Affaires Etrangères me communiquant que Leurs Excellences Messieurs les Présidents du Sénat et de la Chambre des Députés de Portugal me chargent de Les représenter à la XIXme Conférence interparlementaire réunie en cette capitale. Je saisis l'occasion pour Vous présenter l'assurance de ma considération très distinguée.

Le Ministre de Portugal en Suède
MARTENS FERRAO ».

C'est malheureusement à la dernière minute que nous arrive le représentant du Portugal, puisqu'il n'y a pas, pour le moment du moins, un Groupe tout à fait en règle en Portugal. C'est pourtant un grand plaisir pour notre Conférence d'avoir un représentant portugais, et, au nom de la Conférence, je salue M. le Ministre du Portugal, qui vient de prendre place parmi nous. (*Applaudissements.*)

ORDRE DU JOUR N° 9.

Communication des noms des délégués des groupes au Conseil interparlementaire pour l'exercice depuis la XIXe jusqu'à la XXe Conférence

M. le Président. — Nous prenons maintenant l'objet N° 9 de l'ordre du jour : « Communication des noms des délégués des groupes au Conseil interparlementaire pour l'exercice depuis la XIXe jusqu'à la XXe Conférence. » Je donne la parole à M. le Secrétaire général Lange.

M. le Secrétaire général. — D'après l'article 12 des Statuts, le Conseil interparlementaire se compose de deux membres par Groupe national régulièrement constitué, et désignés par leur Groupe au moins un mois avant l'ouverture de la Conférence. Ces désignations sont communiquées au Bureau interparlementaire et, par celui-ci, à la Conférence.

J'ai l'honneur de vous donner lecture des communications faites par les différents groupes dans l'ordre chronologique :

Suède :	M. le baron Th. Adelswaerd, Sénateur, ancien Ministre des Finances.
	M. Hjalmar Branting, Député, ancien Président du Conseil.
Pays-Bas :	M. Koolen, Président de la 2me Chambre des Etats-Généraux.
	M. Rutgers, Membre de la 2me Chambre des Etats-Généraux.
Finlande :	M. le Dr Mantere, Vice-président du Parlement.
	M. Hjalmar J. Procopé, ancien Ministre du Commerce.
Danemark :	M. le Dr Moltesen, Député,
	M. Borgbjerg, Député.
Canada :	M. Raoul Dandurand, Membre et ancien Président du Sénat.
	M. Smeaton White, Sénateur.
Etats-Unis d'Amérique :	Hon. Théodore E. Burton, Membre du Congrès pour l'Ohio.
	Hon. James L. Slayden, ancien Membre du Congrès.
Italie :	M. Carlo Schanzer, Sénateur, ancien Ministre du Trésor.
	M. Bertolo Belotti, Député, Ministre du Commerce.
Grèce :	M. G. Baltazzi, Député, Ministre des Affaires Etrangères.
	M. Typaldo Bassia, ancien Président de la Chambre.
Royaume Serbe-Croate-Slovène :	M. Vouktchevitch, Député.
	M. le Dr Ilia Choumenkovitch, Député.
Norvège :	M. F. Michelet, ancien Ministre des Affaires Etrangères.
	M. Joh. Ludw. Mowinckel, Ministre du Commerce.

Allemagne :

M. Richard Eickhoff, ancien Membre de la Chambre des Députés prussienne.

M. le Dr W. Schücking, Membre du Reichstag, Professeur à l'Ecole supérieure du Commerce, Berlin.

Grande-Bretagne :

R^t Hon. Lord Weardale, Membre de la Chambre des Lords, Président du Conseil interparlementaire et du Comité exécutif.

Sir James Agg-Gardner, Membre de la Chambre des Communes.

Suisse :

M. Scherrer-Füllemann, Conseiller national.

M. Aloïs de Meuron, Conseiller national.

Roumanie :

M. Etienne Ciceo Popp, Député, ancien Ministre.

M. Constantin Halaceo, Sénateur.

Hongrie :

M. Edmond de Miklos, Membre du Parlement.

M. le comte Paul Teleki, Membre du Parlement.

Japon :

M. Takeo Tanaka, Membre de la Chambre des Représentants.

M. Juichi Nozoyé, D^r, Membre de la Chambre des Représentants.

Autriche :

M. le Dr Mataja, Conseiller national.

M. le Dr Waber, Ministre fédéral de l'Intérieur.

Trois groupes n'ont pas encore désigné leurs membres, ils le feront après la Conférence.

Dans la réunion du Conseil qui a eu lieu à l'issue de la première séance de la Conférence, le Conseil a réélu comme Président Lord Weardale. Lord Weardale prendra également la présidence du Comité exécutif, conformément à l'article 16 des Statuts.

ORDRE DU JOUR N° 10

Election de quatre membres du Comité exécutif

M. le Président. — Nous arrivons maintenant à l'objet N° 10 : « Election de quatre membres du Comité exécutif ».

D'après les Statuts, c'est au Conseil à faire des propositions à l'Assemblée. Le Conseil vous propose les membres suivants : M. le Baron Adelswärd (Suède), M. Schanzer (Italie), M. Scherrer-Füllemann (Suisse) et M. Burton (Etats-Unis).

Est-il fait d'autres propositions ?

Les propositions du Conseil sont adoptées.

ORDRE DU JOUR N° 11.

Fixation du lieu de réunion de la XXe Conférence

Nous passons à la dernière question, N° 11 : « Fixation du lieu de réunion de la XXe Conférence. »

Le Conseil n'a pas pu formuler de proposition, parce qu'il n'a pas été fait d'invitation. Il propose à l'Assemblée de lui renvoyer cette question pour qu'il prenne une décision plus tard, quand on saura quels sont les groupes qui désirent recevoir la prochaine Conférence. Plusieurs suggestions sont déjà parvenues, mais aucune invitation ferme, de sorte que nous n'avons pas pu faire de proposition définitive à la Conférence.

La proposition du Conseil est adoptée.

CLOTURE DES DÉLIBÉRATIONS

M. le Président. — Mesdames, Messieurs, l'ordre du jour est épuisé. Avant de clore cette séance et cette session, je tiens à adresser de la part de la Conférence quelques mots de remerciements au Secrétariat.

Je me tourne d'abord vers notre Secrétaire général, M. Lange, pour lequel, vous le comprenez sans doute, ces jours n'ont pas été une sinécure. (*Applaudissements.*)

En second lieu, je tiens à remercier également M. Widegren, Secrétaire du Groupe suédois qui, depuis des semaines, pour ne pas dire des mois, a été très occupé pour arranger tous les petits détails de l'organisation. (*Applaudissements.*) On ne s'en douterait pas, mais tous ceux qui se sont chargés d'une besogne pareille savent bien ce qui en est. M. Widegren a accompli un grand travail. J'espère que vous trouverez qu'il a assez bien réussi et que nous avons raison de le remercier. (*Applaudissements.*)

Je ne veux pas oublier en outre tous ceux qui ont travaillé dans l'obscurité, que l'on ne peut pas nommer, mais qui, pourtant, ont eu beaucoup à faire. Je suis certain qu'ils ont tous fait de leur mieux. (*Applaudissements.*)

Je remercie également, de la part du Bureau, tous les membres de la Conférence de l'intérêt dont ils ont fait preuve pour l'œuvre commune et du dévouement qu'ils ont montré pendant ces trois jours de séance assez fatigants, parce que nous avons eu très peu de temps et un ordre du jour chargé. Je les remercie de leur assiduité aux débats, qui nous á permis de traiter toutes les questions inscrites à l'ordre du jour.

Je ne veux plus insister ; je sais que chacun se réjouit de quitter cette salle sombre pour aller jouir du beau soleil et visiter un peu notre belle ville. Nous avons fait assez de discours ; permettez-moi seulement d'exprimer l'espoir que les travaux de la Conférence n'auront pas été vains et que les résolutions que nous avons prises à l'unanimité produiront des effets utiles pour l'avenir, non seulement pour notre Union, mais surtout pour les relations internationales et pour l'humanité en général. (*Applaudissements.*)

Herr Eickhoff (Deutschland). — Wir stehen am Schlusse unserer an so wichtigen Beschlüssen überaus reichen Tagung, und da meine ich, es wäre unsere Pflicht, unserem hochverehrten Herrn Präsidenten, Herrn Baron Adelswärd, für die flotte Leitung der Geschäfte unsern Dank auszusprechen. Ich möchte Sie bitten, dies dadurch zu tun, dass sie sich zu seinen Ehren von ihren Sitzen erheben. (*Anhaltender Beifall ; die Versammlung erhebt sich von ihren Sitzen.*)

Traduction française

M. Eickhoff (Allemagne). — Arrivés à la fin de notre session, si particulièrement riche en décisions d'une grande importance, j'estime qu'il est de notre devoir de remercier notre très honoré Président, M. le baron Adelswaerd, pour la façon si sûre dont il a dirigé nos travaux. Je vous prie de vous lever en son honneur (*Applaudissements prolongés : l'assemblée se lève.*)

M. le Président. — La XIXᵉ Conférence de l'Union interparlementaire est close.

La séance est levée à 3 h. 30.

ANNEXES

Annexe I.

(Voir pp. 264-265)

—

Lettre de M. Lucien Le Foyer

Paris, 6 Août 1921.

Monsieur le Président,
Messieurs les Membres de la XIXe Conférence
interparlementaire,

Si j'en crois les documents que j'ai reçus, — comme tout membre
de l'Union interparlementaire —, la XIXe Conférence interparlementaire va s'ouvrir à Stockholm sans la participation du Groupe belge ni
du Groupe français, — et sans que les membres du Groupe français
et du Groupe belge aient la possibilité — contrairement à tous les
précédents, contrairement à l'interprétation constante de nos Statuts
— d'adhérer individuellement à la Conférence.

C'est sur ce dernier point que je crois de mon devoir, comme membre du Groupe français, d'élever une protestation, respectueuse,
mais ferme. En raison de son caractère préjudiciel, je vous serai
obligé de vouloir bien en donner connaissance au début de la Conférence. Il ne saurait suffire d'en saisir le Conseil, puisque cette requête
s'élève précisément contre une décision du Conseil. Je vous serai
obligé de vouloir bien ensuite verser cette lettre au dossier de la discussion sur la Revision des Statuts de l'Union.

Je me garde d'examiner les motifs qui ont déterminé le Groupe belge
à « déclarer qu'il s'abstiendra de prendre part aux délibérations et
aux travaux de l'Union aussi longtemps » que certaines conditions,
connues de tous, ne seront pas remplies. Je ne veux pas non plus appré-
cier les raisons qui ont déterminé le Groupe français à se solidariser
avec le Groupe belge. Ces Groupes ont pris, en toute liberté, des décisions d'ordre politique. Mais une question d'ordre réglementaire
s'impose à l'attention de tous les membres de l'Union. Vous voudrez
certainement me permettre de rappeler notre loi commune, qui constitue notre garantie à tous : les Statuts de l'Union.

Dix-huit Conférences interparlementaires ont eu lieu. Jamais —
à ma connaissance — les Statuts de l'Union n'ont été interprétés
comme permettant de réserver l'accès des Conférences aux seuls
« délégués » des Groupes. Toujours, au contraire, les Conférences ont

été considérées comme l'occasion d'un rapprochement utile et d'une collaboration féconde entre les membres de l'Union.

De quel droit la XIXᵉ Conférence est-elle réservée aux seuls « délégués » des Groupes, et fermée aux autres membres de l'Union ?

Je n'ignore pas qu'un projet de revision des Statuts de l'Union est à l'étude, qu'il a reçu l'approbation du Conseil, et qu'il est soumis aux votes de la XIXᵉ Conférence. Mais, précisément, un projet de revision n'est pas une revision votée. Et des statuts adoptés par une Conférence interparlementaire ne peuvent être modifiés valablement, de toute évidence, que par une autre Conférence. Le devoir, c'est d'appliquer les Statuts qui sont votés et non les Statuts qui ne sont pas votés. On assure, il est vrai, que ce manquement aux Statuts est « provisoire » ; et notre Secrétaire général m'écrivait lui-même : « Il va sans dire que seule une Conférence pourra prendre une décision quant à une nouvelle organisation définitive ». Je demande la permission de faire observer que toutes les violations déclarent volontiers qu'elles sont « provisoires », et qu'aucune violation, fût-elle « provisoire », n'est licite. Nous n'avons pas le droit de violer « provisoirement » nos Statuts.

Qui a décidé cette infraction aus Statuts ? Vous m'autoriserez, dans l'intérêt même de l'Union, à le rechercher d'un mot.

Est-ce le Conseil ? Je sais que l'article 7 de nos Statuts est ainsi conçu : « Les convocations sont ordonnées par le Conseil interparlementaire ». Mais il n'a jamais été prétendu, ni admis, que le Conseil avait le droit de faire ces convocations à sa guise, ni de porter atteinte, de son propre chef, aux droits des membres de l'Union. Le Conseil avait qualité pour approuver, comme il l'a fait, le 12 avril 1921, un projet de remaniement de la composition des Conférences. Ce vote l'autorisait à soumettre le projet à la XIXᵉ Conférence ; mais ne l'autorisait pas à le lui imposer. Quoi ! Le Conseil n'a pas cru pouvoir nommer un membre du Comité exécutif en remplacement de notre éminent ami M. Houzeau de Lehaie : « Nous ne pouvons pas — a dit le Président du Conseil — procéder à la nomination définitive d'un membre du Comité exécutif ; cette prérogative appartient à la prochaine Conférence ». (Nᵒ XII des procès-verbaux du Conseil interparlementaire, page 4). Et le Conseil ne craint pas de se substituer à la Conférence quand il s'agit d'une décision autrement grave : la modification du droit d'admission à la Conférence, la suspension — c'est-à-dire la suppression, au moins momentanée — des droits statutaires des membres de l'Union !...

Est-ce le Groupe national suédois ? — Le Groupe suédois — que

je veux féliciter et remercier quant à moi, pour avoir pris l'initiative
d'inviter la XIXe Conférence — me pardonnera-t-il de lui soumettre,
très timidement, cette observation ? Trouve-t-on la trace d'un droit
qui permettrait au Groupe national du pays où a lieu la Conférence,
de fixer à son gré les conditions d'admission ? Où puise-t-on le droit
de convoquer une Conférence « limitée » ? Une Conférence est une Conférence. Une Conférence est statutaire, et ne doit pas être anti-statu-
taire, sous prétexte qu'elle peut être pré-statutaire. Où irait-on, si
les groupes nationaux, usant de la même liberté, modifiaient, tour
à tour, fût-ce d'accord avec le Conseil, la charte de l'Union ?

...Et quel est le résultat de la méthode ainsi suivie ? La Conférence
de Stockholm est plus complètement privée de certains éléments nationaux qu'elle ne pourrait l'être. Ceux des membres du Groupe français
ou du Groupe belge qui, ne partageant pas l'opinion de la majorité,
auraient pu avoir le désir de participer aux travaux de la Conférence,
sont écartés. La mesure prise, au lieu de favoriser le rapprochement
des membres de l'Union, n'appuie et ne sanctionne que le refus de collaborer. L'esprit de conciliation est sacrifié à l'esprit d'intransigeance.
Et à ceux des Français ou des Belges qui pourraient servir d'« hommes
de communication », de « traits d'union », on interdit l'entrée de la
Conférence.

M. le Baron Adelswaerd exprimait au Conseil, le 12 avril, « le ferme
espoir de voir participer à cette Conférence de Stockholm les délégués
belges et français, qui seront encore instamment priés d'y prendre
part »... Il n'y avait pas de « délégués », puisque les Groupes belge
et français ne voulaient pas en nommer... Quel regret que les « membres » du Groupe français et du Groupe belge n'aient pas été, selon
l'usage, invités ! Certains d'entre eux, sans aucun doute, seraient
venus...

...Mais ces nouveaux errements imposés à la XIXe Conférence sont
essentiellement provisoires... M. le Baron Adelswaerd était le premier
à préciser dans la réunion du Conseil du 12 avril (Bulletin interparlementaire, page 28), « que la décision du Conseil à l'égard de la représentation des groupes à Stockholm a un caractère tout provisoire
et ne sera appliquée que cette seule fois ». La Conférence va discuter
librement et à fond la question de savoir si elle doit maintenir les traditions respectées par dix-huit Conférences, et qui ont fait sa grandeur,
ou s'engager dans la voie d'un formalisme stérile dont nous commen-
çons à discerner les effets. Puisqu'il ne m'est pas donné de prendre
la parole devant ces collègues qui m'avaient, à Genève et à La Haye,
honoré de leur indulgente attention, je les supplie, de loin, par cette

lettre, de prendre garde : Il s'agit de toute la vitalité, de l'avenir même
de l'Union...

Pour montrer la valeur de l'avertissement que je dépose, en toute
humilité, sur le Bureau de la Conférence, qu'il me soit permis de rappeler un autre avertissement que je soumettais au Secrétaire général
et à la Commission d'organisation, le 6 mai 1920, et qu'on peut retrou-
ver dans la brochure « Organisation de l'Union » : « L'Union interparlementaire, disais-je, a été fondée par des individualités courageuses
et généreuses... Les groupes sont souvent des organes d'inhibition,
et non des organes d'action. Les Conférences restent les organes vivants,
parce que libres. Ne sacrifions pas les Conférences aux groupes.
Méfiez-vous de cette fameuse « organisation » qui est à la mode aujour-
d'hui, et qui est l'organisation de l'inaction. Sous prétexte d'organiser,
on paralyse. Si l'Union réalise ce projet de son Conseil, elle aura fait
un grand pas vers l'inertie et vers la mort. »

Et j'ajoutais : « Si les Groupes ont à « désigner » des représentants,
bien souvent ils ne les « désigneront pas ». Qu'on me fasse la grâce
de reconnaître que les événements ont confirmé cette prévision, et
que les faits sont pires que mes craintes. Ce n'est pas pour un motif
momentané et par un opportunisme de circonstance que deux Groupes
importants de l'Union évitent de désigner des « délégués ». C'est par
un acte de volonté solennel, dont les conséquences menacent de se
prolonger longtemps. Que dit la résolution votée à Bruxelles ? « Le
Groupe belge déclare qu'il s'abstiendra de prendre part aux délibérations et aux travaux de l'Union aussi longtemps que celle-ci restera
ouverte aux membres allemands, sans que l'Allemagne ait préalable-
ment et pratiquement reconnu sa responsabilité dans le déchaînement
de la guerre, réprouvé les excès qu'elle a commis dans les pays envahis,
effectué les réparations qui lui incombent, enfin donné les garanties de
bonne foi et de bonne volonté qui seules peuvent rendre possible
son admission dans la Société des Nations ». Et le Groupe français
s'est solidarisé avec le Groupe belge. On doit avouer que l'obtention
des conditions fixées par le Groupe belge sera peut-être malaisé à
réaliser, et qu'il faudra un bon nombre d'années, en tout cas, avant
que les réparations soient — selon le terme qu'emploie la résolution —
« effectuées »...

Il n'y a donc pas que de graves raisons de principe pour nous contraindre à repousser une innovation dangereuse, — qui constituerait
une régression, et non pas un progrès ; il y a aussi des raisons de fait.
Les membres de l'Union doivent conserver leur liberté individuelle
d'opinion et d'action ; ils ne sauraient, par leur initiative, engager les

groupes ; un veto des groupes ne saurait les annihiler : Telle est la formule conciliatrice et transactionnelle qui se prouve particulièrement indispensable dans un moment comme celui-ci, où il faut à la fois assurer la vie de l'Union et respecter les sentiments nationaux.

Je m'excuse d'un aussi long exposé, — qui ne s'inspire que d'un dévouement déjà ancien — et éprouvé — à l'Union interparlementaire et à la Paix.

Veuillez agréer, Monsieur le Président, Messieurs, les assurances de mes sentiments de haute considération, avec l'expression de ma plus fidèle sympathie.

Lucien Le Foyer,
Ancien Député de Paris,
Membre du Groupe français
de l'Union interparlementaire.

Annexe II.
—

RÉSOLUTIONS DE LA CONFÉRENCE

TEXTES FRANÇAIS

I

Entrée dans l'Union des Parlementaires de l'Amérique latine

(Discussion, pp. 158-160)

Considérant qu'il y a 22 Etats sur le continent américain ;

Considérant que deux seulement d'entre eux, savoir les Etats-Unis d'Amérique et le Canada, sont représentés à l'Union interparlemen-taire ;

Considérant que dans la crise présente du monde, il est extrême-ment important que l'Union reçoive un développement aussi rapide et aussi large que possible, et que l'affiliation de 20 nouveaux groupes en avancera matériellement le développement,

la XIXᵉ Conférence interparlementaire charge le Secrétaire général d'envoyer, au nom de l'Union, une invitation de former des Groupes nationaux affiliés à l'Union interparlementaire, aux parlements des pays suivants, par l'intermédiaire de leurs présidents : Argentine, Bolivie, Brésil, Chili, Colombie, Costa Rica, Cuba, République Domi-nicaine, Ecuador, Guatemala, Haïti, Honduras, Mexique, Nicaragua, Panama, Paraguay, Pérou, Salvador, Uruguay et Vénézuéla.

II

L'Union interparlementaire et la Société des Nations

(Rapport, pp. 101-108 et 109-117 ; Discussion, pp. 161-174, 250-254)

1.

La dix-neuvième Conférence interparlementaire accueille, de ses vœux les plus cordiaux, le principe d'une association de nations, avec l'objet d'organiser le monde pour le maintien de la paix, œuvre que la Conférence est en droit de considérer comme un résultat important des efforts déployés assidûment par l'Union pendant une longue suite d'années. Elle constate que jusqu'à présent quarante-huit différents Etats se sont affiliés à la Société des Nations actuelle, et tient à déclarer qu'il est, à son avis, nécessaire et urgent que semblable association revête ce caractère universel et compréhensif qui lui permettra encore mieux de s'acquitter de la mission élevée qui lui sera confiée.

2.

Toujours soucieuse de s'adonner à des œuvres utiles et pratiques, la Conférence déclare que l'Union interparlementaire doit augmenter et intensifier son activité dans le domaine de la coopération internationale, en vue d'obtenir la réduction des armements et d'assurer la paix du monde.

<h2 style="text-align:center">III</h2>

<h3 style="text-align:center">L'Union interparlementaire
et le Bureau international du Travail</h3>

(Discussion, pp. 174-185, 187-209, 247-249)

La XIXe Conférence interparlementaire salue avec satisfaction la création de la Conférence et du Bureau international du Travail, dont elle apprécie les travaux, appelés à rendre les plus grands services à l'amélioration du sort des masses laborieuses de tous les pays, et, en contribuant au progrès de la paix sociale, à assurer la paix dans le monde.

Elle constate avec satisfaction aussi, que de nombreuses conventions et recommandations élaborées par la Conférence internationale du travail ont déjà été ratifiées par plusieurs parlements affiliés à l'Union. Elle exprime sa conviction profonde de l'intérêt qu'aura celle-ci à continuer sa coopération dans les parlements en faveur de cette œuvre de pacification et promet son appui et celui de ses groupes pour assurer dans les parlements une étude approfondie des conventions et des recommandations sus-nommées. Elle prie ses groupes de soutenir dans les parlements la réalisation législative la plus large possible des principes consacrés par les conventions et les recommandations élaborées par les Conférences internationales de Washington et de Gênes, et de seconder l'œuvre du Bureau international du Travail.

Elle engage chacun de ses groupes nationaux à instituer un *Comité du Travail*, qui sera chargé de diriger les travaux du Groupe dans ce sens, et qui veillera à l'exécution de l'engagement pris par l'Union, conformément au paragraphe précédent de la présente résolution.

IV

Revision des Statuts

(Discussion, pp. 254-266)

La Conférence approuve provisoirement le projet de revision des Statuts soumis par la Commission d'Organisation, sous réserve de l'approbation définitive de la prochaine conférence, conformément à l'Art. 18 des Statuts,

à l'exception, toutefois, des modifications proposées aux articles 5, 7, 10 et 10 *bis*.

Ces propositions sont renvoyées, y compris l'amendement proposé par le Groupe suédois, à la Commission d'Organisation, qui, après avoir été complétée par le Comité exécutif, soumettra un rapport à leur sujet à la prochaine Conférence.

V

Réduction des Armements

(Discussion, pp. 210-238, 249-250)

1.

La XIXe Conférence interparlementaire, ayant pris connaissance des résolutions et du vœu votés par la 1re Assemblée de la Société des Nations relativement au problème des armements, en prend acte avec satisfaction, en tant que ces résolutions, et notamment le vœu, représentent une mise en œuvre pratique des efforts visant une réduction des armements.

La Conférence constate d'autre part, que les résultats obtenus ne peuvent être regardés que comme un minimum et comme une première étape des travaux de la Société des Nations dans cet ordre d'idées, et exprime l'espoir que la 2e Assemblée, prévue pour le mois de septembre prochain, poussera plus loin dans la voie ainsi ouverte, et qu'elle veillera à ce que toutes les résolutions de la 1re Assemblée aient été exécutées dans leur lettre et dans leur esprit.

Elle constate avec satisfaction que la situation internationale sera cette année-ci, d'autant plus favorable pour semblable effort, que le désarmement de l'Allemagne, d'après les déclarations des hommes d'Etat alliés, progresse rapidement, que la Russie, quoique menacée d'une famine qui demande impérieusement l'aide de tous les peuples civilisés, commence à rentrer dans la vie économique mondiale, et que de fortes réductions ont été opérées dans les armements de plusieurs pays, notamment dans ceux de Belgique, de France, de Grande-Bretagne et d'Italie.

2.

Elle appelle notamment l'attention de l'Assemblée sur l'urgence qu'il y a d'organiser l'échange de renseignements relatifs aux armements, expressément prévu par le Pacte, échange qui assurerait la publicité de ces renseignements, et par conséquent le contrôle de l'opinion publique sur l'action des Etats dans ce domaine, qui a une importance primordiale pour les relations internationales et pour le maintien de la paix.

Elle exprime ses regrets sincères qu'apparemment si peu d'Etats aient encore répondu favorablement au vœu de l'Assemblée quant à une limitation des budgets militaires, navals et aériens. Elle espère que la 2e Assemblée saura insister plus énergiquement, et, cette fois à l'unanimité, sur cette trêve limitée, afin d'enrayer les velléités d'une nouvelle surenchère des armements qui pourraient se dessiner, avant que soit élaboré le plan général d'une réduction des armements.

3.

En attendant que la Société des Nations devienne assez forte pour assumer le rôle de l'instance finale quant à la réduction des armements des divers Etats, la Conférence recommande comme mesures transitoires :

a) Institution d'une instance de contrôle et de vérification à l'égard des renseignements fournis à la Société quant aux armements, au sens de l'amendement français à l'Art. 8 du Pacte, déposé à la Conférence de Paris :

b) Délégation, au Conseil de la Société, du droit exclusif de statuer sur l'existence d'une « situation exceptionnelle », pouvant légitimer une dérogation à l'engagement d'un Etat de ne pas dépasser le chiffre global de ses dépenses militaires, navales et aériennes, conformément au vœu de la 1re Assemblée.

4.

Considérant qu'une Conférence, convoquée par le Président des Etats-Unis, se réunira dans la ville de Washington, afin de discuter la question de la limitation des armements et des problèmes connexes, les membres de l'Union interparlementaire sont instamment invités à faire créer, dans leurs pays respectifs, par tous les moyens à leur disposition, une bonne volonté réciproque de faire les concessions raisonnables nécessaires pour un heureux résultat de la Conférence. Tout plan juste et équitable, proposé par la Conférence sur la base des délibérations au sujet de la limitation des armements nationaux, doit former l'objet d'un intérêt soutenu de la part des groupes interparlementaires, en vue de le faire accepter par les gouvernements de leurs pays respectifs.

5.

La Conférence, enfin, souligne énergiquement le vœu exprimé par la Conférence financière de Bruxelles en 1920, ainsi conçu :

« Que le Conseil de la Société des Nations confère au plus tôt avec les différents gouvernements intéressés, en vue d'obtenir leur agrément à une réduction générale de la charge écrasante que les armements, dans leur état actuel, font peser sur les populations appauvries du monde, engloutissant leurs ressources et compromettant leur restauration, après les ravages de la guerre, »

et engage tous ses groupes à s'adresser, avant la réunion de la 2e Assemblée, à leur Gouvernement pour insister sur ce vœu et pour appuyer les vœux exprimés plus haut. Elle les invite à exercer une vigilance constante afin d'obtenir que leur Etat s'y conforme.

6.

Elle charge le Bureau interparlementaire de transmettre les résolutions qui précèdent, à la Société des Nations, avec prière qu'elles soient communiquées à l'Assemblée, ainsi qu'à tous les Gouvernements qui y seront représentés.

VI

Le problème économique et financier international
et la Société des Nations

(Discussion, pp. 238-246)

La XIXe Conférence interparlementaire, entendu le rapport de M.

Treub sur le « Problème économique et financier international et la Société des Nations », décide l'institution d'une *Commission interparlementaire économique et financière*, chargée d'étudier les problèmes soulevés par M. Treub ainsi que des questions connexes, et de soumettre des rapports à des conférences ultérieures.

Les groupes seront invités à désigner chacun un membre de cette Commission. Le Comité exécutif de l'Union est prié de nommer, au sein de la Commission, un Comité de rédaction de trois membres, chargé de préparer les travaux de la Commission par l'élaboration de questionnaires, etc.

VII

Organisation des procédés d'enquête et de conciliation devant la Société des Nations.

(Rapport, pp. 119-129 et 131-141 ; Discussion, p. 267)

La XIXe Conférence interparlementaire salue avec satisfaction le fait que le Pacte de la Société des Nations a consacré le principe de l'enquête et de la médiation obligatoires pour tous les conflits qui ne sont pas soumis à une solution judiciaire.

Elle se permet d'appeler l'attention du Conseil et de l'Assemblée de la Société des Nations sur l'importance de créer une organisation non-politique pour cet objet. Sans se prononcer sur la forme à donner à cette organisation, elle charge le Bureau de transmettre la proposition et le rapport sur ce problème, soumis à la présente Conférence par M. Schücking, au Secrétariat de la Société des Nations.

VIII

Passeports

(Discussion, pp. 268-273)

La XIXe Conférence interparlementaire exprime l'avis que l'obligation de faire viser les passeports devrait immédiatement être restreinte à ce qui serait nécessité par les mesures d'ordre policier international, et que toutes les dépenses ou restrictions relativement à l'acquisition ou à la présentation des passeports par les voyageurs devraient être réduites au strict minimum.

TEXTES ANGLAIS

I

Inclusion in the Union of the Parliamentarians of Latin America

(Discussion, pp. 158-160)

There are 22 sovereign governments in the American Continents, in North, South and Central America. Only two of them, the United States of America and Canada, are associated with the Inter-Parliamentary Union. In this crisis of the world's affairs it is extremely important that the Union and its influence shall be developed as rapidly and broadly as possible and the association of these 20 governments will help materially in its development.

Therefore, and in view of these facts, be it resolved : that the Secretary General of the Inter-Parliamentary Union, and in its name, be directed to extend, through their presiding officers, to the members of the National legislatures of the following countries, Argentina, Bolivia, Brazil, Chile, Colombia, Costa Rica, Cuba, Dominican Republic, Ecuador, Guatemala, Haiti, Honduras, Mexico, Nicaragua, Panama, Paraguay, Peru, El Salvador, Uruguay and Venezuela, invitations to form National Groups of the Inter-Parliamentary Union for association with the Union.

II

The Inter-Parliamentary Union and The League of Nations

(Report, pp. 101-108, and 109-117 ; Discussion, pp. 161-174, 250-254)

I.

The 19th Inter-Parliamentary Conference cordially approves the principle of an Association of Nations with the aim of organizing the world for the maintenance of peace, which the Conference is entitled to consider as an important aspect of the work zealously pursued by the Union for a long period of years, and, recognizing that forty-eight different nations have already joined in the existing League of Nations, registers as its opinion that it is both urgent and necessary that such an association should attain an all-embracing character, which will render it able to exercise that high mission with which it must naturally be entrusted.

II.

Always concerned to devote itself to useful and practical work, the Conference is of the opinion that the Inter-Parliamentary Union must increase and strengthen its activities in the field of international co-operation to the end that the burden of armaments may be reduced and the peace of the world may be attained.

III

The Inter-Parliamentary Union and the International Labour Office

(Discussion, pp. 174-185, 187-209, 247-249)

The 19th Inter-Parliamentary Conference welcomes with profound satisfaction the formation of the International Labour Conference and Office, and expresses its appreciation of its activities which are calculated to render very valuable service in improving the lot of the labouring classes in all countries and, by thus contributing to the advancement of social harmony, to ensure peace throughout the world.

It notes with satisfaction that the numerous conventions and recommendations drawn up by the International Labour Conference have already been ratified by several Parliaments affiliated to the Union. It expresses its profound conviction of the interest that the latter would have to continue its cooperation in the Parliaments in favour of this work of pacification, and promises its support and that of its groups to ensure that a careful study of the above-mentioned Conventions and recommendations be made in the Parliaments. It begs its groups to support in their Parliaments the putting into legislative form, as far as possible, of all the principles enshrined in these conventions and recommendations drawn up by the International Conferences of Washington and Genoa, and to assist the work of the International Labour Office.

It calls upon its various national groups to form a *Special Committee*, for the purpose of directing the work of the group in this sphere, and to ensure that the undertaking given by the Union in the preceding paragraph of this Resolution, is duly observed.

IV

Revision of the Statutes

(Discussion, pp. 254-266)

The Conference provisionally approves the amendments to the Statutes submitted by the Organization Committee, pending the final decision by the next Conference, under Art. 18 of the Statutes,

with the exception of the amendments proposed in the articles 5, 7, 10 and 10*bis*.

These amendments as well as the proposal of the Swedish Group, are transmitted for discussion and report to the Organization Commission, which, after having been completed by the Executive Committee, is asked to report on them to the next Conference.

V

The Reduction of Armaments

(Discussion pp. 210-238, 249-250)

1.

The XIXth Inter-Parliamentary Conference, after due consideration of the resolutions and the recommendation adopted by the first Assembly of the League of Nations, with regard to the armaments question, records its satisfaction that these resolutions and, more especially, the recommendation constitute a practical application of the efforts made towards a reduction of armaments.

The Conference, however, is of opinion that the results attained should only be regarded as a minimum and as the first step made by the League in this direction ; it also expresses a hope that the second Assembly, which is due to meet in September next, will make further progress along these lines and that it will do its utmost to ensure that all the resolutions of the first Assembly have been complied with in the letter and in the spirit.

The Conference expresses its gratification that the international situation in the present year will be more favourable to efforts of this kind, because the disarmament of Germany, according to statements made by Allied statesmen, is proceeding rapidly, and because Russia, though threatened by a famine which urgently requires the aid of all civilized peoples, is once more beginning to take part in the economic life of the world ; moreover, important reductions have been effected in the armaments of several countries, in particular, those of Belgium, France, Great Britain and Italy.

2.

It directs the particular attention of the Assembly to the urgent necessity for the organisation of a system of exchange of information with regard to armaments, as explicitly provided in the Covenant ; an exchange of this kind will assure the publicity of the information, and as a result, public opinion will exert its influence upon the policy followed by States in regard to this question, which is of supreme importance in international relations and for the preservation of peace.

It records its sincere regret that apparently so few States have, until the present time, given a favourable answer to the Assembly's recommendation as to a limitation of the military naval and air budgets. It hopes that the second Assembly will be in a position to urge with greater insistance, and, on this occasion, by an unanimous vote, the conclusion of this partial truce, in order to counteract any tendency to a recurrence of the competition in armaments, before a general plan fot the reduction of armaments has been prepared.

3.

Until such time as the League of Nations becomes sufficiently strong to assume its position as the supreme authority for the reduction of armaments to be maintained by the various Powers, the Conference recommends the following provisional measures :

a) The establishment of an office for the supervision and verification of the information furnished to the League, with regard to armaments, on the lines of the French amendment to Article 8 of the Covenant, which was submitted during the Peace Conference at Paris.

b) That exclusive right be delegated to the Council of the League to determine whether an exceptional situation exists of such a nature as to justify a State in disregarding the undertaking given by it not to exceed its total military, naval and air expenditure, in conformity with the recommendation of the first Assembly.

4.

In view of the forth-coming conference to assemble in the City of Washington upon the invitation of the President of the United

States, to consider the question of limitation of armaments and related subjects, the members of the Inter-Parliamentary Union are
urgently requested to foster, in all ways open to them, in their respective countries a spirit of willingness to make all reasonable concessions
necessary to a successful issue of such conference, and any plan it
may propose for the limitation of national armaments being just
and equitable, to labor for the acceptance of the same by the Government of their various countries.

5.

Finally, the Conference lays special stress on the following Recommendation, adopted by the Financial Conference of Brussels in 1920 :

« That the Council of the League of Nations should as soon as
possible confer with the various governments concerned, with a view
to obtaining their consent to a general reduction in the crushing burden
which is imposed on the impoverished peoples of the world, — swallowing up their resources and hindering their recovery from the effects of
the war, — by the present scale of armaments. »

Further the Conference calls upon its Groups to approach their Governments, before the Meeting of the second Assembly, and draw
their urgent attention to this recommendation, and also to advocate
the views expressed above. It exhorts them to make every effort
to bring about the acceptance of these views by their country.

6.

It instructs the Inter-Parliamentary Bureau to transmit the foregoing resolutions to the League of Nations, accompanied by a request
to the effect that they may be communicated to the Assembly and to
all Governments represented at it.

VI

The International Economic and Financial Problem and the
League of Nations

(Discussion, pp. 238-246)

The XIXth Inter-Parliamentary Conference, after having heard the
report of Mr. Treub on ,, The International Economic and Financial
Problem and the League of Nations ", decides to institute an *Inter-
Parliamentary Economic and Financial Committee*, which is to be

entrusted with the study of the problems raised in the report and of related questions, and asked to submit reports at later conferences.

The Groups are to be invited to nominate each one member on this Committee. The Executive Committee of the Union will nominate a drafting Committee of three from among the members of the whole Committee, in order to prepare its work through the elaboration of questionnaires, etc.

VII

Organization of the procedures of enquiry and conciliation within the League of Nations

(Report, 119-129 and 131-141 ; Discussion, p. 267)

The XIXth Inter-Parliamentary Conference welcomes with satisfaction the fact that the Covenant of the League of Nations has recognized the principle of compulsory investigation and mediation in all disputes which are not submitted to judicial decision.

It takes leave to call the attention of the Council and the Assembly of the League of Nations to the importance of a non political organization being created for this object. Without pronouncing any opinion on the form to be given to this organization, it directs the Inter-Parliamentary Bureau to transmit the proposal and the report laid by Professor Schücking before the present Conference, to the Secretariat of the League of Nations.

VIII

Passports

(Discussion, pp. 268-273)

That in the opinion of this Conference all requirements to visa passports should be immediately limited to the requirements of the International Police, and all expenses and restrictions with regard to procuring or exhibiting passports by travellers should be reduced to the minimum.

TEXTES ALLEMANDS

I

Eintritt der Volksvertreter Südamerikas in der Union

(Verhandlung, pp. 158-160)

In Erwägung,

dass auf dem Amerikanischen Festland 22 Staaten bestehen,

dass in der interparlamentarischen Union nur zwei davon vertreten sind : die Vereinigten Staaten von Nordamerika and Kanada ;

dass es in der gegenwärtigen Weltkrisis äusserst wichtig ist dass die Union eine so rasche und so breite Entwickelung wie möglich erfahre;

dass der Anschluss zwanzig neuer Gruppen diese Entwickelung bedeutend begünstigen werde, beauftragt die XIX^{te} interparlamentarische Konferenz den Generalsekretär, im Namen der Union an die Parlamente folgender Länder, vermittelst der Präsidenten derselben, eine Einladung zu senden, sie möchten neue nationale Gruppen der Union bilden : Argentinien, Bolivia, Brasilien, Chile, Kolumbia, Kostarika, Kuba, San-Domingo, Ekuador, Guatemala, Haïti, Honduras, Mexiko, Nikaragua, Panama, Paraguay, Peru, Salvador, Uruguay und Venezuela.

II

Die Interparlamentarische Union und der Völkerbund

(Referat, pp. 101-108 und 109-117; Verhandlung, pp. 161-174, 250-245)

1

Die XIXte Interparlamentarische Konferenz begrüsst herzlichst den Grundsatz eines allgemeinen Staatenverbandes mit der Aufgabe, die Welt für die Aufrechthaltung des Friedens zu organisieren. Die Konferenz ist berechtigt, die diesbezüglichen Bestrebungen als ein wichtiges Ergebnis der Bemühungen der Union seit einer langen Reihe von Jahren anzusehen. In der Erkenntnis, dass sich schon 48 verschiedene Staaten dem bestehenden Völkerbunde angeschlossen haben, stellt die Konferenz fest, dass es ihrer Meinung nach notwendig und dringend ist, dass ein solcher Verband den allgemeinen allumfassenden Charakter bekomme, der ihm erlauben wird, die hohe Mission die ihm naturgemäss obliegen wird, noch besser auszuführen.

2

Immer besorgt, dass sich die Union nützlicher und praktischer Arbeit hingebe, ist die Konferenz der Meinung, dass die Interparlamentarische Union ihre Wirksamkeit auf das Gebiet der internationalen Cooperation ausdehnen und dort verstärken solle, mit dem Ziele, dass die Lasten der Rüstungen vermindert würden und der Weltfriede gesichert werde.

III

Die Interparlamentarische Union und das internationale Arbeits-Bureau.

(Verhandlung, pp. 174-185, 187-209, 247-249)

Die XIX^{te} Interparlamentarische Konferenz begrüsst mit Genugthuung die Gründung der Arbeits- Konferenz und des internationalen Arbeits-Bureaus, dessen Wirksamkeit sie hochschätzt in der Erkenntnis dass es berufen ist, bei der Verbesserung des Loses der arbeitenden Massen aller Länder die grössten Dienste zu leisten, und, indem sie den Fortschritt des sozialen Friedens fördert, den Weltfrieden zu sichern.

Sie konstatiert auch mit Befriedigung, dass zahlreiche, von der internationalen Arbeits-Konferenz ausgearbeitete Verträge und Empfehlungen von mehreren, in der Union vertretenen Parlamenten, ratifizirt worden sind. Sie drückt ihre tiefe Ueberzeugung aus von dem Interesse welches die Union haben wird, ihre Mitarbeit in den Parlamenten zu Gunsten dieses Friedenswerkes fortzusetzen und sie verspricht ihre Unterstützung und die ihrer Gruppen um in den Parlamenten eine eingehende Erörterung der oben genannten Uebereinkommen und Empfehlungen zu sichern. Sie bittet ihre Gruppen in den Parlamenten die weiteste gesetzliche Durchführung der Grundsätze zu unterstützen, welche durch die von den internationalen Konferenzen ausgearbeiteten Verträge und Empfehlungen bestätigt worden sind, und dem Werke des internationalen Arbeits-Bureaus Beistand zu leisten.

Sie fordert eine jede ihrer nationalen Gruppen auf, ein *Arbeits-*

Komitee zu errichten, welches beauftragt wird, die Arbeiten der Gruppe in diesem Sinne zu leiten, und welches, gemäss dem vorhergehenden Paragraphen der gegenwärtigen Resolution, über die Ausführung der Verpflichtung, welche die Konferenz übernommen hat, wachen wird.

IV

Aenderung der Satzungen

(Verhandlung, pp. 254-266)

Die Konferenz billigt provisorisch den Entwurf der Revision der Statuten, der von dem Organisationskomitee vorgelegt worden ist, jedoch unter Vorbehalt einer endgültigen Bestätigung durch die nächste Konferenz, gemäss Art. 18 der Statuten,

mit Ausnahme der Abänderungen, welche für die Artikel 5, 7, 10 und 10 bis vorgeschlagen worden sind.

Diese Vorschläge, einschliesslich des Abänderungsvorschlages der schwedischen Gruppe, werden an die Organisationskommission verwiesen, welche, durch das Executivkomitee vervollständigt, einen diesbezüglichen Bericht der nächsten Konferenz vorlegen wird.

V

Einschränkung der Rüstungen

(Verhandlung, pp. 210-238, 249-250)

1

Die XIXte Inter-Parlamentarische Konferenz hat von den Resolutionen und dem Wunsche der ersten Versammlung des Völkerbundes betreffend die Frage der Entwaffnung mit Befriedigung Kenntniss genommen, insofern als diese Resolutionen, und namentlich der Wunsch eine praktische Inangriffnahme der Bemühungen für die Verminderung der Rüstungen darstellt.

Anderseits stellt die Konferenz fest, dass die erlangten Ergebnisse nur als ein Minimum und eine erste Etappe der Arbeiten des Völkerbundes in dieser Richtung betrachtet werden können. Sie spricht die Hoffnung aus, dass die für nächsten September einberufene Versammlung auf diesem Wege weiter schreiten wird, und gleichzeitig darauf achten wird, dass die Resolutionen der ersten Versammlung in ihrem ganzen Wortlaut und Geist durchgeführt worden sind.

Mit Befriedigung nimmt sie wahr, dass die internationale Lage dieses Jahres diesen Bemühungen um so günstiger sein wird, als die Entwaffnung Deutschlands, den Erklärungen der verbündeten Staatsmänner zu Folge, rasch fortschreitet, dass Russland beginnt in das ökonomische Weltleben einzutreten trotz der ihm drohenden Hungersnot, welche die Hilfe aller Völker gebieterisch fordert, und dass starke Verminderungen in den Rüstungen verschiedener Länder, namentlich in Belgien, Frankreich, Gross-Britannien und Italien, stattgefunden haben.

2

Insbesondere weist sie auf die Dringlichkeit der Organisierung der Auswechslung von Auskünfte über Rüstungen, welche der Pakt ausdrücklich vorsieht. Dieser Austausch würde die Veröffentlichung solcher Auskünfte sichern, und dadurch die Kontrolle der öffentlichen Meinung über die Handlungen der Staaten auf diesem Gebiet zur Folge haben — eine Kontrolle die von einschneidender Bedeutung für die internationalen Verhältnisse und für die Erhaltung des Friedens wäre.

Sie spricht ihr Bedauern darüber aus, dass augenscheinlich so wenig Staaten bis jetzt den Wunsch der Versammlung betreffs Beschränkung der Land-, Wasser- und Luftwehr-Budgets günstig beantwortet haben. Sie hofft dass die zweite Versammlung energischer, und dies Mal einstimmig, auf diese beschränkte Waffenruhe bestehen wird, um Anwandlungen eines neuen Uberbietens der Rüstungen Halt zu gebieten, bis der allgemeine Plan der Entwaffnung ausgearbeitet ist.

3

Bis der Völkerbund stark genug ist um die Rolle einer obersten Instanz in Bezug auf den Rüstungsmasstab der verschiedenen Staaten überzunehmen, empfiehlt die Konferenz als vorübergehende Massregeln :

a) Errichtung einer Instanz zur Kontrolle und Prüfung der dem Völkerbunde unterbreiteten Auskünfte über Rüstungen, und zwar im Sinne des während der Pariser Friedenskonferenz vorgeschlagenen französischen Amendements des Artikels 8 des Völkerbunds-Statuts.

b) Uebertragung an den Völkerbund des ausschliesslichen Rechtes zu bestimmen was « eine Ausnahme machende Stellung » ist, die einen Staat zur Abweichung seiner, dem Wunsche der ersten Versammlung gemäss übernommenen Verpflichtung, nicht seine gesammelten Ausgaben für Armee-, See- und Luftkräfte zu erhöhen, berechtigen würde.

4

In Erwägung, dass eine vom Präsidenten der Vereinigten Staaten einberufene Konferenz in Washington stattfinden wird, um über die Frage der Rüstungsbeschränkungen und in Zusammenhang damit stehenden Streitfragen zu beraten, werden die Mitglieder der Interparlamentarischen Union inständig gebeten, in ihren Ländern durch alle ihnen zu Gebot stehenden Mitteln einen gegenseitigen guten Willen wachzurufen, zu dem Ziel, dass die für einen glücklichen Ausgang der Konferenz notwendigen vernünftigen Zugeständnise ermöglicht werden. Jeder gerechte und billige Plan, welcher von der Konferenz auf Grund der Verhandlungen betreffend die Einschränkung der nationalen Rüstungen vorgeschlagen wird, soll den Gegenstand eines beharrlichen Interesses seitens der interparlamentarischen Gruppen bilden, in die Absicht, die Annahme desselben durch die Regierungen der betreffenden Länder herbeizuführen.

5

Endlich weist die Konferenz eindringlichst auf den Wunsch der Finanzkonferenz von Brüssel des Jahres 1920 hin, welcher also lautet :

« Dass der Völkerbundsrat unverzüglich mit den verschiedenen beteiligten Regierungen verhandeln möchte um ihre Einwilligung zu einer allgemeinen Einschränkung der drückenden Lasten zu erlangen, welche die Rüstungen in ihrer jetzigen Gestalt auf die verarmten Völker der Welt legen, indem sie deren Hilfsquellen versiegen lassen und ihre Wiederherstellung nach den Verwüstungen des Krieges gefährden. »

Sie ladet alle ihre Gruppen ein, sich vor der Versammlung jede an ihre Regierung zu wenden, damit dieselbe auf diesen Wunsch bestehen, und die oben angeführten Anschauungen vertreten möchte, und fordet sie auf wachsam zu sein, damit ihre Staaten sich auch diesem Wunsche fügen.

6

Sie beauftragt das inter-Parlamentarische Bureau die eben angeführten Resolutionen dem Völkerbunde zu übermitteln, mit der Bitte sie der Versammlung, und allen bei derselben vertretenen Regierungen zur Kenntniss zu bringen.

VI

Das internationale oekonomische und finanzielle Problem und der Völkerbund

(Verhandlung, pp. 238-246)

Nachdem die XIXte Interparlamentarische Konferenz den Bericht des Herrn Treub über « Das oekonomische und finanzielle internationale Problem und den Völkerbund » gehört hat, beschliesst sie die Einsetzung einer oekonomischen und finanziellen interparlamentarischen Kommission, welche beauftragt wird, die von Herrn Treub berührten Probleme zu studieren und späteren Konferenzen darüber Bericht zu erstatten.

Jede Gruppe wird aufgefordert werden, ein Mitglied für diese Kommission zu bestimmen. Das Executivkommitee der Union wird ersucht, aus dem Schosse der Kommission ein aus drei Mitgliedern bestehendes Redaktionskomitee zu ernennen, welches die Arbeiten der Kommission durch Aufstellung von Fragebogen usw. vorzubereiten hat.

VII

Organisation der Untersuchungs-und Vermittlungs-Verfahrens vor dem Forum des Völkerbundes

(Referat pp. 119-129 ; Verhandlung, pp. 267)

Die XIXte Interparlamentarische Konferenz begrüsst mit Genugthung die Tatsache, dass der Pakt des Völkerbundes das Princip der obligatorischen Untersuchung und der Vermittlung aller Konflikte, welche nicht der juristischen Entscheidung unterworfen sind, eingeführt hat.

Sie erlaubt sich die Aufmerksamkeit des Rates und der Versammlung des Völkerbundes auf die Wichtigkeit der Gründung einer diesbezüglichen unpolitischen Organisation zu richten. Ohne sich über die Form, welche man dieser Organisation geben würde, zu äussern, beauftragt sie das Bureau, den darauf bezüglichen Vorschlag und Bericht, welchen Herr Schücking der gegenwärtigen Konferenz erstattet hat, dem Sekretariat des Völkerbundes einzureichen.

VIII

Pässe

(Verhandlung, pp. 268-273)

Die XIXte Interparlamentarische Konferenz spricht die Meinung aus, dass die Verpflichtung, die Pässe visieren zu lassen, nur insoweit gelten sollte als es die internationalen polizeilichen Massnahmen erfordern, und dass alle Ausgaben und Beschränkungen, welche sich auf das Ausstellen und das Vorweisen der Pässe durch die Reisenden beziehen, auf das geringste Mass reduziert werden sollten.

LISTE DES MEMBRES

Allemagne (9).

Hildenbrand, Karl,   Membre du Reichstag
Juchacz, Marie (Madame)   —
Köster, Adolf, D^r, ancien ministre d'Etat,   —
Löbe, Paul, Président du Reichstag,   —
Müller, Hermann (Franken), anc. chancelier d'Etat, —
Schücking, Walther, Dr Prof., Président du Groupe, —
Warmuth, Fritz,   —

Eickhoff, Richard, Prof.   Ancien parlementaire
Quidde, Ludwig, Dr Prof.,   —

Etats-Unis d'Amérique (8).

Mc Kinley, William B., Président du Groupe,   Sénateur
Robinson, Joseph, T.,   —
Walsh Thomas, J.,   —

Barkley, Alben W.,   Membre du Congrès
Britten, Fred. A.,   —
Brooks,   —
Montague, Andrew J.,   —

Slayden, Hon., James L.,   Ancien parlementaire

Call, Arthur Deerin,   Secrétaire du Groupe

Autriche (1).

Mataja, Heinrich, D^r, Prés. du Groupe,   Conseiller national

Danemark (18).

Bang, Nina (Madame),	Membre du Landsting
Berthelsen, Jörgen,	—
Frandsen, Jul.,	—
Green, H.,	—
Hauch, H.,	—
Steincke, K. K.,	—
Borgbjerg, F. J.,	Membre du Folketing
Gram, Mads K.,	—
Hansen, J. A.,	—
Holm, Chr.,	—
Klausen, K. M.,	—
Moltesen, L. D^r, Président du Groupe,	—
Munch, P. D^r, ancien ministre	—
Rasmussen, L.,	—
Rode, Ove, ancien ministre,	—
Sögaard, Chr.,	—
Sörensen, H. J.,	—
Stauning, Th., ancien ministre	—
Lauesgaard, A.,	Secrétaire du Groupe

Finlande (5).

Ailio, Julius, D^r,	Membre du Parlement
Mantere, Oskari, D^r, vice-président du Parlement, Président du Groupe,	—
Pesonen, Aarno,	—
Procopé, J. H. F., ancien ministre,	—
Suolahti, Hugo,	—

Grande-Bretagne (12).

Lord Weardale, Prés. du Groupe,	Membre de la Chambre des Lords
Agg-Gardner, Sir James T.,	Membre de la Ch. des Communes
Goff, Sir Park,	—

Hall, Sir Douglas B. Bart.,	Membre de la Ch. des Communes
Raper, A. Baldwin,	—
Roberts S.,	—
Stewart, Gershom,	—

Clark, G. B. D^r,	Ancien parlementaire
Lough, Rt. Hon. Thomas,	—
Maddison, F., Secrétaire honor. du Groupe,	—
Pryce-Jones, Sir Edward, Bart.,	—
Whiteley, Sir Herbert H., Bart.	—

Italie (16).

Di Stefano, Giuseppe,	Membre du Sénat
Ferraris, Maggiorino, ancien ministre, Président du Groupe,	—
Nuvoloni, Domenico,	—
Spirito, Beniamino,	—

Caporali, Raffaele,	Memb. de la Chambre des Députés
Chiggiato, Giovanni	—
Dentice d'Accadia, Filippo,	—
Drago, Aurelio,	—
Ferrari, Giovanni,	—
Fulci, Luigi,	—
Luiggi, Luigi,	—
Sardi, Alessandro	—
Siciliani, Luigi,	—
Sitta, Pietri, ancien sous-secrétaire d'Etat,	—
Stancanelli, Gerolamo,	—
Tovini, Livio, vice-prés. de la Chambre,	—

Nuvoloni, Luigi,	Secrétaire général du Groupe,
Damiani, Enrico,	Secrétaire du Groupe

Japon (4).

Higuchi, Hideo,	Membre du Parlement
Nakanishi, Rokusaburo,	—
Nozoyé, Juichi,	—
Tanaka, Takeo,	—

Kavai,   Secrétaire du Groupe
Sugita,   —

Norvège (14).

Aas, J. A.,	Membre du Storting
Dahl, A. K.,	—
Eiesland, G. J.,	—
Gausdal, O. M. P.,	—
Gjöstein, J. D. H.,	—
Hegge, F. O.,	—
Holtsmark, B., ancien ministre,	—
Juland, A. J.,	—
Magnussen, Arne,	—
Maseng, J. F. O.,	—
Nilssen, Magnus, président du Lagting,	—
Olsen, Hroar,	—
Wolden, J. I., président de l'Odelsting,	—

Lövland, J. G., ancien président du Conseil, Ancien parlementaire.

Wessel-Berg, P.-A.,   Secrétaire du Groupe

Pays-Bas (6).

van Kol, H. H.,	Membre de la 1re Chambre des Etats généraux
Kraus, J., Dr, ancien ministre,	—
Rutgers, V. H., Dr,	Membre de la 2e Chambre des Etats Généraux
Schokking, J. Dr,	—
Snœck Henkemans, J. R.,	—
Treub, M. W. F., Dr, ancien ministre	—

Suède (26).

Adelswärd, Th. (Baron), ancien ministre, Président du Groupe,	Membre de la 1re Chambre du Riksdag
Bäckström, Helge, Dr Prof.	—
Hellberg, Mauritz,	—

Membre de la
Lagerbjelke, J. G. (Comte),   1re Chambre du Riksdag
Lamm Herman, 1er vice-prés. de la 1re Chambre   —
Möller,   Fritz Gustav,   —
Sandler, Richard, ancien ministre,   —
Strömberg, G. A.,   —
Trygger, Ernest, D^r,   —
Wijk, Hjalmar,   —
Akerman, Assar E., ancien ministre,   —

Branting, Hj., anc. Prés. du Conseil,   Membre de la
                                          2e Chambre du Riksdag
Edén, Nils, anc. Président du Conseil,   —
Engberg, Arthur,   —
Hallén, Harald,   —
Hamilton, R. (Comte), 1er vice-pr. de la 2e Ch.   —
Hansson, P. Albin, ancien ministre   —
Lindgren, Anders,   —
Löfgren, Eliel, ancien ministre,   —
Nylander, Oscar Erik   —
Pettersson David,   —
Svedberg, Jonas Nikolaus,   —
Thorsson, Fredrik Vilhelm, ancien ministre,   —
Bratt, Ivan, D^r,   —
Roïng, Erik,   —

Hildebrand, K. D^r,   Ancien parlementaire

Widegren, Pehr,   Secrétaire du Groupe

Suisse (2).

Sigg, Jean-Conrad,   Membre du Conseil des Etats,
Usteri, Paul, D^r,   —

TABLE ALPHABÉTIQUE

PUBLICATIONS DE L'UNION INTERPARLEMENTAIRE

A obtenir par l'intermédiaire du *Bureau interparlementaire,*
2, chemin de la Tour de Champel, Genève.

Descamps. — Essai sur l'arbitrage international. Mémoire aux Puissances. Bruxelles, 1895. . . . . Fr. 5 —

Comptes rendus des Conférences interparlementaires, à Bruxelles (1897, 1905 et 1910), à Paris (1900), à Vienne (1903), à Genève (1912), à La Haye (1913), chaque volume . . . . Fr. 5 —

Comptes rendus des Conférences à Londres (1906) et à Berlin (1908), illustrés, chaque volume . . . . Fr. 15 —
   (Les comptes rendus des Conférences à Budapest (1896), à Christiania (1899) et à Saint-Louis (1904) sont épuisés.)

L'Union interparlementaire, son œuvre, son organisation actuelle. 24 pages in-8º. 2ᵉ édition remaniée et augmentée. (1921) . . . . Fr. 1 —

The Inter-Parliamentary Union, its work and its organisation. 28 pages in-8º, 2ᵈ édition re-edited and enlarged (1921) . . . . Fr. 1 —

Die Interparlamentarische Union, ihr Werk, ihre gegenwärtige Organisation. 32 Seiten in-8º, 2ᵗᵉ erweiterte Ausgabe (1921) . . . . Fr. 1 —

Lange, Chr. L. — Note sur la Conférence navale de Londres, 1908-1909, brochure de 16 pages in-8º . . . . . Fr. 0 50

Union interparlementaire. Résolutions des Conférences et Décisions principales du Conseil, 2ᵉ édition corrigée et mise à jour. Précédée d'une introduction et suivie d'une bibliographie. Par Chr. L. Lange, Secrétaire général de l'Union, volume de 141 pages grand in-8º . . . . . Fr. 4 —

D'Estournelles de constant. — Limitation des charges navales et militaires. Rapport à la XVIIᵐᵉ Conférence interparlementaire (paru également en anglais et en allemand), brochure de 44 pages in-8º . . . . . . Fr. 1 —

Annuaire de l'Union interparlementaire, publié par Chr. L.
Lange, Secrétaire général de l'Union :

> 1re année, 1911, volume de 216 pages grand in-8º ;
> 2e année, 1912, volume de 226 pages grand in-8º ;
> 3e année, 1913, volume de 291 pages, orné de deux
>> portraits ;
> 4e année, 1914, volume de 313 pages, muni d'une table
>> alphabétique des quatre années parues.
> Chaque année . . . . Fr. 5 —

Documents interparlementaires, chaque numéro . . . Fr. 1 —

I. — L'Union interparlementaire à la Chambre française,
brochure de 47 pages in-8º.

II. — L'Union interparlementaire au Reichstag allemand,
brochure de 19 pages in-8º (en allemand).

III. — Armements navals. Discours à la Chambre des Communes, à la Chambre des Représentants d'Amérique et au
Sénat français, brochure de 109 pages in-8º (en anglais
et en français).

IV. — Limitation des charges militaires. Abolition du droit
de capture (Délégation autrichienne ; Chambre italienne ;
Reichstag allemand ; Chambre française), brochure de
24 pages in-8º (en allemand et en français).

V. — La limitation des armements et l'arbitrage international (Chambre française ; Chambre des Communes
britannique ; Reichstag allemand), brochure de 135 pages
in-8º (en allemand, anglais et français).

VI — Commissions nationales de la paix (Congrès américain : Chambre des Communes : Délégation autrichienne ;
Chambre hongroise ; 2e Chambre suédoise), brochure de
45 pages in-8º.

VII. — L'Union interparlementaire et la guerre italo-turque
(octobre-novembre 1911), brochure de 19 pages in-8º.

VIII-IX. — Déclaration navale de Londres et Convention
sur la Cour des Prises. — Discussions au Parlement britannique, brochure de 231 pages in-8º.

Lange, Chr. L. — L'arbitrage international obligatoire en 1913.
Relevé des dispositions conventionnelles instituant l'obligation du recours à l'arbitrage, en vigueur en 1913,
352 pp. in-8º . . . . Fr. 10 —

Wehberg, Dr Hans. — Limitation des armements. — Relevé
des projets émis pour la solution du problème, précédé
d'une introduction historique, 104 pp. in-8°   .   .   .   Fr.   3 —

Lange, Chr. L. — Histoire documentaire de l'Union interparlementaire, 1, Conférences de 1888 et 1889, 120 pp. in-8°   Fr.   3 —

Lange, Chr. L. — Les Conditions d'une paix durable. Exposé
des travaux de l'Union (1917), 56 pp. in-8°.   .   ,.   .   Fr.   2 —

Chez *H. Aschehoug & Co.*, Kristiania :

Lange, Chr. L. — Les Traités de Paix américains. Textes des
traités avec introduction et commentaire, 80 pp. (Egale-
ment en allemand et en anglais).   .   .   .   .   .   .   Fr.   2 —